同時履行の抗弁権の判例総合解説

同時履行の抗弁権の
判例総合解説

清水　元著

判例総合解説シリーズ

信山社

はじめに

　同時履行の抗弁権は双務契約における履行上の牽連性を保障する法技術として，古くから議論がなされてきた。判例も少なくなく，柚木馨博士による優れた判例研究も存在する。

　しかし，同博士の研究以後50年近くが経過し，理論面での進展も著しい。同時履行の抗弁権について多面的な分析をされた沢井裕教授による注釈民法も，すでに長年月が経過しており，改訂の必要が叫ばれていた。後者については，筆者は幸いにその補訂の任にあたる機会を得たが，総合判例研究の面でも，裁判例が飛躍的に増加したこともあって，同様に再検討の時期が来たと考えられる。

　むろん，柚木博士の時代と異なり，現在では判例データベースも完備し，インターネットによる判例検索も容易になったことから，こうした作業の価値について疑問を差し向ける向きがないわけではない。しかし，経済社会の変動による夥しい裁判例の増加と新たな法学文献の洪水の中で，現時点における判例理論の現状を整理し，批判的に分析する仕事の重要性は，かつて以上に高まったものといわなければならない。とりわけ，同時履行の抗弁権の多様化による具体的な検証と，不安の抗弁権を中心とした倒産場面における双務契約の処遇は現時点において解決を迫られている重要な課題となっているといってよい。

　本書は，多面的な展開を示している同時履行の抗弁権の諸相を整理するとともに，新たな理論的整序を試みるものである。従来，ともすれば双務契約における牽連性一本槍で単純化されていた同時履行の抗弁権は，契約の現代的変容と社会関係の複雑化・高度化にともなって多様な問題を生じさせており，構造論的な考察のみならず，機能論的な視点も必至のものとなっている。

　他方で，同時履行の抗弁権の有する，債権担保ないし履行確保的機能は完結した閉じられたものではなく，債権担保制度や，期限喪失制度，倒産法制における双務契約の処遇等とも密接な関連を有するものであることを指摘しておかなければならない。しかし，これは本書の範囲を超える。

　本書の基となる旧稿は以前より刊行を予定していたものであったが，出版をめぐる昨今の経済的な事情から単行本での刊行が困難な状況となったため，鮮度が落ちないうちになんらかの形で発表できないものかと考え，大学の紀要に連載したものである（東北学院論集・法律学60～62号）。今回，若干の補筆を行ったが基本的な構成は変わらない。このような形で刊行できることになったのは，ひとえに信山社のご好意によるものであり，また，編集工房INABA・稲葉文子氏にも大変お世話になった。ここに厚く感謝の意を表したい。

2004年8月

清　水　　元

目　次

はしがき

同時履行の抗弁権

第1章　序　　説 …………………………………………………… *3*
　第1節　同時履行の抗弁権の意義 ………………………………… *3*
　第2節　沿　　革 …………………………………………………… *4*
　第3節　問 題 状 況 ………………………………………………… *5*
　第4節　本研究の方法 ……………………………………………… *7*

第2章　同時履行の抗弁権の成立要件 ………………………… *9*
　第1節　双務契約上の債務 ………………………………………… *9*
　　1　原　　則【1】【2】………………………………………… *9*
　　2　債務の同一性 ……………………………………………… *11*
　　　(1)　債権・債務の移転【3】………………………………… *11*
　　　(2)　損害賠償債務への転化【4】【5】……………………… *12*
　　　(3)　準消費貸借の成立【6】～【10】……………………… *15*
　　　(4)　更　　改【11】【12】…………………………………… *19*
　　3　非双務契約 ………………………………………………… *20*
　　　(1)　契約の無効・取消【13】～【18】……………………… *20*
　　　(2)　弁済関連事務【19】～【31】…………………………… *25*
　第2節　対価的債務 ………………………………………………… *36*
　　1　原　　則 …………………………………………………… *36*
　　2　売　　買 …………………………………………………… *37*
　　　(1)　原　　則【32】～【35】………………………………… *37*
　　　(2)　売主の給付義務【36】～【46】………………………… *41*
　　3　賃 貸 借 …………………………………………………… *48*
　　　(1)　原　　則【47】～【49】………………………………… *48*

(2)　賃貸人の修繕義務【50】〜【58】 …………………………………… *51*
　　(3)　敷金返還請求権【59】〜【61】 …………………………………… *57*
　　(4)　造作買取請求権【62】 ……………………………………………… *63*
　　(5)　建物買取請求権【63】〜【68】 …………………………………… *65*
　4　請　　　負【69】〜【73】 ……………………………………………… *70*
　5　有償委任【74】 ……………………………………………………………… *74*
　6　継続的供給契約 …………………………………………………………… *74*
　　(1)　代金債務の不履行【75】〜【77】 ………………………………… *74*
　　(2)　その他の債務不履行【78】〜【80】 ……………………………… *77*

第3節　弁済期の到来 ……………………………………………………………… *80*
　1　原　　　則 ………………………………………………………………… *80*
　　(1)　一　　　般【81】〜【84】 ………………………………………… *80*
　　(2)　履行の場所【85】〜【88】 ………………………………………… *82*
　　(3)　特殊な事例【89】〜【91】 ………………………………………… *84*
　2　異時履行関係における抗弁権 …………………………………………… *87*
　　(1)　先履行関係【92】【93】 …………………………………………… *88*
　　(2)　後履行関係 …………………………………………………………… *90*
　3　不安の抗弁権【94】〜【104】 ………………………………………… *90*

第4節　相手方の履行または提供のないこと【105】〜【108】 …………… *104*

第3章　同時履行の抗弁権の効果 …………………………………… *109*

第1節　訴訟上の行使【109】〜【114】 …………………………………… *109*
第2節　訴訟上の効果【115】〜【122】 …………………………………… *112*
第3節　存在上の効果 …………………………………………………………… *116*
　1　相殺禁止の問題【123】〜【130】 ……………………………………… *116*
　2　履行遅滞との関係【131】〜【138】 …………………………………… *124*

第4章　同時履行の抗弁権と留置権との関係 ……………………… *131*

第1節　両制度の差異【139】【140】 ……………………………………… *131*
第2節　第三者に対する関係【141】〜【145】 …………………………… *134*

判例索引 ……………………………………………………………………………… *141*

判例集等略称

大　判	大審院民事部判決	高民集	高等裁判所民事判例集
最　判	最高裁判所判決	下民集	下級裁判所民事裁判例集
高　判	高等裁判所判決	東高民判時	東京高等裁判所民事判決時報
控　判	控訴院判決	新　報	法律新報
地　判	地方裁判所判決	訟　月	訟務月報
支　判	支部判決	家　月	家庭裁判月報
民　録	大審院民事判決録	判　時	判例時報
民　集	最高裁判所民事判例集	判　タ	判例タイムズ
刑　録	大審院刑事判決録	裁判集民	最高裁判所裁判集民事
評　論	法律学説判例評論全集	金　法	金融法務事情
新　聞	法律新聞	金　商	金融・商事判例
法　学	法学（東北大学法学会誌）	ジュリ	ジュリスト
裁判例	大審院裁判例	判　評	判例評論
民抄録	大審院民事判決抄録	法　協	法学協会雑誌
判決全集	大審院判決全集	論　叢	法学論叢（京都大学）

同時履行の抗弁権

判例総合解説

第1章　序　説

第1節　同時履行の抗弁権の意義

　私人間の法律関係においては，さまざまな場面で2個の給付が引換関係ないし交換履行関係に立つことがあるが，このうちとりわけ重要なものは双務契約におけるものである。すなわち，双務契約では，契約当事者は相互に当事者の意思において経済的に等価値である給付を負担しており，対価的意義を有する各債務は密接な牽連関係ないし相互依存の関係に立っている。したがって，債務の履行の場面においては，相互の給付が交換的ないし引換的になされることが合理的であり，当事者の通常の意思にも合致する。これが「履行上の牽連関係」と呼ばれるものであり，各当事者は一方の債務が履行またはその提供がなされるまでは，他方の債務の履行を拒絶しうるという抗弁権（同時履行の抗弁権）を認められる（民法533条）。

　同時履行の抗弁権は公平の原則ないし信義誠実の原則（民法1条2項）の契約における具体化であり，比較法的にも広く認められた観念であるが，その具体的な構造は一様ではなく，法的構成には対蹠的な2つの立場がある。ひとつは，双務契約における厳格な対価的給付の均衡の保障を中心とする制度として構成するものであり，ドイツ民法（320条，厳密には契約不履行の抗弁 *exceptio non adimpleti contractus, Einrede des nichterfürten Vertrages* と呼ばれる）にその典型を見ることができる。ここでは，同時履行の抗弁権は売買契約を理念型として構成された「双務契約」概念において捉えられ，個別具体的な契約類型においての現われ方は捨象されることになる。これに対して，もう1つの構成はより包括的な形において同時履行の抗弁権を捉えるものであり，契約の相手方の不履行に対する防御手段一般として理解するものである。それは，個別具体的な契約類型すべてをカヴァーしうるような概念規定であり，かならずしも厳格な対価的給付の均衡を要求しない。その典型はフランス民法学説に見出すことができる（フランス民法上も契約不履行の抗弁，*l'exception d'inéxecution de contrat* と呼ばれるが，法典上は引換履行関係を指示する個別の規定が散在するのみで，明文の統一的規定はなく，学説によって構成されてきた概念である）。

第1章 序　　説

　わが民法は契約総則上に一般的制度として同時履行の抗弁権の統一的規定を置いている点で，ドイツ法的な構成を採っているが，後に示すように，わが国の同時履行の抗弁権はドイツ法とは構造的に異なる面を有しており，それゆえに独自の問題を生じさせることになった。

第2節　沿　　革

　わが民法典は周知のように，フランス民法典からボアソナードにかかる旧民法典を経て，現行法へと成立してきたが，同時履行の抗弁権に関しては特有の事情が存在する。現行法はドイツ法に倣ったパンデクテン・システムを採用し，ドイツ法と同様に双務契約の一般的制度としての同時履行の抗弁権を規定したが，その現実の機能はかなり異なったものとならざるをえなかった。フランス民法典および旧民法典における制度が全面的に廃棄されたのではなく，フランス民法学の発想が底流に残っており，ドイツ法ともフランス法とも異なった独自の進化を遂げたからである。

　フランス民法典においては，同時履行の抗弁権に関する統一的な規定は存在せず，さまざまな法律関係において生じる引換履行関係を媒介する個別規定が散在しているにすぎなかった。また，当時のフランス民法学説においては，双務契約に固有の制度としての同時履行の抗弁権の観念は未だ熟しておらず，条文の精密な注解にとどまっていた。ボアソナードにかかる旧民法典もまた，若干の修正・付加はあるものの，原則として母法であるフランス民法典のカズイスティッシュな態度をそのまま承継したのである。

　しかし，フランス民法典制定後80年近くが経過したボアソナードの時代に入ると，ようやく一般的制度としての履行拒絶権の観念が学説上生じてくる。フランス民法典に規定された個々の条文を越えた一般原理にもとづく拡張の是非が論じられ，その基礎や法的性質，要件・効果をめぐって活発な議論が生じてくる[1]。しかし，ここにおいてもなお，双務契約に特有の制度としてではなく，引渡拒絶権，すなわち，「留置権」 droit de rétention の文脈のなかで論議されたのである。母法には見られない留置権の統一規定がボアソナードの創意によって旧民法債権担保編に置かれ[2]，独自の留置権構成が生じたのもこうした文脈の中で捉えることができよう。

　旧民法典において，一般的な「留置権制

---

1)　清水元・留置権概念の再構成［1996年］12頁以下参照。
2)　債権担保編92条1項は次のように規定する。
　「留置権ハ財産編及ビ財産取得編ニ於テ之ヲ規定シタル場合ノ外債権者ガ既ニ正当ノ原因ニ因リテ其債務者ノ動産又ハ不動産ヲ占有シ且其債権ガ其物ノ譲渡ニ因リ或ハ其物ノ保存ノ費用ニ因リ或ハ其物ヨリ生ジタル損害賠償ニ因リテ其物ニ関シ其占有ニ牽連シテ生ジタルトキハ其占有シタル物ニ付キ債権者ニ属ス」

度」が設計されたことは，契約における履行上の牽連性の契機がそのうちに未分化のまま包摂されていることを意味していた。それゆえに，債権担保編の規定はさまざまな法律関係における個別の諸規定を統一的に整理・説明することに重心があり，同時履行の抗弁権との峻別はさらに後代まで待たなければならなかった。その意味では，ボアソナード旧民法典はそうした時代的制約を免れなかった。

しかし，旧民法典から現行民法典に移行する過程で重要な変容が生じた。双務契約に固有の制度としての同時履行の抗弁権が導入されたことである。このことにより，一方では，個別の契約の場面での履行拒絶権の諸規定が不要なものとして削除され，他方で，双務契約関係以外の場面での履行拒絶権を，同時履行の抗弁権の枠内から追放することで概念の純化を図るものであった。換言すれば，ドイツ法的な抗弁権制度の導入によって，同時履行の抗弁権と留置権の制度上の峻別が完成したのである。

旧民法典における担保物権としての統一的な留置権制度は修正を伴いつつも原則として残された。しかしこうした峻別は見かけだけのものになりがちであった。しかも，ドイツ法的な同時履行の抗弁権とフランス民法学の加工による留置権制度の併存が，物権債権の対比のドグマの中で語られるとき，抗弁権（＝債権的権利）対留置権（＝物権）という概念的異同がもっぱら強調される結果，両者の機能的・内面的関連は不透明になっていったのである。とりわけ，それはドイツ法学万能の時代の学説の趨勢でもあった。

第3節　問題状況

上に見たような背景において成立した現行法の同時履行の抗弁権は，さまざまな問題を当初より孕むものであった。

前述のように，ドイツ法における契約不履行の抗弁権は厳格な双務契約上の対価的債務の相互関係の規制に限定されたものであった。そのため，双務契約であっても対価的給付が相互に引換履行関係に立たない場合（たとえば，請負契約における報酬支払義務と仕事完成義務）には適用できない。契約上の付随的請求権＝非対価的債権（完成された仕事の引渡義務）との交換履行関係を媒介する一般的留置権 allgemeine Zurückbehaltungsrecht によって保障されることになる。しかし，わが民法は一般的留置権を継受しなかったため，こうした相互補完関係は失われている。わが民法における留置権（295条）は有体物の引渡拒絶権能であり，しかもその適用領域も限定されたものである。法規定は物と債権との牽連性を要求しており，牽連性とは何かという難問はさておき，請負人が代金債権のために目的物の引渡を拒絶することができても，逆に，注文者が目的物の不返還を理由に代金支払を拒絶することはできず，跛行的なのである。

同時履行の抗弁権が双務契約の中でもとりわけ売買契約において典型的な形で現れるこ

第1章 序　　説

とはいうまでもない。売買契約において買主の代金支払義務と売主の目的物引渡義務（所有権移転義務）は相互に対価をなすとともに，その履行は「同時」交換的になしうる。しかし，売買以外の多くの双務契約（賃貸借，請負，有償委任，有償寄託等）はそうではない。2つの対価的給付は引換履行的ではないし，引換履行関係の可能な2個の給付は対価的関係に立たない。のみならず，非双務契約の場合（使用貸借契約における有益費の償還と目的物の返還や委任契約における費用の支払と受寄物の引渡）や契約関係の存在を前提としない場合（債務の弁済と受取証の交付や，継続的取引関係），さらには契約関係そのものが存在しない場合（契約の不存在または契約が無効ないし取り消された場合の実行された給付の返還）等，引換履行関係を肯定しなければならない場面は少なくない。民法533条を厳格な双務契約に限定することはきわめて広い空白領域を作り出すことになる。

通説は民法533条に厳格な対価的相互性を要求することなく，双務契約における非対価的債務相互間の引換履行関係をも本条の適用場面として認めることで対応してきた。のみならず，民法533条の適用範囲を拡張し，契約関係が存在せず，あるいは単に一定の取引関係ないし同一の事実関係または生活関係が存在すれば，公平の原則により本条の適用を認めている[3]。判例もまた，同条の要件を厳格に捉えず，抗弁権の成立を広く柔軟に認める傾向にあり，できるかぎり，こうした空白部分を埋めようとしてきた。こうした学説・判例の態度は硬直した法的結果を回避し，個別妥当な結果を導くものとして，高く評価されるべきであろう。

しかし，こうした方法は同時履行の抗弁権を一般的な公平原理に還元してしまい，単なる引換の原則に矮小化し，同時履行関係を引換給付関係と同視するという短絡的な結果をもたらしがちである[4]。事実，判例・通説は個々の同時履行の抗弁権の具体的適用場面において，単に交換履行関係という現象面だけを見ていたにすぎず[5]，その効果論にまで下りたって検証するという作業を欠いていたよ

---

[3] 澤井裕（清水元補訂）・新版注釈民法(13)［1996年］（以下，注民(13)と略記）476頁。

[4] たとえば，立退料の支払と賃借家屋の明渡が引換えになされるべきことは，判例上確定したものといってよい（最判昭38・3・1民集17・2・290，最判昭46・11・25民集25・8・1343）が，立退料支払請求権なるものを観念することができるか自体が問題であるうえ，引換給付判決が抗弁権行使の結果ではないことからも，両者は平面を異にするものといわなければならない。

[5] したがって，契約関係の存在しない場合であっても民法533条の適用が一応問題にされることになるから，その排除もカズイスティッシュなしかたでなされることになる。具体例として，子の引渡と養育費用の償還とは同時履行の関係に立たないとした最判昭59・9・28家月37・5・207，戦時補償特別措置法により建物譲渡を請求した場合の代金支払と目的物件の引渡とは同時履行の関係にあるとした最判昭27・4・18民集6・4・424，民法460条による受託保証人の事前求償権と461条1項による担保提供義務とが同時履行関係にあるとされた東京高判平10・3・18東高民時49・1～12・10，病院が看護婦に貸与した契約金の返還と預託された看護婦免許証の返還は同時履行の関係がないとした大阪地判平6・4・18労働判例657・67等が参照されるべきである。

うに思われる。

　通説とは反対に、同時履行の抗弁権そのものを本来の厳密な意味での対価的給付の均衡を保障する法的制度と捉えた上で、それ以外の抗弁権は「履行拒絶権」であり[6]、あるいは「債権的留置権」であるとする立場が存在する[7]。この説は非対価的給付の牽連関係を「一般的留置権」として構成したドイツ民法典の立場をわが国の解釈理論に投影したものであるが、この引渡拒絶の抗弁権が法的性質において本来の同時履行の抗弁権と異なったものであるとする点で優れた視角を提供するものといってよい。

　しかし、この立場にあってもなお、留置権を含めた三者相互の内面的な関連は十分に明らかにされたとはいえない。法的性質論よりする要件論にとどまっており、効果論における差異と結びついていないからである。のみならず、その構成にはなお疑問なしとしない。こうした履行拒絶の抗弁権の根拠は信義則という一般条項に無媒介に根拠づけられることになるが、それは拒絶権が現実に果たしている契約関係における給付相互の牽連性の契機を不透明ならしめるおそれがあるうえ、533条の適用領域を売買等の特定の契約類型に閉じこめてしまう点で不当だからである。しかも、狭隘な「同時履行の抗弁権」概念は現代の複雑多様に発達した法的取引においてはますます、その道具的機能を低下させていくことになろう。むしろ、有償＝双務契約はさまざまな形態をとることを承認したうえ、その構造的＝機能的な給付相互間の依存関係を契約全体の中で追求していくことが重要であり、533条は双務契約における相手方の不履行に対するディフェンスとしての抗弁権を規定したものと捉えられるべきではないかと考えられる（そのかぎりで、言葉の本来の意味での「契約不履行の抗弁権」と呼ぶのが適切であろう）。その点で通説・判例の基本的姿勢は是認されてよく、本来の厳格な対価的給付に固有な効果については別個の処理を考えれば十分ではないかと思われる。

第4節　本研究の方法

　同時履行の抗弁権の成立要件は、伝統的な民法解釈学によれば、次の4つである。
1　双務契約の存在すること
2　対価的債務が存在すること
3　弁済期が到来していること
4　相手方の債務につき履行ないし履行提供がないこと

　そこで、本研究もこれにしたがって判例および裁判例を整理・整序する。ただし、上に述べたように、現実の裁判例の多くはこうし

---

6) 広中俊雄・債権各論講義［第6版、1994年］16頁、303頁、三宅正男・契約法（総論）［1978年］53頁。
7) 薬師寺志光・総合判例研究留置権［1963年］2頁、同「留置権」民法演習Ⅱ物権［1958年］142頁。

た要件を大幅に修正・緩和させており，さまざまな内実をもったものとなっている。本研究では，これらの偏差がどのような意味をもつのかを考察しつつ検討をくわえる。

第2に，同時履行の抗弁権の効果についても，従来は訴訟上の効果と実体法上の効果が論じられるのが通常であるが，とくに重要なものは隣接の制度との関連であろう。とりわけ留置権との効果論上の差異，ならびに相互の関連・交錯は検討されなければならない重要な問題である。そこで，本研究では伝統的な方法にくわえて，こうした点に関する判例および裁判例の整理・整序を通して，履行拒絶権の全体像を明らかにしていきたい。

第2章　同時履行の抗弁権の成立要件

第1節　双務契約上の債務

1　原則

　同時履行の抗弁権が成立するためには，まず，双方の債務が1個の双務契約から生じたものでなければならない。したがって，当事者が相互に債務を負担している場合であっても，各債務が別個の原因によって生じているときには，同時履行の抗弁権は成立しない[8]。

　同時履行の抗弁権は，双務契約における対価的牽連性に基づいて発生するもので，売買契約において典型的に現れる（売主の財産移転義務と買主の代金支払債務）が，抗弁権は当事者間の合意や特約によっても認められる。契約上明示的に交換履行を指示する場合（後出【20】）のみならず，契約の趣旨から同時履行の特約を認定できる場合もある[9]。さらに信義則にもとづき直接的に認められる場合もある。たとえば，次の事例も，売買契約において目的物は一度は引き渡されているので，再度の引渡義務と代金支払義務とは同一の双務契約から生じた対価的債務とはいえない[10]が，公平原則から抗弁権を導いている。

---

[8]　ただし，別個の原因によって生じた複数の債務を合意によって相互依存関係に立たせることは許される。かかる合意自体を1個の契約と観念することもできよう。しかし，明示の合意ないし特約がなくとも，当事者の一定の社会的関係からそうした相互依存性を認められる場合も存在する。商人留置権（商法521条）もそうした抗弁権が物権化したものといえる。

[9]　動産売買において，「『代金ハ製材引渡毎ニ其ノ才数ニ応シ計算シタル額ヲ其ノ都度甲ニ於テ支払フコト』および『各港ヘ約1万才以下着材ノ節ハ乙ハ甲ニ通知ヲ為シ甲ハ直ニ該材ヲ寸検ノ上悉皆計算シ乙ヘ代金ヲ支払フモノトス』」との契約文言等の解釈から抗弁権を導いて，引渡義務先履行判決を破棄したもの（大判大13・3・13新聞2246・19，判例彙報35上民294），和解条項の解釈によって抗弁権の存在を認定した判決（最判昭48・12・11判時731・32）がある。

[10]　甲斐道太郎「判例批評」判評207号13頁。

第 2 章　同時履行の抗弁権の成立要件

【1】　最判昭 50・7・17 判時 792・31，金法 765・35，金商 480・20

[事実]　XはYから自動車2台を代金割賦払いの約束で買い受け，代金完済まではYが所有権を留保し，Xが代金の支払を一度でも怠ったときは催告なしに売買契約を解除でき，この場合にはXは直ちに自動車をYに返還し，売買価格から返還された自動車価格を控除した額を損害賠償額として支払うべきことを約し，その旨の公正証書を作成した。ところが，Xはいったん引渡を受けた自動車2台のうち，1台をYのところに修理に出したところ，Xにはその修理代金の支払義務がないにもかかわらず，Yは留置権を主張して返還せず，そのうえ，他の自動車も持ち去ってしまった。そこで，Xは第1回の割賦代金を支払わなかった。そこで，Yは履行遅滞を理由として契約を解除し，強制執行におよんだ。これに対して，Xは右不払はXの責に帰すべからざる事由によるものであるから，解除は無効であると主張し，右解除に伴うYの主張するような債務は存在しないとして強制執行の不許を求めた。原審は，これに対して，仮にYが自動車を留置し，もしくは，引き揚げたことが違法であるとしても，そのことを理由にXからYに対し右自動車2台の返還もしくはこれに代わる損害賠償を求めうるは格別，右自動車2台は一旦売買契約に基づきXに引き渡されたものである以上，Yの右自動車返還義務とXの代金支払義務とは同時履行の関係にあるわけではない，としてXの主張を排斥した。X上告。

[判旨]　破棄差戻「しかしながら，自動車の割賦売買契約において，売主が，一旦売買の目的たる自動車を買主に引き渡したが，その第1回割賦代金支払期日前に右自動車が故障したため買主より修理を依頼され，その引渡を受けて修理を完了しながら，何ら正当な事由もないのに留置権を主張してその自動車を買主に引き渡さない場合，あるいは，何ら正当な事由もないのに第1回割賦代金支払期日前に買主の手許からその意に反して売買の目的たる自動車を引き揚げてしまったような場合には，売主において再度当該自動車を買主に引き渡す義務があるものというべく，売主がこの義務を履行するまでは，公平の理念に照らし，買主は自己の債務たる割賦代金の支払を拒むことができ，その不払につき履行遅滞の責を負わないものと解するのが相当である。」

　この抗弁権が古典的な「同時履行の抗弁権」概念から逸脱していることは明らかであるが，前述のように，533条を厳格な対価関係に限定づけて理解すべきものではなく，学説・判例は広く抗弁権を認めている。その意味で拒絶権を肯定した本判決を，契約不履行の抗弁権の一適用例として理解することができるように思われる。なぜならば，本件の売主の態様は遅滞ないし不能とはいえないとしても，債務者違法であることは明らかであり，一種の契約侵害（積極的債権侵害？）ともいえるからである。そして，同時履行の抗弁権が双務契約に固有の信義則の現れであるならば，こうした場合でも抗弁権を対抗できるのは当然であろう。

　しかし，双務契約の存在する場合であっても抗弁権の行使が信義誠実の原則に反すると考えられる場合には否定されることがある[11]。次のような裁判例がある。

【2】 最判昭50・12・26 裁判集民116・959

[判旨] 棄却 「原審が適法に確定した事実関係によれば、Yは、酒造工場を経営する意図のもとに、いずれもXから、昭和36年3月21日第1審判決別紙第一目録記載の土地を賃借し、ついで同年4月8日同第二目録記載の土地を買い受けたところ、右第二目録記載の土地の売買を原因とする所有権移転登記は、申請手続の過誤により右第一目録記載の土地についてされたが、Yは、右両土地とも引渡をうけ、地上の酒造工場用建物を建築所有し、その敷地として右両土地の使用をつづけてきたにもかかわらず、右第一目録記載の土地についての約定の権利金、賃料及び右第二目録記載土地についての売買代金252万9,000円のうち、147万9,000円を支払わなかつたため、Xから、昭和40年10月25日ころ各その履行の催告を受け、昭和42年1月6日到達の書面で右各全員支払債務不履行を理由に右賃貸借契約及び売買契約を解除されたというのであり、右事実関係のもとにおいては、Yは、信義則上、売買残代金の支払について右第二目録記載の土地に関するXの所有権移転登記手続義務との同時履行の抗弁を主張しえなかつたものと解するのが相当であり、したがつて、Xが右所有権移転登記手続義務の履行の提供をしないでした前記催告及び解除の意思表示は有効にされたものというべきであつて、これと同旨の原審の判断は、正当として是認することができる。」

逆に、同時履行の抗弁権を合意によって排除することも一般論としては許されるであろう。たとえば、割引手形を買戻した場合に買戻請求権と手形の返還は同時履行の関係にある[12]が、銀行取引約定書8条1項は手形につき差引計算をする場合の手形返還との同時履行放棄の特約を定めており、その有効性を認める下級審判決がある[13]。

2 債務の同一性

(1) 債権・債務の移転

1個の双務契約から生じた債務であるかぎり、債務の内容が変容または移転しても同一性が認められるときは同時履行の抗弁権は存続する。債権譲渡については明文の規定がある（468条2項）が、転付命令についても同様である。次の判例は売買代金債権につき転付命令を受けた者から代金支払を請求したところ、債務者（買主）が所有権移転登記手続との引換を主張したものである[14]。

---

11) 谷口知平「権利濫用の効果——財産法を中心とする——」『権利の濫用(上)』（末川古稀）[1962年] 104頁。
12) 最判昭50・9・25民集29・8・1287、最判昭53・3・28判タ363・195。もっとも、銀行取引約定書6条によって手形交換所から取引停止処分を受ける等一定の事由が生じると、取引先はただちに買戻債務を弁済する義務を負うことになり、履行遅滞として損害金を支払わなければならないから、固有の意味における同時履行の抗弁権といえるかどうか疑わしい。横浜地判昭60・5・8判時1178・147も、買戻債務者からする抗弁権を否定して、民法487条による債権証書の返還の場合と同様の関係にあるとする。
13) 大阪高判昭37・2・28高民集15・5・309、大阪高判昭41・4・18判時463・54。
14) 売買目的物引渡債権の譲渡につき同旨の判決として、東京地判昭3・4・28新報161・19。

第2章　同時履行の抗弁権の成立要件

【3】　大判大6・11・10民録23・1960

[判旨]　破棄差戻　「双務契約ニ於テ当事者ノ一方カ同時履行ノ抗弁ヲ提出シタルトキハ裁判所ハ起訴者ノ請求全部ヲ排斥スルコトナク双方ノ債務ノ履行ヲ引換ニテ相手方ニ其履行ヲ命スル裁判ヲ為スヘキモノナルコトハ当院判例ノ存スル所ナリ（明治44年12月11日第2民事部判決参照）本件ノ如ク原告タルXカ双務契約ノ当事者ニ非サルモ其当事者ノ一方ヨリ相手方ニ対スル債権ノミニ付キ転付命令ニ依リ其転付ヲ受ケタル場合ニ於テ被告タルYカ同時履行ノ抗弁ヲ提出シタルトキモ亦同一理ニシテ且X前主ノ履行ノ提供カ継続スルト否トヲ問ハス其現実ニ履行セラレサル間ハ等シク引換的ノ裁判ヲ為スヘキモノトス」

ただし，債権のみが移転するのであるから，相手方が反対債務を引き受けたのでないかぎり，訴外者（売主）の反対給付義務の履行と引換に給付をすべきことが命じられるにすぎないことは当然である。ただし，譲受人は，譲渡人に対して契約の相手方に反対給付をすべきことを請求でき，かつ，それを理由として譲渡の対価の支払を拒絶することができると解すべきである。また，契約の相手方は，譲渡人に対して譲受人への履行と引換に反対給付の履行を求めることができると解すべきであろう。

以上の解釈は債務引受についても妥当するものと思われる（ただしこれについての判決例は見あたらない）。これに対して，契約関係そのものが移転する場合には，特段の事情のないかぎり，譲渡人と契約相手方との同時履行関係がそのまま譲受人と契約相手方との関係に移行することになる。

(2)　損害賠償債務への転化

これに対して，判例は契約上の債務が損害賠償債務に転化した場合に同一性を否定しているかにみえる。裁判例として現われた最初のものが次のケースである。

【4】　大判明41・4・23民録14・477

[事実]　松材の売買契約において，買主Xがその一部の引渡を受けながら，代金の支払をしなかったため，売主Yより代金支払請求がなされ，その勝訴判決が確定した。しかしXはその後も代金を支払わないまま松材の残部の引渡を売主Yに要求したので，Yは代金債務の支払なきことを理由にこれを拒絶した。本訴はXからのYの引渡義務不履行による損害賠償を請求するものである。これに対して，原審裁判所は「Yハ残余材木ノ引渡ヲXヨリ求メラルルニ方リ其代金ノ提供ナキカ為メニ自己ニ其引渡ノ義務ナシトノ抗弁ヲ主張スルニアラスシテ既ニ引渡済トナリタル其材木代金ノ確定判決ヲ受ケ支払義務ノ明確トナリタルニ拘ワラス之カ支払ヲナササルヲ以テ本訴ノ請求ヲ不当トナス」ものであって，同時履行の抗弁権を行使したとはいえない，としてXの請求を認容した。そこでYは上告して，「「引渡済ノ松材代金不払」ノ抗弁ニハ本訴松材残部ノ引渡要求ニ対シテモ被上告人カ代金ノ提供ヲ怠リ居ルトノ抗弁ヲ包含セルコト誠ニ明白」であると主張した。大審院は「同一ノ双務契約ヨリ生シタル双方ノ債務ハ特別ノ意思表示アラサル限リハ其目的物ノ性質可分タルト不可分タルトヲ問ハス各一箇ノ債務ヲ構成スルニ止マルコト勿論ナレハ仮令其履行ハ分割シテ之ヲ為スヘキ場合ト雖モ依然トシテ一箇ノ

債務存在スルニ外ナラス然レハ則チ当事者ノ一方ハ他ノ一方カ前ノ弁済期ニ属スル債務ノ履行ヲ提供セサルヲ理由トシテ後ノ弁済期ニ属スル自己ノ債務ノ履行ヲ拒ムコトヲ得ル権利アルハ当然ノ理ト謂ハサルヲ得ス」として原審が民法533条を不当に適用しなかった不法があるとしつつも，次のように述べて，同時履行の抗弁権を否定した。

[判旨] 棄却 「本訴ハXカYニ対シテ材木引渡ヲ請求スルニ在ラスシテ其材木ノ引渡ヲ為ササス即チ債務ヲ履行セサリシヲ原因トシテ損害賠償ヲ請求スルニ在リ而シテYカ原審ニ於テ同時履行ノ抗弁トシテ主張シタル所ハ前ニXカ材木ノ引渡ヲ請求シタル時ニ当リ代金ノ支払ナキコトヲ理由トシテ之ヲ拒絶シタル事実ヲ主張シテ以テ損害賠償ノ責ニ任スヘキ理由ナシト云フニ在ラス本訴ニ於テ新タニ防禦方法トシテ之ヲ提出シ即チ損害賠償請求ニ対スル抗弁タルニ過キサルコトハ訴訟記録ニ徴シテ明ナルノミナラス本院ニ於テYノ自陳スル所ナリ抑同時履行ノ抗弁権ハ双務契約ニ因ル債務特有ノ規定ニシテ債務者カ適当ノ時期ニ於テ之ヲ行フトキハ因リテ以テ不履行ノ責ヲ免ルルヲ得ヘシト雖モ同時履行ノ抗弁アラサル限リハ当事者ノ一方ハ其債権ヲ行使スルニ付テ自己ノ債務ノ履行アルコトヲ必要トセス何トナレハ抗弁権ヲ行使スルト否トハ其利益ヲ受クヘキ当事者ノ自由ニ属スレハナリ然レハ則チ本件ノ如クYカ材木引渡ノ請求ヲ受ケタル時如上ノ抗弁権ヲ行使セスシテ損害賠償ノ訴訟提起アリタル後之ヲ行使セント欲スルハ既ニ時期ヲ失シタルモノト謂ハサルヲ得ス何トナレハ債務不履行ニ因ル損害賠償ノ債務ハ双務契約ニ因リテ当然生スルモノニ非サレハナリ」

この判決の論理は明確とはいいがたいが，おそらく，その趣旨は次のようなものであろう。すなわち，Yは引渡請求を受けたときに代金支払との同時履行関係を主張しておくべきであったが，Yは同時履行の抗弁権を行使したとはいえず，その結果失権したから債務不履行責任を免れず，そのうえ，損害賠償請求権は双務契約との牽連性がないから，この点でも同時履行の抗弁権は認められない，と。

しかし，同時履行の抗弁権はこれを行使しないと債務不履行責任を免れない，との解釈は，抗弁権の存在が遅滞責任を発生させないとする判例理論（後述）と矛盾するばかりでなく，抗弁権そのものを訴訟上失権させてしまった点でも不当である。本判決以降，同時履行の抗弁権の存在は遅滞責任を阻却するとするのが確定した判例理論となったので，本判決の先例としての意義は無視されるべきものであろう。また，損害賠償請求権が売買契約と牽連性がないとする点についても，そもそも本事例では損害賠償請求権の存在そのものが問題である以上，その点でも先例的価値は少ないというべきである。

損害賠償請求権にもとづく同時履行の抗弁権を正面から否定したものに次のような判決例がある。

【5】 大判大 5・11・27 民録 22・2120

[事実] XはYより村立小学校校舎の新築工事を，報酬金2万4,300円，もし完成を遅延するときはその工事日数の5分の1までは1日につき請負金高の1000分の1の，また5分の1以上は1日につき請負金高の500分の1の違約金をYに払う旨の約束で請負い，竣功および引渡を了した時点で工事代金残額7,290円の債権を

有していた。Xが該代金の支払命令を得たところ、Yは6ヵ月の完成遅延のため右契約によりXは違約金を支払うべき債務があるとして、同時履行の抗弁権によって右債務につき遅滞の責任がない旨抗弁した。

[判旨] 一部破棄差戻 「仮令当事者間ニY主張ノ如キ違約金ノ契約アルモXニ於テ工事ノ完成ヲ遅延セサル限リハ違約金支払ノ債務ヲ負担スヘキ筋合ニ非サルヲ以テ右ノ契約ハ後日Xカ工事ノ完成ヲ遅滞スルコトアランヲ慮リ其場合ニ発生スヘキ債務ノ体容ヲ予定セルモノニ外ナラサルコト洵ニ明瞭ナリ故ニXニ違約金支払ノ債務アリトセハ這ハ工事完成ノ遅延ニ因リ特ニ発生セルモノナルコト更ニ多言ヲ俟タサレハ之ヲ以テ請負契約ニ因リ発生セルモノト謂フ可カラサルハ勿論請負契約ニ因リ発生セル債務ノ変形若クハ其延長ニ過キサルモノト謂フ可カラス夫レ此ノ如クXノ違約金債務ハ請負契約ニ因リ発生セルYノ報酬金債務トハ其発生原因ヲ異ニスルモノナレハ此ノ二箇ノ債務ニ付民法第533条ノ適用アルヘキ謂レナク従テYニ同時履行ノ抗弁権アルヘキニ非ス然レハ既ニ請負工事ノ引渡ヲ受ケタルニ拘ラス尚ホ報酬残金ノ支払ヲ為ササリシYカ遅滞ノ責ニ任セサル可カラサルハ当然ナリ故ニ原院カ論旨ニ摘示スル如キ理由ノ下ニYノ抗弁ヲ排斥シタルハ正当ニシテY所論ノ如キ不法アルモノニ非ス」

ただし、本判決は債務不履行に基づく損害賠償請求権そのものではなく、違約金契約（賠償額の予定ではないようである）に基づく請求権であったがゆえに同時履行関係を否定したものだと解することができなくもない[15]。しかし、遅延賠償と違約金を区別する実質的根拠はなく、請負契約とは別個の契約だとする本判決の根拠は形式論に過ぎよう。本件の事例では請求権の具体的数額も確定しており、むしろ牽連性を認めたほうが妥当であったように思われる。

これに対して、本来の債務不履行＝損害賠償請求権については検討されるべき余地がある。すなわち、履行不能の場合、塡補賠償額そのものは賠償額の予定がないかぎり、最終的には判決によって確定するから、数額未確定の債務の不払いを理由として同時履行の抗弁権を行使することができるかは問題である。相手方が履行提供をすることによって抗弁権を阻止することができないからである。もっともこの場合でも債務者は「引換給付の抗弁権」を主張でき、これに基づき、裁判所が引換給付判決をすることを認めてよいであろう。

遅延賠償についても、本来の債務と同一性をもち、履行遅滞にある債務者は本来の債務の履行またはその提供をなすのみでなく、遅延賠償の履行またはその提供をしなければ、債権者は反対債務の履行を拒絶しうると解されている。確かに、本来の給付と併せて請求されたときは、本来の給付に関してのみ同時履行の抗弁権を認め、遅延損害金の支払をこれと切り離して処理することは現実的ではなく、同時履行関係を肯定してよいであろう。ただし、ここで抗弁権を認めることは、対価的均衡の保障という側面を越えて、賠償債務の支払担保手段としての意義を併せもつことに注意すべきであり、また、塡補賠償と同様

---

[15] 柚木馨・債権各論（契約総論）[1956年] 66頁は判決の結論を肯定して、履行遅滞または不能の際の損害賠償債務は本来の債務と同一性があるが、違約金債務はしからずとする。

に，賠償額の予定がないかぎり，債務額は裁判所の判決をまって確定することにならざるをえないから，厳密な意味での同時履行の抗弁権ではない。

(3) 準消費貸借の成立

双務契約上の債務が準消費貸借によって貸金債務に転化した場合にも，同時履行の抗弁権が存続するか問題になる。判例は，当初抗弁権が消滅すると判示した。

【6】　大判大 5・5・30 民録 22・1074

［事実］　ＸＹ間で山林の売買契約がなされ，その売買代金支払義務を消費貸借の目的とする準消費貸借を成立させたが，その支払請求を受けた買主Ｙらが X より土地の引渡がないことを理由にこれを拒絶した。原審はこれを退けた。Y 上告。

［判旨］　棄却　「然レトモ原裁判所ノ判示スル所ニ依レハ Y ヨリ X ニ支払フヘキ山林買受代金ノ残額ノ債務ヲ変シテ X ヲ債権者トスル本件ノ消費貸借ト為シタルコトハ当事者間ニ争ナキ事実ナリ而シテ斯ル場合ニ在リテハ民法第588条ノ規定ニ依リ Y ハ其負担スル残代金支払ノ債務ヲ完済シ新ニ本訴ノ金円ヲ借リ受ケタルコトト為ルノ筋合ナルヲ以テ相手方カ前示山林ノ引渡ヲ為スマテハ右代金ノ支払ヲ拒ムコトヲ得ルノ抗弁権ヲ喪失スルモノトス故ニ Y ハ爾後 X カ其売渡シタル前示山林ノ引渡ヲ為ササルヲ理由トシテ本件ノ借金返還ヲ拒ムコトヲ得ス」

しかし，判例はこの後態度をあらため，新旧債務の同一性は当事者の意思にかかり，諸般の事情を考慮して決定すべきものであると

した。その嚆矢となるのが次の【7】および【8】である。

【7】　大判昭 4・4・6 評論 18 民法 110

［事実］　事実関係の詳細は不明であるが，X は訴外 A に対して製瓦機刃型類を売り渡し，残代金を目的として準消費貸借契約を締結したうえ，Y が A の保証人になった。その後右準消費貸借契約にもとづき X が A Y を共同被告として訴求したが，商品の性能をめぐって争われたようである。けっきょく，裁判上の和解が成立して，X はいったん引き渡した本件瓦型を引き取って修繕したうえこれを引き渡すことになった。本訴は X が再度右金員の支払を Y に求めたものである。原審が X の請求を認容し，Y より上告。

［判旨］　破棄差戻　「準消費貸借締結ノ場合ニ債務ノ同一性ヲ維持スルヤ否ヤハ一ニ繋リテ当事者ノ意思ニ在リ必ス常ニ旧債務ヲ消滅セシメテ新債務ヲ発生セシムルモノト解スルノ誤レルト選フトコロ無シ」

本判決が厳密な意味での先例的価値を有するかは疑問がある。なぜならば，本事例では保証人が抗弁権を主張しているが，保証人は同時履行の抗弁権を直接主張するものではないからである。ただ，保証の附従性の原則からすれば，保証人は債務者の有する抗弁権を理由に履行を拒絶できる関係にあると考えられ，保証人は債務者の同時履行の抗弁権を援用して履行を拒絶でき，あるいは，債権者が債務者に反対給付を履行ないし履行提供することを条件に給付義務を負う。本事例では保証人のこうした援用権が失われたか否かが問題である。また，判決は当事者意思が重要と

述べるが，ここでは和解契約が介在しており，ＸＡか，ＸＹのいずれの意思であるのかも問題であろう16)。

【8】 大判昭8・2・24民集12・265

[事実] 訴外ＡはＹらに対してセメント瓦製造器およびその実用新案権を金1,500円で売り渡したが，その後ＹらとＡおよびＡに対する貸金債権者であるＸの間で債権者交替の更改契約が結ばれて，新たにＸが売却代金の債権者となった。その際代金の一部が支払われたが，残代金について準消費貸借契約が結ばれ，Ｙら両名が連帯して支払うこととなった。ところがＹらはその内金500円を支払ったのみで残金の支払がないため，Ｘから支払を求めて本訴に及んだ。これに対してＹらは売却目的物の全部の引渡がないとして，支払を拒絶した。原審は，売買契約上の債務不履行があるとしても契約解除をするのは格別，準消費貸借契約には影響がないとして，Ｘの請求を認容した。Ｙ上告。

[判旨] 一部破棄差戻 「当事者カ既存債務ニ付所謂準消費貸借契約ヲ為シタル場合ニ於テ常ニ必ス旧債務ヲ消滅セシメ新債務ヲ発生セシムルモノト謂フヲ得ス或ハ債務ノ同一性ハ之ヲ維持シツヽ単ニ消費貸借ノ規定ニ従ハシメントスルニ止マルコトアリ其ノ孰レニ属スヘキカハ一ニ契約当事者ノ意思ヲ解釈シテ決セラルヘキモノトス蓋シ当事者ハ既存債務ヲ消滅セシメテ新債務ヲ発生セシムル意思ノ下ニ準消費貸借ヲ為スコトヽ妙カラスト雖此ノ場合ニ於テハ旧債務ノ消滅ノ結果トシテ旧債務ニ附着セル種々ナル権利義務モ亦同時ニ消滅スルニ至ルヘク例ヘハ旧債権債務ニ付テ存在シタル従タル債務担保物権詐害行為取消権及抗弁権等ハ総テ消滅スヘク又旧債務ノ消滅新債務ノ発生ニ因リ時効期間ニ影響ヲ来スコトモ亦明ナリ而シテ叙上ノ如ク旧債務消滅ノ効果カ当事者間ノ権利義務ニ重大ナル影響ヲ招来スルモノナル以上当事者カ所謂準消費貸借ヲ為シタル場合ニ於テハ常ニ斯ル如キ重大ナル効果ノ発生ヲ欲シタルモノト推定スルコトモ亦一般ノ取引観念上当事者ノ意思ニ適合セサルモノト謂フヘク寧ロ当事者ハ斯ル結果ヲ欲セス単ニ便宜上消費貸借ノ規定ニ準拠セント欲スルコト多カルヘキヲ以テ当事者カ其ノ孰レノ意思ヲ有スルヤハ一ニ各場合ニ付諸般ノ事情ヲ斟酌シテ決定スルヲ以テ妥当ナリト謂ハサルヘカラス本件ニ於テ原判決ハ本件準消費貸借ノ基本タル売買契約ノ目的タル契約品全部ノ引渡ナキヲ以テ本訴請求ニ応シ難キ旨ノＹノ抗弁ニ対シ論旨摘録ノ如ク判示シテ之ヲ排斥シタルモノナルモ売買契約ニ於ケル代金債務ヲ準消費貸借ノ目的ト為シタル場合ニ於テ債務者カ同時履行ノ抗弁権ヲ有スルヤ否ハ該準消費貸借カ代金債務ヲ消滅セシメテ新ナル債務ヲ発生セシメタルヤ否ニ依リ決セラルヘキモノナルヲ以テ諸般ノ事情ヲ斟酌シ当事者ノ意思ヲ探究シテ之ヲ決定セサルヘカラサルニ拘ラス原審ハ事茲ニ出テス漫然Ｙノ抗弁権ヲ排斥シタルハ失当ニシテ論旨其ノ理由アリ」

このケースでは更改が先行している。後述のように，更改の場合は旧債務は消滅するから，これに伴って抗弁権も消滅することになる。その限りでは，更改による新債務につき

---

16) 附言するならば，保証人との関係では，主たる債務者と債権者との契約の解釈では十分ではない。保証人の利益も重要であり，Ｙが売買契約の存在を知った上で保証人となったのか，それとも準消費貸借契約上の債務のみを目的とした保証であるのか，が問われるべきであり，保証契約の解釈も顧慮されなければならない。

同時履行の抗弁権を主張することはできない，との結果が導かれるはずである。しかし実質的にみれば本ケースでの更改契約は債権譲渡であり，債務者は譲渡人に対して主張しうるすべての事由を譲受人に対抗できる（468条2項）から抗弁権が消滅しない，とのYの主張は理由がないわけではない。大審院は【7】を踏襲して「当事者意思」を問題とするが，むしろ「更改」契約の内容が重要であった事例のように思われる。

ところで，以上の2判例は契約当事者以外の第三者が介在する点で，些か特殊な考慮が働いていると考えられなくもない。では，契約当事者間でのみ問題となった場合はどうであろうか。これについて応えるのが次の判例である。

【9】 大判昭10・6・27 裁判例(9)民181

［判旨］ 破棄差戻 「昭和4年6月3日上告人先代B及訴外Aノ両名カ株式会社C温泉ホテルノ株式2,000株ヲ代金2万2,000円ニテ被上告人ニ売却シ代金ノ内3,000円ハ昭和4年6月1日ニ残金ハ同年9月20日ニ支払フヘク右残金ノ支払ト同時ニ株券ヲ引渡スヘキ旨約定シタルコト昭和6年8月12日当事者カ右代金債務ヲ消費貸借上ノ債務トナシ支払期日ヲ同年10月13日ト定メ同期日後ハ月一分ノ損害金ヲ附シ支払フヘキ旨ノ合意ヲシタルコトハ当事者間ニ争ナキトコロナリ而シテ右合意ハ他ニ特別ノ事情ノ認ムヘキモノナキ限リ単ニ形式上代金債務ヲ目的トシテ準消費貸借契約ヲ締結シタルニ止マリ株式ノ引渡ハ其ノ対価ノ支払ト同時ニ為スヘキ実質的関係マテヲモ変更セントスルモノニ非ス換言スレハ売主タルB及Aハ右合意後ト雖貸金名義ニ改定セラレタル対価ノ支払アルマテハ株式ヲ引渡ス義務ナク却テ昭和6年10月13日マテニ右対価ノ支払ヲ為シテ株式ノ引渡ヲ求メサルトキハ爾後遅滞ノ責ニ任シ月一分ノ損害金ヲ支払フヘキコトヲ約定シタルモノト認ムルヲ相当トス蓋売主ニ於テ何等ノ理由ナク代金引換交付ノ抗弁権ノ如キ重要ナル権利ヲ喪失スヘキ行為ヲ敢テスルモノトハ到底思考シ得サルヲ以テナリ」

本判決は実質的に同時履行の抗弁権の存続を初めて肯定した点で注目すべきものである。すなわち，判例の結論を導いた実質的な理由は，第1に，当初の売買契約において同時履行の「特約」がなされていたこと，第2に，当事者の変動がなく，同一当事者間であること，であろう。本判決によって原則存続説が打ち出されたといってよい[17]。この原則存続説は最高裁にも受け継がれ，ほぼ確定した判例理論となったといってよいであろう。

【10】 最判昭62・2・13 判時1228・84

［事実］ X所有にかかる本件土地建物は，昭和52年11月Yに対して売却され，売買代金2,000万円として，手付金200万円が契約締結と同時に支払われたが，その後1,000万円の支払がなされた後は，残金の支払がなされないままであった。昭和55年に至って残代金およびその利息730万円につき準消費貸借契約が締結さ

---

[17] 同様に，当事者意思にもとづいて旧債務の担保のために振り出した手形上の権利は，準消費貸借による新債務成立後も存続するとした判決がある。大判昭14・3・23 評論28民法729。

第2章 同時履行の抗弁権の成立要件

れた。Xの貸金請求に対してYは同時履行の抗弁権を主張するとともに，反訴を提起して所有権移転登記手続を請求した。第1審裁判所は本訴反訴とも請求を認容し，同時履行の抗弁権は準消費貸借契約によって旧債務に伴って消滅したと判示した。これに対して原判決は同時履行関係を肯定。Yより上告。

[判旨] 棄却 「原審の適法に確定した事実関係のもとにおいて，XのYに対する第1審判決添付の物件目録（二）記載の土地についての所有権移転登記手続債務とYのXに対する本件準消費貸借契約上の債務とが同時履行の関係に立ち，XはYが本件準消費貸借契約上の未払債務を弁済するまでは，右所有権移転登記手続債務の履行を拒むことができるものとした原審の判断は，正当として是認することができ，原判決に所論の違法はない。」

これに対して学説は分かれる。第1に，準消費貸借契約によって旧債務に付着していた同時履行の抗弁権は消滅するという説[18]がある。この説は当事者の意思に根拠を求めているが詳細は明らかにしていない。第2に，準消費貸借契約によって同時履行の抗弁権は消滅しないとする説[19]がある。当事者の意思は準消費貸借によって自己の債権の担保を放棄するに似た結果を招くところにはないはずであるという点に根拠を求める。第3に，準消費貸借契約と呼ばれている契約の趣旨にそくして考えるべきだとする説[20]がある。すなわち，「本来の準消費貸借」契約は弁済期にある旧債務を弁済期の遅い新債務に切り替え新たに信用を供与するものであるから，同時履行の抗弁権は消滅する（ただし，売買契約の売主の目的物引渡義務が買主の代金支払義務に対して先履行関係にあるときは，買主は先履行すべき売主の目的物引渡まで借金の支払を拒絶ことができる）が，これに反して当事者双方の債務の履行期限を延期するものである場合（これを「（準）消費貸借」と呼ぶ）にはなお，同時履行の抗弁権は失われないと説く。第4に類型的処理を主張する説がある[21]。

第3説が妥当であろう。ただし，同時履行の抗弁権が消滅するという意味は，ただちに双務契約が先履行後履行関係に移行するということではなく，当事者の各債務間の対価的

---

18) 我妻栄・民法講義V₂[1957年] 367頁。
19) 平田春二「準消費貸借」契約法大系Ⅲ[1962年] 386頁。
20) 来栖三郎・契約法[1974年] 263頁，広中・前掲書118頁。
21) 大島俊之「準消費貸借と同時履行の抗弁権」大阪大学経済研究33巻1号[1967年] 51頁，同「判例批評」法律時報60巻2号[1968年] 102頁以下。これによると，準消費貸借は，①第1類型＝無因型準消費貸借，②第2類型＝更改型準消費貸借，③第3類型＝非同時履行型消費貸借，④第4類型＝同時履行型消費貸借の4類型を区別することができ，①は旧債務・新債務間には同一性がなく，したがって旧債務関係に基づく抗弁権は（したがって同時履行の抗弁権も）消滅し，②も同一性を欠くが，旧債務不存在の抗弁権のみが許され，③は同一性を有するが同時履行の抗弁権を消滅させることが本質的要素であるとされる。④は既存債務との同一性を保っており，わずかに既存債務の弁済期や弁済方法を修正するもので同時履行の抗弁権は消滅しない。そして，当事者意思によって上の4つのうちのいずれか明らかではない場合には，意思解釈ならびに利益衡量の点から第4類型を原則とすべきであるとされる。

牽連性が断ち切られて，それぞれ独立した債務になるという意味ではなかろうか。そうだとすると，準消費貸借契約によっても各債務の履行期限が同一となった場合，それぞれ独立の債権となって民法412条が適用され，各債務は独立して遅滞に陥るものと考えられる。

(4) 更　改

これに反して，更改契約によって当事者の交替が生じた場合には，債務の同一性が失われるから抗弁権を主張できなくなることは当然であろう。

【11】　大判大 10・6・2 民録 27・1048

[事実]　YはXに対して，木炭9万貫を売り渡したが，その後更改契約により，その一部の引渡債務（2万貫）につき，訴外Aが新債務者に変更された。Yからの代金支払請求に対して，XはAからの木炭の引渡がないことを理由に，同時履行の抗弁権を行使した。原審がこれを容れなかったのでX上告。

[判旨]　棄却「双務契約ヨリ生シタル両債務カ併存スル場合ニ於テハ当事者ノ一方ハ相手方カ其債務ノ履行ヲ提供セサルトキハ所謂同時履行ノ抗弁ヲ提起シテ自己ノ債務ノ履行ヲ拒ムコトヲ得ヘシト雖モ相手方ノ債務ニ付キ債務者ノ交替ニ因ル更改行ハレ其結果トシテ新債務発生シ旧債務消滅シタルトキハ他ノ残存セル双務契約上ノ債務ヲ負担スル一方ノ当事者ハ其新債務ニ付キ履行ノ提供ナキコトヲ理由トシテ自己ノ債務ノ履行ヲ拒ムコトヲ得ス何トナレハ其新債務ハ双務契約ヨリ生シタル債務ニ非スシテ別箇ノ契約タル更改ヨリ生シタルモノニシテ残存セル双務契約上ノ債務ニ対シ全然独立ノ存在ヲ有シ新債務ニ付キ履行ノ提供ヲ為スト否トハ残存債務ニ何等ノ影響ヲ及ホスモノニ非サレハナリX援用ノ当院判例ハ叙上ノ判旨ニ適切ノ関係ナシ夫レ斯ノ如ク双務契約上ノ債務ニ付キ債務者ノ交替ニ因ル更改カ行ハレタル場合ニ於テハ当事者ハ同時履行ノ抗弁権ヲ行使スルコト能ハサル不利益ノ地位ニ立ツヘシト雖モ是レ更改ヨリ生スル法律上ノ結果ナレハ更改ヲ為シタル者ニ於テ之ヲ甘受スヘキハ当然ニシテ之ヲ目シテ双務契約及ヒ更改ノ性質ニ反シ取引ノ安全ヲ害スル不当ノ解釈ナリト謂フヲ得ス従テ双務契約ノ当事者カ叙上ノ如キ更改ヲ為シタル後ニ於テモ同時履行ノ抗弁権ヲ留保セント欲セハ更改ヲ為スニ際シ特ニ其旨趣ノ約束ヲ為スノ外ナクX所論ノ如ク民法第516条ノ規定ヲ類推シテ債務者ノ交替ニ因ル更改ニ準用シ因テ以テ同時履行ノ抗弁権ヲ行使セシムルコトヲ得ス」

もっとも，更改の認定はかなりデリケートであり[22]，本事例もあるいは債務引受として構成することが可能であったように考えられ，その場合には同時履行の抗弁権は認められることになる。これとは反対に，当事者の意思解釈により債務者の交替を更改とせず独立の双務契約の成立を認めて同時履行の抗弁権を肯定した判決もある。

【12】　大判大 2・7・10 民録 19・654

[事実]　Xは訴外Aに対する債権の行使として本件動産（具体的には不明）を差し押えたところ，Aの兄Yが差押物件はYほか3名の所有

---

[22]　我妻栄・判民大正10年度90事件279頁も，本件契約を更改とみることに疑問を呈する。

であると主張して強制執行異議の訴を提起した。この訴訟の係属中和解が成立し，XはAに対する債権を放棄して差押を解除し，Yはこれに対して独立して債務を負担することを約した。これに基づきXはYに弁済を訴求し，Yは債権放棄・差押解除との同時履行の抗弁権を主張した。原審がYの抗弁を容れたのでXは上告して，更改によってYは独立の債務を負担したのであって抗弁権を行使し得ないと主張した。

[判旨] 棄却「債権ノ抛棄ハ債務者ニ対シテ其意思ヲ表示スルニアラサレハ効力ヲ生セサルヲ以テ債権者カ第三者ニ対シテ債権ヲ抛棄スルコトヲ約シ之ニ対シテ第三者カ債務者ノ債務ト同一内容ヲ有スル債務ヲ負担スルコトヲ約スルモ債権者カ債務者ニ対シテ有スル債権ハ第三者ノ債務成立ト同時ニ消滅スルモノニアラスシテ債権者ハ第三者ニ対シテ債務者ノ為ニ債権ヲ抛棄スヘキ債務ヲ負担シ第三者ハ債権者ニ対シテ債務者ノ債務ト同一ノ債務ヲ負担スル一種ノ双務契約カ成立スルニ至ルモノナリ故ニ債権者カ第三者ニ右契約ノ履行ヲ求メタルトキハ債権者カ債務者ニ対シテ債権ヲ抛棄スル意思ヲ表示スルカ若クハ債務者カ債権者ニ対シテ利益享受ノ意思ヲ表示スル迄ハ第三者ハ双務契約同時履行ノ抗弁ヲ主張スルヲ得ヘシト雖モ如上ノ契約ヲ以テ債務者ノ交替ニ因ル更改契約又ハ第三者カ債務弁済ノ予約ヲ為シタルモノト云フ能ハサルヤ多言ヲ要セサルヲ以テ債務者ノ意思ニ反スルト否トハ契約ノ成立ニ関係ナキモノトス」

この事例では，同時履行関係を肯定すべき価値判断が実質的に先行した結果として，更改契約が否定されたとの印象が強い。換言すれば，更改かそれとも別個の双務契約かは一義的，形式論理的に決定されるのではなく，当事者意思が決定的な意味をもつものと考えられよう。

3　非双務契約

(1)　契約の無効・取消

双務契約が無効ないし取り消された場合，給付されたものの相互の返還義務が発生する。この返還請求権の法的性質について，物権的請求権か不当利得返還請求権（債権的請求権）かは議論のあるところであるが，両者を同時履行の関係に立たせるべきか否かが問題となる。かつて大審院は詐欺による意思表示の取消の場合においては，詐欺者の給付は不法原因給付に当たるとして，返還請求権そのものを認めなかったので，同時履行は問題となりえなかった。

【13】　大判明41・4・27 刑録14・453

[判旨] 棄却「詐欺ニ因ル意思表示ハ之ヲ取消シタルトキハ初ヨリ無効ト看做スカ故ニ売買ニ託シテ人ヲ欺罔シ金銭ヲ騙取シタル詐欺取財ノ場合ニ於テ被害者カ取消ノ意思表示ヲ為シタル以上ハ売買ハ初ヨリ無効ニ帰シ従テ被害者ハ欺罔者ニ対シ不法行為ニ因ル損害賠償ヲ請求シ得ヘキハ勿論ナルモ欺罔者カ欺罔手段トシテ売渡名義ヲ以テ被害者ニ給付シタル物ヲ不当利得ヲ理由トシテ之カ返還ヲ請求スルコトヲ得ス何トナレハ其物ハ欺罔者カ自己ノ犯罪ノ用ニ供シタルモノ即チ不法ノ原因ノ為メニ給付シタルモノニ外ナラサレハナリ本件私訴ノ原因ハ原判決認定ノ如ク上告人カ鹿児島産ノ馬ヲ露国産ノ名馬ナリト称シ種馬ニ売却セハ多大ノ利益アリト詐リ被上告人ヲ欺キ之ヲ買取ラシメ其代金トシテ金銭ヲ騙取シタル事実ナレハ其馬ハ上告人カ不法ノ原因ノ為メ給付ヲ為シタルモノナルカ故ニ被上告人カ取消ノ意思表示ヲ為シテ損害賠償

ヲ求メ得ルニ反シ上告人ハ其馬ノ返還ヲ求ムルコトヲ得ス従テ其馬ヲ被上告人カ処分シテ得タル利益ニ付キテモ上告人ハ何等ノ権利ヲ有セサルナリ」

　大審院はその後詐欺者の利得返還請求権の存在そのものは肯定するに至るが，牽連関係は認めなかった。

【14】　大判大3・4・11 刑録20・525

　[判旨]　棄却　「詐欺ニ基ク売買ノ意思表示ニシテ取消サレタル以上ハ売買契約ノ効力ハ全部消滅シ該契約ハ初ヨリ存在セサリシト同一ノ結果ヲ生スルモノナルカ故ニ契約ニ因リ一旦発生シタル法律状態ハ消滅シ茲ニ当事者相互間ニ於テ相手方ヲ原状ニ回復スヘキ権利義務ヲ生スルモノナリ然ラハ取消サレタル売買行為ニ因リ利益ヲ受ケタル者ハ各自其受ケタル一切ノ利益ヲ返還スヘキモノニシテ此義務ハ相互ニ条件ヲ成スモノニ非ス各独立シテ履行セラルヘキ性質ノモノナルカ故ニ一方ハ其相手方カ利得ヲ返還スルヲ条件トシテ其義務ヲ履行スヘキモノニ非サルハ勿論ナルノミナラス取消ノ原因タル不法行為ヲ為シタル者ハ其行為ニ因ル債務ニ付キ相手方ニ相殺ヲ対抗スルヲ得サルモノナルヲ以テ相手方ヨリ受ケタル利益ヲ控除シ自己ニ存スル利益ノ限度ニ於テ返還スルヲ以テ足ルト主張スルコトヲ得サルモノト謂ハサルヘカラス本件ニ於テ民事原告人等ハ被告ノ詐欺ニ因リ被告ト取結ヒタル売買契約ヲ取消シ其結果原状回復ノ手段トシテ被告ニ交付シタル泊芙蘭代金全部ノ賠償ヲ請求スルモノナルカ故ニ被告ハ当然之ニ応スヘキ責任アルヘク民事原告人等カ被告ヨリ泊芙蘭ノ引渡ヲ得タルニヨリ利益シタル部分ヲ控除スヘキ旨ノ抗弁ハ理由ナシト謂ハサルヘカラス」

　ただしこの判決は，①給付物の返還請求権ではなく，給付物の価額返還請求権が問題となっており，したがって，同時履行の抗弁権そのものではなく，相殺の可否が問題となっていること，②詐欺者による抗弁権の行使が問題とされているから，取消権者側からの同時履行の抗弁権については判断されていないこと，③反対給付の額が全く示されていないために牽連関係が否定されたと考えられること，が指摘されなければならない。

　判例においては，牽連関係は錯誤無効の場合にも否定されていた。

【15】　大判昭2・12・26 新聞2806・15

　[事実]　画幅の売買契約が錯誤により無効とされたので，原審は買主が支払った代価の返還を命じた。そこで売主は上告して，双務契約の原状回復を請求するには自己の履行すべき債務を提供した後でなければ相手方に債務の履行を請求できないものと主張した。

　[判旨]　棄却　「然レトモ被上告人ノ本訴請求ノ趣旨ハ……双務契約ノ解除ニ因ル原状回復ヲ求ムルニ非サルヲ以テ先ツ被上告人ニ於テ其ノ買取リタル書幅ヲ提供スルニ非サレハ上告人ニ対シ其ノ交付シタル金員及ヒ書幅ノ返還ヲ請求スルコトヲ得サルモノト謂フヲ得ス故ニ原裁判所カ右ノ提供ナクシテ為シタル被上告人ノ本訴請求ヲ認容シタルハ不法ニ非ス」

　これに対して，判例は戦後最高裁の時代になって，大審院の立場を転換して，同時履行の抗弁権を無効・取消の場面にも認めるに至る。

【16】 最判昭 28・6・16 民集 7・6・629

[事実] 本件建物はもとXの所有であったが、未成年者であったので、昭和20年3月1日その親権者たる母Aが法定代理人としてY会社に対し、建物内の機械器具その他の付属物件と併せて売渡し、代金の支払を受けたが、(旧法下で必要とされていた)親族会の同意を得ていなかった。そこで昭和21年売買契約が取り消されたが、Yは本件建物の所有権がXに属することを争い、かつ、同年1月無断でこれを、Zに賃貸した。Xは所有権確認および建物の明渡を求めて本訴を提起した。原審裁判所は、取消の結果生じる不当利得返還請求のためのYの本件建物への留置権は、Xの承諾を得ずして賃貸し、しかも右賃貸は建物の保存に必要なる措置としてされたものとは認められないとして否定したが、次のように判示して、引換給付を命じた。

[判旨] 棄却「取消による原状回復に付き同時履行の抗弁が有効に主張され得るか否かは問題の存する処であるけれども、未成年者の取消については原審のいう如く契約解除による原状回復義務に関する民法546条に準じ同法533条の準用あるものと解するを相当とする。蓋公平の観念上解除の場合と区別すべき理由がないからである。未成年者の取消は特に未成年者の利益を保護する為めのものであるから、未成年者に対しては相手方は同時履行の抗弁を主張し得ないものであるとする考え方もないではない。しかし未成年者は随意に一方的に取消し得るのであり、しかも現存利益だけの返還をすればいいのであるから、これによって十分の保護を受けて居るのである。これに反し相手方は取消されるか否か全く未成年者の意思に任されて居り非常に不利益な位地にあるのであるから、それ以上更に先履行の不利益を与えて迄未成年者に不公平な利益を与える必要ありとはいえない。(右は専ら未成年者の取消に関するものであり、他の原因による取消については何等判断を示すものではない)」

本判決においては、無効・取消の場合の抗弁権の一般的承認に対してなお、慎重な姿勢を示していたが、公平の観念上解除と同視するというその理論は無効・取消一般についても妥当し、今後の最高裁判例を予想させるものであるとの評価が学説によって与えられていた[23]。本判決以後の下級審裁判例でも、無効・取消の場面で広く同時履行関係を肯定する趨勢にあった[24]。そして、最高裁も次の判決で同時履行関係を認める立場を採った[25]。

---

23) 柚木馨・債権各論［1956年］63頁以下、内山尚三「同時履行と危険負担」新民法演習4［1968年］7頁、金山正信・民法総則要論［1968年］290頁。
24) 大阪地判昭31・6・29下集7・6・1708（株式売買の事例）、東京高判昭51・9・28東高民判時27・9・218（不動産売買の事例）東京高判昭50・11・27高民集28・4・369（代物弁済予約および抵当権設定契約の無効の事例）、大阪高判昭60・5・31判タ564・195（自治体との不動産売買の事例）、東京地判昭61・10・30判時1244・92、判タ648・198（リース物件の売買事例）、東京高判平8・11・20判タ965・175（農地売買の事例）、東京高判平10・6・15判タ1041・212（意思無能力の事例）。否定例として、釧路地判昭36・10・31訟月8・3・443（自創法による農地交換処分の無効による原状回復の事例）。
25) 本事例については、そもそも売買契約の有効な取消が自明であったかどうか疑問であるとの指摘がある。すなわち、本件においてAがXを欺瞞して代理人となりYとの間で契約を締結したの

【17】 最判昭47・9・7民集26・7・1327

[事実] 訴外Aは本件土地所有者であるXに対して、「土地を売ってその代金を金融に回わし、その利息収入によって気楽に暮した方がよい。金融については協力する。」旨申し向けたところ、XはAの言に動かされ、XA間で、Aが土地売却代金を預って他に融資し、利殖の途を講ずることに意見が一致し、昭和39年6月、同人を代理人としてYとの間で本件土地二筆を代金850万円で売買契約を締結した。土地㈠については所有権移転登記請求権の仮登記等が、土地㈡についてはXの前主からの中間省略登記による所有権移転登記がなされた。ところがAの真意は、売却代金の一部を自己のYに対する借金の返済に利用することにあり、そのためにXを欺罔して締結させようと企てたものであり、Yもまた事情を知っていた。まもなくAに騙されたことを知ったXは売買契約を取消す旨の意思表示をなし、土地㈠の仮登記抹消および土地㈡の所有権移転登記手続を求めて本訴を提起した。Yは反訴として、土地㈠の本登記、土地㈡につき、残代金と引換に明渡を求めた。第1審は原告勝訴。原審では売買契約取消によるYの代金返還との引換給付判決がなされた。Xより上告。

[判旨] 棄却 「右のような事実関係のもとにおいては、右売買契約は、Aの詐欺を理由とするXの取消の意思表示により有効に取り消されたのであるから、原状に回復するためYは、Xに対し、本件㈠の土地について右仮登記の抹消登記手続を、本件㈡の土地についてXへ所有権移転登記手続をそれぞれなすべき義務があり、また、Xは、Yに対し、右100万円の返還義務を負うものであるところ、X、Yの右各義務は、民法533条の類推適用により同時履行の関係にあると解すべきであつて、Yは、Xから100万円の支払を受けるのと引き換えに右各登記手続をなすべき義務があるとした原審の判断は、正当としてこれを是認することができる。」

このように、判例の趨勢は——法的構成の差異はともかく——同時履行関係を認めるものといってよい。しかし、近時下級審裁判例であるが、傍論ながらこれに批判的なものが現れてきており、注目に値する。

【18】 福岡高宮崎支判昭59・11・28判タ549・205

[事実] YらはXに対して本件土地を転売目的で買い受けて、第三者Aに転売してその利益を山分けしようと持ちかけた。Xは十分に調査することなく、X名義で買い受けることにした。しかし、YらはAとも共謀してAに対するXの債務不履行を誘発させて、同契約の違約金支払条項に基づきAの側からXに交付された手付金300万円の倍返しを受けてこれによって利得を図ることを狙っていたものであり、そのために

だから、取り消されるべきはAXの委任契約およびXの代理権授与行為であって、代理権授与行為が取り消された結果として、Aは無権代理人となり、XYの売買契約は無効になるとの見方もありうる（奥田昌道「判例批評」論叢96巻1号91頁）。この場合にはXは登記抹消等を請求できるが、代金を受領しておらずそれゆえ代金返還義務を負担しないことになる。これとは逆に引換給付判決では、Yへの給付返還がXのAからの回収という危険においてなされることになるが、事案の解決としては前者のほうが合理的であろう。星野英一「判例批評」『民事判例研究Ⅲ2』64頁［初出、法協91巻3号］参照。

XとYらとの売買契約を締結させようと企てたものであった。Xは売買残代金支払のため再三Y宅を訪れたが、不在のため残代金支払ができず、所有権移転登記手続に必要な書類の交付も受けたのは、Aに対する取引の期限の1日後であった。そこで、AはXの契約違反を理由として違約金600万円の請求をしてきた。XはYらの欺瞞に気づいて売買契約の意思表示を取消し、支払った代金の返還を請求した。

[判旨]「不法行為に基づく損害賠償債務は原則として不法行為の日または損害の発生の日から遅滞に陥るものというべきところ、本件のような詐欺に基づく不当利得返還請求権と不法行為による損害賠償請求権が競合する場合であつて、しかも後示4のとおり右不当利得返還請求権が同時履行の抗弁によりその履行遅滞の責任を追及できないときであつても、詐欺による契約の取消の場合における相手方として利益を受けた者は、自ら詐欺による不法行為を行なつたものであつて、不法行為責任の性質上民法509条により相殺が禁止されていることに照らして同時履行の抗弁権を認めるべきでないし、民法704条の悪意の利得者が利得金額に民法所定の年5分の利息を付加して返還する義務あることとの権衡上不法行為に基づく損害賠償請求権についても前記原則どおり右契約の取消がなされた時点以降その遅延損害金を付加して支払う義務があるものと解すべきである。」

右の判決は、一般論としての詐欺取消における原状回復義務相互間の同時履行関係を承認しつつ、詐欺者からの抗弁権の主張を許さない、とする点で有力な学説を先取りするものである。

詐欺・強迫による取消の場合に取消原因を作出した相手方に同時履行の抗弁権を認めることに対しては、学説上にも異論がある。まず、第1に、詐欺者が給付した物は「不法原因給付」（民法708条）として返還請求権そのものを否定すべきである、との立場がある[26]。第2に、詐欺者の給付物返還請求権そのものは否定しないが、同時履行の抗弁権については、信義則を理由として、あるいは留置権に関する民法295条2項の趣旨がここにも生かされるべきであるとして否定されるべきであるとの見解がある[27]。

思うに、この無効・取消のさいの原状回復義務は、実質的にみても各給付相互間に対価的均衡が存しない場合が多いであろう。通常、対価的不均衡があるからこそ錯誤や詐欺・強迫等が問題になるからである。しかし、同様の事情は契約解除についても当てはまる。ことに不履行解除や担保責任による解除のときも給付相互間は均衡を欠いている。にもかかわらず、法は同時履行関係を認めているのである（546条、571条）。取消権者のみならず、詐欺・強迫等取消原因を作出した者にまで同時履行の抗弁権を与えるべきではないとの見方もできるかもしれないが、不履行債務者にも同時履行の抗弁権を許していることからすると、説得力に欠けるのではないか。取消権者の被った不利益は損害賠償請求権を与えれば足りるとも考えられる[28][29]。

---

26) 川村泰啓「不法原因給付制度と類型論」『民事法学の諸相』（片山古稀）[1970年] 328頁。
27) 星野・前掲判批、同・民法概論Ⅰ [1977年] 46頁、福地俊雄「判例批評」法時45巻6号 [1973年] 135頁、松坂佐一・民法提要民法総則 [1974年] 218頁等。なお、椿寿夫「詐欺による取消と同時履行の抗弁権・留置権」民法学3 [1976年] 9頁以下参照。

(2) 弁済関連事務

同時履行の抗弁権は債務の弁済手続においても問題となる。むろん，これは相互に対価関係に立たない義務の間の引換関係であり，また，契約関係の存在を前提とするものではない点で，本来の同時履行の抗弁権とは異なっている。ドイツ民法においては一般的留置権（273条，274条）の適用場面とされるが，わが国における留置権はこれと異なり，「有体物」の引渡拒絶権であり，かつ，その物が「他人」の所有でなければならない等，要件面で適用が困難であり，そうした空隙をどのように補充するべきか問題である。学説には，債権的留置権や履行拒絶権を構成する立場が存在するが，前述のように，通説は端的に民法533条の適用を認めている。判例もまた，一定限度で同時履行の抗弁権を承認してきた。

(イ) 受取証書交付請求権

弁済者は受領者に対して受取証書の交付を請求することができる（486条）。弁済者を二重弁済の危険から保護するための制度であり，これを実効的なものとするため，弁済と受取証書の交付等は同時履行関係に立つと解されている。通説であり，判例もまたこれを肯定する[30]。

【19】 大判昭16・3・1民集20・163

[事実] XはYより土地を，昭和8年頃より小作料1カ年9円の約で賃借していた。Xは昭和11年度の小作料をY方に持参して現実に提供して受取証書の交付を請求したが，Yがこれに応諾しなかったので，弁済を了しないまま帰宅した。Xはその後小作料を供託していたが，昭和12年になり，YがX所有の玄米につき差押え，かつ小作地の引渡につき強制執行に着手したため，異議を申し立てた。原審は弁済と受取証書の交付とは同時履行の関係にあるとして，Yが受取証書の交付を承諾しない以上Xが履行期に小作料の支払をなさざるも履行遅滞の責任を負わないとして，Xの請求を認容した。Y上告。

[判旨] 棄却「然レトモ弁済者カ其ノ弁済ニ対シ受取証書ノ交付ヲ請求スル所以ノモノハ弁済ノ有無ニ付争アリタル場合ニ其ノ弁済事実ノ立証資料ニ供セントスルニ在ルモノナルカ故ニ弁済ト引換ニ其ノ交付ナクンハ受取証書ハ其ノ効用ヲ全フセサルヘク従テ請求アルニ於テハ受取証書ハ弁済ト引換ニ之カ交付ヲ要スルモノト謂ハサルヘカラス然ラハ弁済者カ弁済ヲ為サントスルニ当リ受取証書ノ交付ヲ請求シタルニ拘ラス弁済受領者カ之ヲ応諾セサルニ於テハ弁済者ハ弁済ノ為メ現実ニ為シタル提供物ヲ保留シ得ルモノト云フヘク此ノ場合弁済者ハ提供物ヲ

---

28) 加藤雅信・財産法の体系と不当利得法の構造［1986年］448頁。
29) なお，無効・取消の場合に留置権を競合的に行使できるかは問題である。無権代理の場合では，本人が給付を受領していないにもかかわらず留置権を行使されることはきわめて不当な結果となる。無権代理＝無効という法的評価の中には無条件の返還（ないし登記）請求が織り込まれているとみるべきであり，牽連性は否定されるべきだからである。むしろ，相手方は無権代理人に対する給付物返還請求権のための同時履行の抗弁権を有するが，本人にこれを対抗しえない，とすることが事物適合的であろう（後述第4章第2節）。清水・前掲書165頁参照。
30) 同趣旨の下級審裁判例として，東京地判昭6・11・30新聞3350・15，評論21民法103，千葉地判昭15・6・19評論29民法589。

交付セサルコトニ付正当ノ理由アルモノニシテ遅滞ノ責ヲ負フコトナキモノトス」

(ロ) 債権証書返還請求権

　民法487条は，債権証書がある場合に，弁済者が債務の全部を弁済したときには，証書の返還を請求することができる旨規定している。しかし，受取証書と異なり，債権証書の返還は，弁済と同時履行の関係に立たないと解されている[31]。その理由は，同条の文言上弁済先履行と考えられること，受取証書と弁済との同時履行関係を認めれば，弁済者の二重払い等の危険を回避することができるからそれで十分であること，債権証書紛失の場合に証書の交付がないことを理由に弁済を拒絶できるとするのは本末転倒と考えられること，である。ただし，これに関する直接の判例は見あたらない。

　むろん，当事者間で債権証書と引換えにのみ金銭を支払うことを約した場合には，同時履行の抗弁権が認められることはいうまでもない。判例もこれを認める[32]。

【20】　大判大8・3・28民録25・581

　[事実]　寄託物について，原判決が仮庫入証と引換えにのみ引き渡すべき約束があることを理由に，受寄者に引換給付を命じたのに対して，寄託者が，交換給付が命じられるのは各給付が実質上反対給付たる性質を有することを要し，手形あるいは貨物引換証等の物権的証券のように法律がこれと引換えでなければ給付することを要しないと定めたものにかぎられると主張して上告した。

　[判旨]　棄却　「判決ニ於テ相手方ノ反対給付ト引換ニ給付ヲ為スヘキコトヲ命スルニハ其反対給付ハ法律ノ規定ニ基クト法律行為ニ基クトヲ問ハス其性質如何モ之ヲ問フヲ要セス唯引換ニ為スヘキ給付タルコトヲ以テ足ル被上告人ハ当事者間ノ特約上仮庫入証ト引換ニ非サレハ貨物ノ引渡ヲ求ムルコトヲ得サレハ原判決カ仮庫入証ト引換ニ貨物ヲ引渡スヘキコトヲ上告人ニ命シタルハ正当ニシテ仮庫入証ノ給付ノ如キハ引換給付ヲ命スヘキ場合ニ於ケル反対給付タルノ性質ヲ有スルモノニ非ストノ上告人所論ハ首肯シ難シ」

　こうした特約が意味をもつのは，債権証書が受取証書と類似する機能を有する場合である。たとえば，郵便貯金法は貯金の払戻は貯金証書と引換えになすべきことを規定し，また，銀行預金の払戻についても，預金証書と引換えに支払う旨の条項が記載されるのが通常であるが，これらは二重弁済の危険を回避するためである。それゆえ，債権者が自己の権利の存在を立証しても，支払請求は認められないと判示した裁判例がある[33]。ただ，同時履行の特約をかならずしも絶対のものと理解すべきではないであろう。二重弁済のおそれが存在しない場合には，権利者が自己の権利の存在を立証して支払を請求する可能性を

---

31)　注民(13)479頁。
32)　近時の裁判例として，大阪高判平11・2・26金商1067・35，同平11・2・18金商1067・41は預託金会員制ゴルフクラブの会員証と預託金返還との同時履行特約のあった事例である。
33)　東京地判昭45・5・26下民集21・5＝6・711。

残しておいてよいものと考えられる[34]。

(ハ) 担保物権消滅手続

第2に，担保物権が設定されている場合に，債務の弁済と担保物権の消滅手続とが同時履行の関係に立つか問題となる。

(i) 留 置 権

留置権については，民法295条は「弁済ヲ受クル迄」と規定しているから，文言上は弁済先履行，留置物返還後履行でなければならないはずである。かつての裁判例も，留置権が行使された場合には請求棄却判決をすべきである，としたものもあった[35]。しかし後にこれを改めて，大判昭11・1・24判決全集3・2・18が引換給付判決説を採用して以来，最高裁もこれを踏襲して確定した判例となった。

【21】 最判昭33・3・13民集12・3・524

[事実] XはYに対し昭和22年以来，その所有する本件土地および同地上の本件建物を一括して賃貸していたが，Yは昭和24年秋頃から賃料を支払わず，また右土地の一部をXに無断で他に転貸したので，Xはこれを理由として賃貸借契約を解除して土地建物の明渡を求めた。Yは造作買取請求権および必要費・有益費償還請求権を主張して留置権を行使すると抗弁した。原審は費用償還請求権のみを認めてその償還と引換えに土地建物を明渡すよう命じた。Yは上告して，費用償還請求権は引渡請求権に対して先給付の関係にあるから，留置権を認める以上はXの請求を棄却すべきであると主張した。

[判旨] 棄却 「留置権は，物の占有者がその物に関して生じた債権の弁済を受けるまでその物を留置することを得るに過ぎないものであつて，物に関して生じた債権を他の債権に優先して弁済を受けしめることを趣旨とするものではない。従つて，裁判所は，物の引渡請求に対する留置権の抗弁を理由ありと認めるときは，その引渡請求を棄却することなく，その物に関して生じた債権の弁済と引換に物の引渡を命ずべきものと解するを相当とする。」

注意すべきは，引換給付判決が民法533条の適用（ないし類推適用）としてではなく，留置権の効果として肯定されていることである。留置権は他の担保物権と異なり，実体的権利というよりは抗弁権的性格が強く（たとえば，被担保債権が弁済期にないときは留置権そのものが成立しない等），引渡請求に対する直接のリアクションとして働くためである。

次の事例は（旧）借地法上の建物買取請求権が行使された場合であるが，同様に留置権

---

34) 東京地判昭38・10・22判タ156・95も，次のように述べる。「Yは，前記定期預金契約を結ぶ際，この預金証書と引換に預金を支払うことを特約し［ている］が，その趣旨とするところは，銀行が，有効な弁済によりその責を果たすための手段とする点にあり，預金者が証書を紛失した場合，事実上提出することが不可能ないし困難な場合等においてもなおかつ預金証書の提出を要するものとした趣旨ではないと解すべきである。けだし，定期預金証書は，預金債権の存在を証する単なる証拠証書にすぎず，もとより受戻証券ではなく，預金証書の存在は定期預金の指名債権たる性質を毫も変更するものではないからである。従つて預金者において前掲のような事情から，預金証書提出の方法によらずして，自己の預金債権の存在を，別途立証する限り，必ずしも前記の手続を必要としないものと解すべきである。」
35) 東京地判昭2・2・5評論16・民法642。

に基づいて引換給付判決を命じている。本来，敷地と買取代金債権とは牽連性がなく，本来ならば留置権そのものが否定されるはずである。しかし，建物留置権に基づいても敷地の引渡を拒絶できるとするのが，大判昭14・8・24民集18・13・877以来の確定した判例理論である。また，同時履行の抗弁権に基づき建物の引渡を拒絶しうる場合にも，その「反射的効力」として敷地の明渡を拒絶できるとするのが判例であり[36)]，こうした場面で引換給付判決を認めることに支障がなかったものと思われる。建物買取請求権の行使によって当事者間に売買契約の成立が擬制される結果，買取代金債権と建物および敷地の引渡債権が同一の双務契約から生じていると考えられること，からすれば，むしろ，同時履行の抗弁権による処理の方が相応しいようにも考えられよう。なお，本件ではもっぱら留置権の抗弁のみが提出されていること，売買代金債権の牽連性については異論がなく，かつ，判例は同時履行の抗弁権と留置権との競合を認めていること，を指摘することができよう。かえって請求棄却判決説を採ると，効果面で同時履行の抗弁権との差異が生じ，実質的矛盾は避けられないであろう。

【22】 最判昭33・6・6民集12・9・1384

[事実] Xは，その所有する土地上に(イ)(ロ)2棟の家屋を所有して敷地を占有しているYに対して，右家屋の収去および土地の明渡を求めて本訴を提起した。Yはこれに対して前賃借人であり家屋の所有者であった訴外Aから買い受けるとともに，Xの承諾を得て賃借権を譲り受けたと抗弁し，仮にXが賃借権譲渡を承諾していないとすれば，借地法10条に基づいて家屋を時価で買い取るべきことを請求し，買受代金の支払を受けるまで家屋につき留置権を行使すると主張した。原審は建物(ロ)についてのみ，建物買取請求権の行使により当該建物の売買契約が成立したと同一の効果が生じ，その所有権はXに移転したとして，Yは留置権により家屋のみならず敷地の引渡を拒むことができると判示して，右代金の支払と引換えに引き渡すよう命じた。Y上告。

[判旨] 棄却 「原審は，右承諾の事実を認めず，買取請求にかかる(ロ)の家屋については当事者間に売買契約が成立したと同一の効果を生じその所有権がXに移転した旨判断したのであるから，Xは右家屋についてはその引渡を求め得るにすぎなくなつたわけであるが，かかる請求は本件における家屋収去土地明渡の請求に包含されているものと解するのが相当であり，また，物の引渡請求に対する留置権の抗弁を理由ありと認めるときは，裁判所は，その引渡請求を棄却することなく，その物に関して生じた債権の弁済と引換に物の引渡を命ずべきであることは当裁判所の判例とするところである（昭和33年3月13日昭和31年(オ)第966号事件第1小法廷判決)。」

(ii) 質　権

ところが，質権に関しては，判例は留置権と異なった取扱をする。【23】は動産質，【24】は不動産質に関するものであるが，いずれも担保物の返還と債務の弁済との同時履行関係を否定し，弁済先履行とする[37)]。

---

36) 大判昭7・1・26民集11・3・169，大判昭11・5・26民集15・12・1004。
37) 同趣旨の下級審判決として，東京地判明37・3・6新聞269・7。

【23】 大判大 9・3・29 民録 26・411

[判旨] 一部認容一部破棄差戻 「仍テ按スルニ荷為替ナルモノハ運送品ノ荷主カ荷受人ヲ支払人ト為シタル為替手形ヲ振出シテ其受取人ヨリ手形面ノ金額ヲ受取リ支払人タル荷受人カ為替金ヲ支払ハサル場合ニ対スル担保トシテ運送品ヲ売却シ其売得金ヲ以テ弁済ニ充当スルノ権利ヲ債権者タル手形ノ受取人ニ付与シ同時ニ貨物引換証又ハ船荷証券ヲ右手形ノ受取人ニ交付スルニ因リテ成立スルモノニシテ其担保ハ動産質ノ性質ヲ有スルモノナルコトハ当院判例ノ認ムル所ナリ（明治40年（オ）第49号明治41年6月4日当院判決参照）動産質権者ハ其質権ニヨリ担保セラルル債権ノ弁済ヲ受クルニ至ルマテハ質権ノ目的物ヲ留置スルノ権利ヲ有スルコト民法第347条ニ依リ明カナレハ質権ノ目的物ノ所有者ハ先ツ其担保セラルル債権ノ弁済ヲ為スニアラサレハ其物ノ引渡ヲ受クルコトヲ得サルモノト謂ハサルヘカラス」

【24】 大判昭 6・10・15 法学 1 上・375

[判旨] 棄却 「原判決が右入質契約を買戻約款附売買の性質を有するものと認めながら、買戻の意思を表示するに付単に買戻代金を提供したるのみを以ては買戻の効果を発生せずと為したるは正当にあらずとするも、上告人の主張事実に依れば右借入金か弁済せられたる事実の肯認せられざる限り上告人に買入不動産の返還又は借入金と引換に之を返還すべきことを求めう

べきものにあらざるは明なり」

なお、不動産質権については、弁済と質権登記の抹消との関連も問題となるが、これについての裁判例は見あたらないようである。これに対して、次に見る抵当権については登記の抹消との関連が重要な問題となる。

(iii) 抵 当 権

留置権および質権における目的物の占有移転（返還）と異なり、抵当権においては、債務弁済との関連で問題となるのは占有移転ではなく、抵当権設定登記の抹消である。しかも、抵当権設定登記は抵当権の成立要件ではなく対抗要件にすぎないから、その抹消登記手続義務は抵当権者の本質的義務でない。判例は古くから同時履行を否定して弁済を先履行としてきた[38]。そして、最高裁もこれを踏襲しており、確定した判例となっている[39]。

【25】 最判昭 41・9・16 判時 460・52

[事実] Xが弁済供託により債務が消滅したとして、債務不存在確認、抵当権抹消登記手続、競売開始決定の取消を訴求した。一審は請求を認容したが、原審は、消費貸借の債権者は弁済を受けるに先立ってまたはこれと引換えに担保たる抵当権の抹消登記ををなすことを要するものではなく、債務者がまず債務を弁済した後にその抵当権の抹消登記を求め得るにすぎないから、Xが弁済供託をするに当たって、Yが供託金を受領するには抵当権設定登記の抹消登記手

---

38) 大判明36・3・18民録9・283、大判明37・10・14民録10・1258、大判昭18・9・29民集22・983。ただし、大判昭7・11・28民集11・21・2204は、弁済を条件とする抵当権登記の抹消の将来の訴を提起することができるとする。

39) 同旨、最判昭57・1・19判時1032・55、最判昭63・4・8判時1277・119。

続をなすべきことを条件としたのは不法の条件を付したことになって無効であるとして請求を棄却した。Xより上告。

[判旨] 棄却 「債務の弁済と該債務担保のための抵当権設定登記の抹消登記手続とは同時履行の関係にない旨の原判決の判断は正当である。供託物を受取るべき者が反対給付をすべき場合には公正の書面によって反対給付を履行したことを証明しなければ供託物を受取ることができないとされている（供託法10条）のであるから、同時履行の関係にない本件抵当権設定登記の抹消を反対給付の内容とした本件供託は、債務の本旨に従ったものとはいえず、債務消滅の効力が生じないと解すべきである。されば、原判決の不法の条件云々の理由は相当でないが、本件供託を無効とした窮極の判断は正当であるから、民法494条の解釈適用を誤った違法があるとの論旨は採用することができない。」

(iv) 非典型担保権

債務の弁済と担保物の返還との関係は非典型担保についても問題となる。売渡担保については大審院の時代にすでに同時履行関係を否定する裁判例がある。

【26】 大判昭2・10・26新聞2775・13

[判旨] 棄却 「売渡担保ノ契約ニ基キ其ノ目的物ヲ占有セル債権者ハ自己ノ債権ノ現存スル限リ担保物件ヲ占有スルコトヲ得ヘク債務者カ其ノ債務ヲ完済シタルトキハ固ヨリ担保物件ヲ返還スルコトヲ要スルモノハ主タル債権カ消滅シタル結果従タル担保権モ亦消滅スルカ為ニ外ナラスシテ債務ノ弁済ト担保物件ノ返還トハ互ニ条件ヲ為スモノニ非サレハ双務契約ニ関スル同時履行ノ規定ヲ適用スヘキモノニ非ス然レハ債務者ニシテ担保物件ノ返還ヲ受ケント欲スレハ先ツ其ノ債務ヲ完済スルコトヲ要シ其ノ完済ヲ為サスシテ之ト引換ニ担保物件ノ返還ヲ求ムル訴ヲ起スカ如キハ固ヨリ認容セラルヘキモノニ非ス」

代物弁済予約ないし仮登記担保権についても、同様に考えるべきであろうか。仮登記担保法制定以前においてこれが争われた裁判例はないようである。この点で参照されるべきは、仮登記担保権実行において、清算金支払請求権と担保目的物の返還ないし所有権移転登記義務との同時履行関係が明文で規定されたこととの関係（法3条2項）であろう。すなわち、仮登記担保法制定以前においては、清算の原則が判例上承認されて以来、清算金支払請求権の確保が重要な課題となっていた。債権者が担保権実行の場合に目的不動産の所有権を取得する場合に、設定者の清算金支払請求権が債権的保障しか得られないのでは、典型担保物権の公的実行手続において剰余金の還付が制度上確保されていることと均衡を失するからである。そのため、早くから清算金の支払と引渡ないし登記手続との同時履行関係を認める判例理論が確立し[40]、仮登記担保法もこれを承認したのであるが、こうした法理が裁判所に影響を及ぼすのではないかと考えられた。しかし、判例はこれには全く触れることなく、同時履行関係を否定して、典

---

[40] 最判昭45・7・16民集24・7・1031，最判昭45・3・26民集24・3・209，最判昭45・8・20民集24・9・1320，最判昭45・9・24民集24・10・1450，最判昭45・12・24判時617・56，最判昭47・10・26民集26・8・1465，最判昭48・1・26民集27・1・51。

型担保と同様に債務弁済先履行とする。

【27】 最判昭61・4・11 金法1134・42

［事実］Xは訴外AおよびBから各200万円を借り受け，その借受金債務を担保するため，所有する本件各建物所有権の2分の1の持分につき代物弁済の予約を締結したが，登記簿上はAの弟であるYとBの名義で所有権移転請求権仮登記を設定した。その後弁済期前に仮登記に基づく本登記がなされたが，これは金融機関から融資を受けるためにとられた便宜上の措置であり，仮登記担保権の実行によるものではなかった。Aが代物弁済予約完結の意思表示をしたので，XがAに借受金および遅延損害金を支払うのと引換えに，本件各建物につき，弁済による本件仮登記担保権の消滅に基づく本件仮登記および無効な本件本登記の各抹消登記手続に代わる真正な登記名義の回復を原因とする前記持分の所有権移転登記手続を請求したのが本件である。原審は支払と引換えに，仮登記の抹消を含む真正な登記名義の回復を原因とする持分の所有権移転登記手続をすべき義務があるとして請求を認容した。Y上告。

［判旨］一部変更「しかしながら，債務の弁済と当該債務の担保のために経由された仮登記担保権設定の仮登記の抹消登記手続ないし右抹消登記手続に代わる移転登記手続とは，前者が後者に対し先履行の関係にあるものであって，同時履行の関係に立つものではないと解すべきである（最高裁昭和56年(オ)第890号同57年1月19日第3小法廷判決・裁判集民事135号33頁）。けだし，消費貸借契約に基づく貸金債権を担保するために仮登記担保権を設定する契約は，消費貸借契約に附従するものではあるが，これとは別個の片務契約であって，右契約自体から牽連関係に立つような債権債務は生じないというべきであり，また，仮に，右のような同時履行関係を認めると，債権者としては，弁済を受ける前から登記抹消や担保物返還等の準備に着手しなければならなくなり，債権者に過重な負担を課し又は被担保債務の弁済を遅延させることとなって，相当でないからである。したがって，右とは異なる見解のもとに，前示のとおり，前記債務の弁済と引き換えに本件各建物につき本件本登記及び本件仮登記の各抹消登記手続に代わる真正な登記名義の回復を原因とする前記持分の所有権移転登記手続の本訴請求を認容すべきものとして原判決には，民法533条の解釈適用を誤った違法があり，また，右違法が判決の結論に影響を及ぼすことは明らかであるといわなければならない。そして，Xの本訴請求には，本件仮登記の抹消登記請求部分のほかに本件本登記の抹消登記請求部分も含まれていると解されるところ，前示事実関係のもとにおいては，後者の請求部分は理由があり，これを認容すべきことは明らかであるが，右に説示したところによれば，前者の請求部分は失当であるから，これを棄却すべきである。」

仮登記担保権につき，清算金支払の場面と債務弁済の場面を区別して取り扱うことは，理由がないわけではない。抗弁権を否定すると，前者の場合には，本登記手続後は清算金受領のための有力な武器を失う結果になるのに対して，後者の場合には，債務弁済後に仮登記が残っていても実体を反映しない無効な登記となるから，弁済先履行であっても設定者の保護に欠けることはない，と一応はいいうるからである。しかし，譲渡担保は問題である。この場合には公示上所有者名義が債権者に移転してしまうから，設定者の法的地位

が不安定であることは，清算金支払のみならず，債務弁済についても変わりがないからである。しかし，判例はここでも同時履行関係を否定し，弁済先履行とする[41]。

【28】 最判平6・9・8判タ860・108

[事実] Y会社は訴外Aに金員を貸し付け，Aの代表取締役であったXは，これを担保するためにYとの間にB会社の株式を譲渡する旨の譲渡担保契約を締結し，Yに株券を交付した。本件はXが被担保債権の弁済を受けると引換えに株券を返還するように求めたものである。原審は債務の弁済と担保目的物の返還とは同時履行の関係にないと判示した。Xは上告して，不動産譲渡担保における引渡と清算金支払義務とが同時履行関係にあるとした最判昭和45年3月26日判決との判断と矛盾するものだと主張した。

[判旨] 棄却 「債務の弁済と譲渡担保の目的物の返還とは，前者が後者に対し先履行の関係にあり，同時履行の関係に立つものではないと解すべきであるから（最高裁昭和56年(オ)第890号同57年1月19日第3小法廷判決・裁判集民事135号33頁，最高裁昭和55年(オ)第488号同61年4月11日第2小法廷判決・裁判集民事147号515頁参照），所論の点に関する原審の判断は，正当として是認することができる。所論引用の判例は，事案を異にし本件に適切ではない。論旨は採用することができない。」

このように，担保物権消滅手続における同時履行関係について，判例は留置権および手形小切手等の有価証券の場合を別とすれば，大勢は同時履行関係を否定する。これに対して，学説は多岐に分かれる。第1に，被担保債務が弁済によって消滅することによって担保物権が消滅する以上弁済が先履行であり，担保物権の消滅ないし担保物権の返還は債務消滅後であることを理由に同時履行関係を全面的に否定する立場がある[42]。第2に，留置権および質権についてのみ，引換給付判決がなされるべきだとする立場がある（通説）。これらの担保物権においては占有移転を内容としており，弁済との引換履行は債務者に負担をかけるものではないこと，また，簡易迅速な法的処理に役立つこと，さらに担保物が動産の場合には第三者の即時取得のおそれがあり，それを防止する必要性があることが理由としてあげられる[43]。反対に，抵当権や不動産質権，担保仮登記等においては同時履行関係は認められない。なぜならば，引換履行の場合，債権者は弁済を受ける前に登記手続に着手しなければならないから，債権者側の負担を過重し，弁済を遅延させる結果になり，また登記名義が債務弁済後に残存したとしても，わが民法上は無効であるから，債務者に特に酷な結果をもたらすものではないか

---

41) 同趣旨の下級審判決として，仙台高判昭62・7・15金法1203・36，金商777・35。
42) 柚木＝高木・担保物権法［1982年］33頁，125頁。高木ほか・民法講義3［1978年］（曽田厚執筆）26頁。
43) 我妻栄・民法講義Ⅲ［1968年］42頁，注民(13)481頁，神崎克郎「同時履行の抗弁権の適用範囲」民法学5［1976年］28頁，我妻(編)・判例コンメンタール担保物権法（三藤邦彦執筆）［1968年］38頁，末弘厳太郎・現代法学全集債権総論［1928年］145頁等。ただし，薬師寺・前掲総合判例42頁は質権については請求棄却説を採る。

らである。

　これに対して，近時は担保物権の種類や内容によって実質的な検討を加えるべきではないかとの反省がなされ[44]，あるいは，同時履行関係を広く認めようとする立場が登場してきた[45]。すなわち，これによると，担保物と債務とは実質的には対価的バランスを有していること，担保設定当事者の黙示の意思，売買契約における代金支払と登記手続ないし引渡との同時履行関係とのバランス，不動産登記に対する民法94条2項の類推適用の余地もあり，弁済先履行がかならずしも債務者に不利益ではないとはいえないこと，を理由とする。

　肯定説に対しては，担保物権消滅手続請求ではなく，被担保債権自体が裁判上訴求された場合には引換給付判決ではなく，無条件に弁済が命ぜられるべきであって，担保物権消滅手続の提供がなされないかぎり請求棄却判決となるのは妥当ではない，との否定説からの批判がある[46]。また，訴訟法上の視点から否定説を補強して，被担保債務の弁済を条件とする担保物権消滅を訴求できると解すべきだとの見解も捉えられている[47]。

　担保物権消滅手続と債務弁済が厳格な意味における対価関係に立つものでないことは明らかであるが，わが民法における履行拒絶権制度の跛行性からして533条はそうした適用領域に限定されておらず，それだけでは同時履行関係を否定する理由に乏しいであろう。むしろ，当事者間の実質的公平，また，動産即時取得や民法94条2項の類推適用場面の拡大によって，担保物所有者の権利喪失の危険性は決して小さくないこと，また，担保物件の価額と債務額との実質的な等価性の保障は仮登記担保権における清算金支払請求権と

---

44)　岩城謙二「判例批評」民商96巻5号102頁，宇佐見大司「判例批評」私法判例リマークス12［1996年］31頁，工藤祐厳「判例批評」法セ40巻4号83頁，秦光昭「判例批評」NBL578号60頁等。

45)　水本浩・債権各論（上）［1979年］21頁，同・契約法［1975年］47頁。石川利夫「同時履行の抗弁権」判例と学説・民法Ⅱ［1977年］147頁。柚木＝福地・注釈民法［増補再訂版，1982年］(9)367頁。

46)　三和一博「判例批評」判タ505号79頁。

47)　内田貴「判例批評」判評285号17頁。この見解の根拠は，①原告が弁済供託し，債務不存在確認の訴を提起して得た判決にもとづく抵当権設定登記抹消登記手続の訴という手段を踏まなければならないことは，原告の負担が大きいこと，②債務者が債務が弁済消滅し不存在との前提で単純に抵当権抹消手続の訴を提起したが，なお債務の一部が残存するという結果になったときは，残債務の弁済を条件とする抵当権設定登記の抹消を命じる判決を下すことなく請求棄却判決をすることは，紛争の効率的解決という点で不経済であること，③引換給付判決の場合には引換給付の有無が執行開始の要件として執行機関の判断事項とされているのに対して，条件の成否（先給付たる債務弁済の有無）は執行文付与の要件として執行文付与機関の判断事項とされることから（民事執行法27条1項），債務者はまず債務の弁済またはこれに代わる弁済の提供をなした後，これらの事実に関する証明文書を執行文付与機関に提出し，その後条件付給付判決につき執行文の付与を受けてから抵当権設定登記の抹消登記手続を行うことになるので，債務の弁済が事実上先履行となり，抵当権者としては何等不利益を被ることがない，と主張する。

担保物件の引渡ないし仮登記本登記手続との同時履行関係を規定した仮登記担保法3条2項, 11条においても強化されていること, 本来の債務弁済と仮登記との間での均衡等, を顧慮するならば, 私見も肯定説に与したい。否定説からは, 担保物権消滅手続との引換履行は債権者の負担を過重するとの非難がなされるが, 債務者が同時履行を主張すれば債権者としては登記抹消手続に必要な書面を揃えてこれに応じる用意を要求することはさほど酷ではない[48]。そもそも, 民法が消費貸借契約を要物契約としているにもかかわらず, 現実の金融取引において金銭の貸渡後に担保物権を設定することはなされず (同時履行ですらない), 担保物権設定後に金銭の貸付がなされるのが現状である。このように要物性を緩和させてまで担保の設定を先履行としつつ, 他方で担保物権消滅の場合には債務弁済が先履行というのでは, 債権者の利益保護に偏り当事者間の衡平を欠くのではないか。むしろ, 担保物権の設定と貸付実行, そして担保物権消滅と弁済を同時履行関係に立たせることが公平であり, かつ, 当事者の通常の意思にも合致するように思われる。

しかし, 同時履行関係を肯定することは, 厳密な意味での同時履行の抗弁権を承認することではない。すなわち, 債務者が弁済との担保物権消滅手続との同時履行関係を主張して履行を遅滞した場合の責任は免れず, 遅滞責任を免れるのは, 抗弁権行使以後と解すべきである。また, 弁済提供なしに担保物権消滅を請求した場合でも, 引換給付判決ではなく, 請求棄却判決を下すべきであろう。

(二) 手形・小切手の交付

手形・小切手等の有価証券が担保として交付された場合については, 大審院は傍論ながら, 約束手形につき同時履行関係を肯定していた[49]。戦後も下級審裁判所では一時区々であった[50]が, 最高裁は, まず小切手について, 特別な事情のないかぎり, 同時履行関係にあるとした。

【29】 最判昭33・6・3民集12・9・1287

[事実] Xは昭和25年Yより短期の金融を求められて承諾し, Yより貸金の支払確保のため金10万円の持参人払式小切手1通を受け取った。Xはこの小切手を訴外Aに差し入れて金員を調達したうえ, 自己の名においてYに対して貸与したが, その後小切手は貸金返済期にAの支払呈示に対して不渡処分になったので, XはAに金員を返済した上小切手を受け戻した。第1審裁判所はXのYに対する貸金返還請求を認容したが, 原審はXは小切手の返還と引換えにのみ貸金債権を行使しうるが, 本件小切手は呈示期間後6カ月の消滅時効期間を経過しているので,

---

48) 奥富晃「判例批評」上法27巻1号203頁。
49) 大判昭13・11・19新聞4349・10, 評論27商法425。
50) 否定例として, 広島高判昭27・10・14高民集5・11・536, 仙台高判昭29・11・26高民集7・12・1108。肯定例として, 福岡高判昭29・3・3高民集7・1・145, 東京地判昭和41・6・21判時461・56。なお, 東京地判昭44・1・30下民集20・1=2・39は手形上に一部弁済を受けた旨記載し, かつ受取証書の交付との引換給付を命じる。

小切手との引換えを要請すべき理由は失われたとして，Yの控訴を棄却した。

[判旨] 破棄一部自判一部棄却 「原審の認定によれば，X主張の本件㈡の貸金については，Yは，支払確保のため，Xに対し昭和25年12月末頃，主文第2項記載の小切手1通を交付しているのである。そして，このように貸金債務確保のために小切手が交付された場合，債務者は債権者からの，貸金請求に対しては，特段の事由がないかぎり，右小切手の返還と引換に支払うべき旨の抗弁をなし得るものと解するを相当する（大審院昭和13年11月19日言渡判決参照）。ところで，Yは原審において，本件㈡の貸金については，右小切手の返還を受けるのと支払うべき旨の同時履行の抗弁を提出したのであり，これに対し，原判決は，右小切手については消滅時効が完成した事実を認定し，その結果，右貸金債権の行使については，もはや小切手の返還との引換を要請すべき理由は失われたものとして，Yの前記抗弁を排斥したことは，判文上明白である。しかし，原判示のような時効完成の事実は，原審において，なんらXの主張しなかつたところであるから，原判決は当事者の主張しない事実を認定した違法があり，右違法は原判決の主文に影響することは明らかである。それ故，論旨は理由があり，原判決は，この点において一部破棄を免れない。」

もっとも債務者が同時履行の抗弁権を主張せず，また証券返還先履行の特約がある場合には引換給付が否定されることは当然である。

【30】 最判昭35・7・8民集14・9・1720

[事実] XはY₁に対して昭和24年絹布類を売り渡し，Y₁振出および引受にかかる為替手形1通の交付を受けた。Y₂はY₁がXより買い入れた絹布類を販売してその代金でY₁の債務をXに支払っていたが，それに関して業務上横領の嫌疑で取調を受けるようになった。そこで，昭和25年Y₂はY₁の商品代金債務を重畳的に引き受けて両者連帯して支払う旨の示談が成立した。その際に当事者間でYらにおいて債務を決済した後，Xから手形が無効に帰した旨の証明文書を手交するほか，手形をY₁に返還する旨の合意がなされた。本件手形は満期前に訴外A銀行に担保のため裏書譲渡されている。Xからの売掛代金支払請求に対して，Yらは本件手形がAに譲渡されたことによりXは対価を得て債権が消滅した，また，YらはAより手形金の支払請求を受けているから二重払いの危険があると主張して争った。1審2審ともX勝訴。

[判旨] 棄却 「既存債務の支払確保のために振出交付された手形は，債権者債務者間に裏書禁止の特約のない場合には，債務者から既存債務の履行のないかぎり，債権者において該手形を第三者に対し更に担保のため裏書譲渡することは妨げなく，しかも，右裏書の事実によつて直ちに債務者は既存債務の支払を免れるものでなく，債権者において右手形の裏書人としての償還義務を免れるまでは債務者に対する既存の債権は消滅するものでないと解すべきことは原判示のとおりであつて，所論のように，債権者は償還義務の履行その他の方法によつて右手形を自己に回収するまでは既存債権を行使し得ないものと解すべき根拠はないのであるから，論旨は採用することができない。もつとも，かかる場合債務者は，特段の事由のないかぎり，既存債務の支払は手形の返還と引換にする旨の同時履行の抗弁を為し得るものと解すべきである（昭和29年（オ）第758号，同33年6月3日第3小法廷判決，民集12巻9号1287頁参照）けれども，Y₁は原審においてかかる抗弁を提出した

形跡はないのみならず，原判決の認定するところによれば，本件当事者間には「本件50万円の債務を決済した後，Xから右手形が無効に帰した旨の証明文書を手交する」旨の特約が成立したというのであるから，既存債務の履行と手形の返還とが同時履行の関係に立つものでないこともあきらかである。」

最高裁は手形についても，割引手形の買戻請求に関して傍論ながら，同時履行関係を肯定した。

【31】 最判昭50・9・25民集29・8・1287

［事実］ 預金債権を差押えて転付命令を得た債権者に対して，銀行が手形貸付債権および手形買戻請求権をもって相殺した。転付債権者が相殺によって手形は債権者に返還すべきところ，銀行が債務者に返還したため，損害を被ったと主張した。最高裁は，受働債権が債務者から他へ転付されているときには，相殺の結果転付以前に遡って受働債権が消滅するようなときは，債権者は債務者兼手形割引依頼人に手形を返還すべきであって，転付債権者に返還すべきではない，としたが，同時履行関係について次のように判示した。

［判旨］ 棄却 「手形貸付において，貸金の返済と貸金支払確保のため振出された手形の返還は同時履行の関係にあり（最高裁昭和29年（オ）第758号，同33年6月3日第3小法廷判決・民集12巻9号1287頁参照），また，割引手形を買戻すについて，買戻代金の支払と手形の返還は同時履行の関係にあると解されるから，債権者が，手形貸付債権及び手形買戻請求権をもって債務者が債権者に対して有する債権と相殺するときには，債務者に手形を交付してしなければならない。」

このように，手形・小切手については支払と返還とを同時履行関係に置くのが判例理論であるが，担保物権消滅手続との間に取扱いの差異が生じるのはなぜか疑問が生じよう。手形の不返還による振出人の二重払いの危険は，動産即時取得や民法94条2項の類推適用場面におけるそれと同質のものといってよいからである。あえて言うならば，担保物権制度におけるかかる危険に比べて，有価証券の流通性による担保設定者の危険が遥かに大きいということに求められようか。もっとも，後者についても，前述のように，近時の同時履行関係を肯定する思潮に鑑みれば，判例の法的処理は突出した例外的なものではなくなりつつあるというべきであろう。

第2節 対価的債務

1 原　　則

前述のように，同時履行の抗弁権は双務契約における対価的給付の引換履行関係を保障するものであるが，通説は厳密な対価的均衡を要求することなく，双務契約における2個の給付相互間における緩やかな相互依存関係として捉えている。この場合には，各給付間の価値的不均衡のため，引換履行を強制する

ことがかえって公平に反するおそれがないわけではない。したがって，個々の場面における抗弁権行使の妥当性は信義則等一般条項に立ち返って検証されなければならないであろう。以下では，個々の双務契約関係における同時履行の抗弁権の具体的諸相を示すことにしよう。

2 売　買

(1) 原　則

売買契約において対価的意義を有する債務が代金支払債務と所有権移転債務であることはいうまでもない。具体的には代金支払債務と同時履行関係におかれるのは，動産にあっては目的物の引渡債務であるが，これに関する直接の判例は見あたらない[51]。

これに対して，不動産にあっては代金支払債務と引換履行関係に立つものは所有権移転登記手続ないし目的物の引渡債務である。この場合に，登記と引渡のいずれが引換給付関係に立つべきかは問題であるが，判例は登記手続を原則とする[52]。

【32】　大判大 7・8・14 民録 24・1650

[事実]　事実関係はかならずしも明らかでないが，不動産売買契約において，大正 5 年 7 月 10 日を売買残代金の支払期日であると同時に登記手続および引渡期日と定めたうえ，同日に代金支払がないときは契約は当然解除されるとの特約が附されていた。しかし，当日に買主 X が登記所に出頭しなかったので，売主 Y は契約は失効したものとして手付金を没収した。X はこれに対して，手付金没収のためには売主の側で弁済 [＝引渡] 提供をしなければならないが，原審はこれについて何ら判断することなく，単に履行期日に代金支払のないことを理由に X に違約の責任を負わせたのは理由不備の違法があると主張した。

[判旨]　棄却　「按スルニ不動産ノ売買ニ付其登記ヲ為ストキハ買主ハ其所有権取得ヲ第三者ニ対抗スルコトヲ得ヘク其引渡ヲ受クル以前ニ在テモ之ヲ処分スルコトヲ得ヘキカ以テ例ヘハ売買ノ目的物タル土地ノ境界カ判然セサル等ノ如キ特別ノ事情アルトキ又ハ特約アルトキハ登記ヲ為スモ売主カ目的物ノ引渡ヲ為ス迄ハ買主ニ於テ代金ノ支払ヲ拒ムコトヲ得ヘシト雖モ如上ノ事情存セサルトキハ売買ノ登記ヲ為スト同時ニ買主ハ代金ノ支払ヲ為スヘキモノニシテ売

---

51) 株券につき，大判昭 16・10・21 法学 11・520 は傍論としてこれを認める。
52) 下級審裁判例として，福岡高判昭 30・11・26 高民集 8・8・60 は，原則として売買代金債権と同時履行関係にあるのは所有権移転登記請求権であるとしつつも，本件では家屋の明渡と残代金とが同時履行に立つ旨の特約がされたとして，明渡拒絶による占有使用によって不当利得とならないとする。また，引渡後登記手続の準備を完了しないまま代金の支払を催告した場合に，買主はこれを拒絶しえないとして遅滞効果を認めた判決（広島高判昭 48・3・14 判時 707・64）があり，引渡との引換給付関係を示唆するものがあるが，この事案では土砂の採取および第三者への売却を目的とした山林の売買であり，買主が引渡を受けてただちに土砂の搬出に着手し，また，契約成立後数カ月経過後に残代金の支払催告がなされたが，これに対して，移転登記を要求することなく，支払を拒んだ点が考慮されたものである。

第2章　同時履行の抗弁権の成立要件

主カ目的物ヲ引渡ササルコトヲ理由トシテ代金ノ支払ヲ拒ムコトヲ得サルヤ当然ノ事理ナリト ス 故ニ不動産ノ所轄登記所ニ於テ売買代金ヲ授受スヘキ場合ニ於テ契約履行ノ期日ニ売主カ其登記ヲ為スノ目的ヲ以テ登記所ニ出頭シタルトキハ売主ハ債務ノ本旨ニ従ヒタル弁済ノ提供ヲ為シタルモノト云フヘク買主ニシテ該期日ニ登記所ニ出頭セサルカ若クハ出頭スルモ代金ノ支払ヲ拒ミタルトキハ買主ハ遅滞ノ責ヲ免カルルヲ得サルモノト云ハサルヘカラス」

　この判決がリーディング・ケースとなり，以後も同趣旨の判決が続き（【33】，【34】），最高裁もまたこれを踏襲して判例理論として確定した。

【33】　大判昭11・1・22 法学5・944

　[判旨]　破棄差戻　「不動産の売買に付其移転登記あるときは買主は其所有権取得を第三者に対抗することを得べく之か引渡を受くる以前に在りても其不動産を処分し得るが故に特別の事情存せざる限り売買に因る所有権移転の登記を為さるると同時に代金支払を為すべきものにして買主は其目的たる不動産の引渡なきを理由として代金の支払を拒むことを得ざるは当院の判例とする所にして（大正7年（オ）第596号同年8月14日第3民事部判決）今之を変更するの要あるを見ず左れば原審が本件不動産の売買に於て売主たる上告人が買主たる被上告人に対し本件不動産の所有権移転の登記を為したるも未だ其の引渡を為さざることを理由として上告人の本件売買代金支払の請求を排斥したるは違法なり」

【34】　大判昭16・9・26 評論31 民法54

　[判旨]　破棄差戻　「原判決ハ本件売買ニ付上告人ハ被上告人ニ対シ昭和14年4月25日迄ニ目的不動産ニ対スル所有権移転登記手続ヲ為スヘク若シ之カ履行ヲ為ササル場合ニハ手附金ノ返還及之ト同額ノ損害金ヲ支払フヘキ旨ノ特約アリタル事実並ニ上告人カ前記日迄ニ右移転登記手続ノ履行ヲ為ササリシ事実ヲ認定シタルニ止リ右特約内容ト被上告人ノ代金債務履行トノ関係ニ付テハ何等判示スル処ナクシテ輙ク右特約ニ基ク被上告人ノ本訴請求ヲ認容シタリ然レトモ凡ソ売買ノ如キ双務契約ニ在ツテハ当事者間別段ノ意思表示ナキ限リ目的不動産ニ対スル売主ノ所有権移転登記義務ト買主ノ代金支払義務トハ同時ニ履行セラルルヲ原則トスヘシ而シテ如上同時履行ノ関係ニ立ツ双務契約ノ債務者ハ当該契約上定メラレタル弁済期ヲ経過シテ債務ノ履行ヲ為サストスルモ相手方ニ於テ其ノ債務履行ヲ提供セサル限リ期限経過ノ一事ニ依リ直チニ不履行ニ因ル損害金支払ノ義務ヲ負担スヘキモノニ非スト解スルヲ相当トスヘキカ故ニ原審ハ須ク釈明権ヲ行使シ本件売買契約ニ付上告人ノ係争不動産ニ対スル所有権移転登記義務ト被上告人ノ代金支払義務トハ同時ニ履行スルヲ要セサル如キ特殊ノ契約存シタリヤ否若シ叙上ノ特約ナシトセハ被上告人ニ於テ果シテ其ノ履行期ニ上告人ニ対シ代金債務履行ノ提供ヲ為シタル事実アリヤ否ノ点ニ付当事者ヲシテ其ノ主張事実ヲ明確ナラシメ然ル後如上ノ点ニ付審理判断ヲ加ヘ以テ本訴請求ノ当否ニ付判断ヲ与フヘキ筋合ナリトス然ルニ原審ハ事茲ニ出テス上段掲記ノ如ク漫然上告人ニ於テ其義務タル移転登記手続ヲ為サス其ノ履行期ヲ徒過シタリトノ一事ニ依リ直チニ上告人ニ対シ本件手附金並ニ損害金支払ノ義務ヲ肯認シタルハ失当ニシテ

原判決ハ畢竟法則ノ誤解ニ出テタルカ若クハ審理不尽乃至理由不備ノ違法ヲ敢テシタルモノト謂フヘク此点ニ於テ到底破毀ヲ免レサルモノトス」

【35】 最判昭34・6・25判時192・16

[事実] Xは昭和25年3月本件建物をYに代金50万円で売り渡し，手付金として10万円を受け取った。残代金は同年9月末までに支払い，同時に引渡および所有権移転登記手続をなすことを約した。Yは引渡を受けたがいまだ残代金を支払っていなかったので，Xは2週間以内に支払なきときは売買契約を解除する旨の通告をなした。これに対して，Yは本件建物敷地の所有者である訴外Aから敷地を賃借または転借の承諾を得る必要があり，YがAから敷地を借り受けられるようにして貰いたいと申し入れた。そこで，XはYとともにAに対して交渉した結果，XがAに対して延滞している賃料を支払うこと等を条件として承諾が得られた。Xは延滞賃料を支払い，Yに対して残代金を3日の猶予期間内に支払うべきことを催告し，もしその支払のないときは売買契約を解除する旨通告した。しかるにYは残代金を支払わなかったため，原審裁判所は，売主としてすべき義務はすべて完了したのであり，催告はYを遅滞に付するに十分であるとして，売買契約は有効に解除されたと判示，Yに対して家屋明渡を命じた。Y上告。

[判旨] 破棄差戻 「思うに，本件のような建物の売買契約においては，売主たるXの建物の引渡並びに所有権移転登記手続をなすべき義務と買主たるYの代金支払義務とは特段な約束のない限り（このような特約のないことは前示当事者間に争のない契約の趣旨に徴し明らかである）同時履行の関係にあるものであるから被上告人において前示のような猶予期間を附した履行の催告をなした場合においてはおそくともその最終期日までに建物の引渡並びに所有権移転登記手続をなすについて準備を完了し（但し建物の一部の引渡は済んでいた），上告人から代金の提供あらば直ちに自己の債務の提供をなし得るよう一切の準備を完了しておくことが肝要でありかくして，前示催告は上告人を遅滞に陥らしむる効力を有するものと解すべきところ（最高裁昭和29年7月27日第3小法廷判決集8巻7号1455頁参照），原判決は上告人被上告人の前示各債務が同時履行の関係にあるものと判示しながら前示賃借権の承継あるいは転借の承諾の点にのみ審理を集中し，被上告人のなすべき履行の準備並びに提供については何ら釈明をなすこともなく漫然と前示催告が前叙の理由だけで附遅滞の効力あるものとしたのは審理不尽であり，延いて理由不備の誤謬に陥つたものと云わざるを得ないのであつて，論旨は結局理由あるに帰し，原判決はこの点において到底破棄を免れないものと認める。」

判例は代金支払債務と同時履行関係に立たせるべき債務が目的物の引渡ではなく，登記手続である理由を不動産登記の対抗力に求めている。確かに，二重譲渡等，売主が第三者に対して不動産を処分した場合に未登記買主はその者に対抗できないから，代金支払と引渡との同時履行では，確定的な所有権取得のための武器として十分ではない。ことに大審院以来の判例・通説によれば，民法177条の第三者は善意悪意を問わないとされているからなおさらである。しかし，対抗力を具備することと，登記義務が対価的債務であることとは必ずしも論理的に結びつくものとはいえず，両者は平面を異にするものである。判例

第2章　同時履行の抗弁権の成立要件

の説明はなお十分ではないというべきであろう。のみならず，建物保護法や借地借家法等によって登記による対抗要件主義は現在では動揺しており，また，昭和40年代以降の潮流である背信的悪意者排除説，あるいは公信力説の立場に拠るときは，買主への不動産の引渡後に出現する第三者が保護される余地はほとんどないであろう。そうだとすれば，この点からも判例理論を見直すべき余地がないわけではない。

　売買契約における同時履行の抗弁権の問題では，所有権移転時期との関連こそがまず検討されなければならない。売主の対価の債務は所有権移転義務そのものであり，同時履行関係は所有権移転時期と不可分に結びついているからである。周知のように，物権変動に関するドイツ民法の採る形式主義においては，不動産については「登記」，動産については「引渡」を物権行為としており，同時履行の抗弁権は契約当事者間の「所有権の対抗」によって媒介されている。わが国の物権行為独自性説もまたこうした同時履行の抗弁権との関連で論じられた[53]。しかし，ここでは対抗力の取得は論理的に所有権取得と結びつけられているが，意思主義的構成（176条）の下では所有権移転の意思表示は登記ないし引渡と直結しないから，当事者間の権利の「対抗」関係を貫徹させることができない。

　我妻説を代表とするわが国の通説的見解である契約時移転説においては，契約締結とともに買主が所有者となるため，ドイツ法とは異なり，売買当事者は「所有・非所有」関係として現れる。その結果，売主の引渡拒絶の抗弁権は他人の物の占有者の有する留置権として構成することが不可避であるように見える（事実，意思主義的構成を採るフランス民法典では売主の抗弁権は伝統的には留置権として構成されてきた）。しかし，通説の内部においてこうした論理的帰結を貫く者はほとんどいなかった。なぜならば，典型的な双務契約である売買契約において同時履行の抗弁権が適用されないとする奇異な結論は容認しがたいものであろうし，留置権構成はきわめて不当で硬直した結果をもたらすおそれがある。たとえば，留置権者は所有者の同意なくして目的物を使用収益できず，これに違反すれば留置権消滅請求を受けて無条件に目的物を引き渡さなければならない（298条）から，売買契約が成立したとたんに，売主が目的物の利用権限を失うという帰結を導く。したがって，我妻説においては，同時履行の抗弁権の適用とは事実行為としての引渡（あるいは登記）と代金支払との引換給付関係に矮小化されてしまうのである。

　これに対して，川島博士は所有権移転時期に関して，双務契約の対価的牽連性は相手方が給付をしないかぎり自らも給付（権利移転）をしないことを意味するが，契約成立時説は同時履行の抗弁権の実質的基礎を奪うものとして批判され，所有権は不動産については登記時に，動産については引渡時に移転する，と説かれる[54]。これは対価的給付の均衡

---

53) 学説の詳細については，滝沢聿代「物権変動の時期」民法講座2 ［1984年］42頁以下。
54) 川島武宜・所有権法の理論 ［1949年］248頁，同・民法Ⅰ ［1960年］154頁。

第 2 節　対価的債務

の基礎に各当事者の所有権の「対抗」を据えるものであり，対価的牽連性に明確な法的基礎を与えたものといえよう。しかし，川島博士によっても，所有権移転時期が当事者の「意思表示」に係ることからする限界，即ち，引渡・登記が所有権移転の「解釈基準」にすぎないことよりすれば，引渡・登記以外の時点（たとえば手附の支払時）における所有権移転の可能性を否定できない。むしろ，売買契約成立後履行が完了するまでの過程において所有権の移転を一点で確定することは不可能である[55]ことを認めつつ，個々の売買契約の具体性において，売主の債務総体の中で現実的に牽連関係を有すべき給付は何かを探ることが重要ではないかと思われる。むろん，通常の当事者意思からすれば，所有権移転がその中心になろうが，どのような給付相互間でそれが存在しているかを探求すべきであろう。次に見るように，現実の売買契約においては，登記や引渡以外の義務についても対価的バランスが重要な意味をもつことがあるからである。

(2)　売主の給付義務

現実の売買契約にあっては，登記や引渡以外の売主の義務が重要な意味をもつことが少なくない。例えば，他人の物の売買においては登記や引渡ではなく，「第三者からの所有権の取得および買主への移転」こそが本質的であり，対価的意義を有する給付である。民法はそうした給付義務に関連させて買主に履行拒絶権を与えている（571条，576条）が，対価的債務は契約当事者の意思を基礎にして本質的に決定されることからすれば，代金支払債務に対応する対価的債務がさまざまな形態をとりうることは当然の帰結である。

従来これらの給付拒絶権能に関しては，「不完全履行の抗弁権」という概念で捉えられてきた[56]。いうまでもなく，この概念は，債務者が債務の本旨にしたがった履行をしない場合の相手方の防御手段として観念されるもので，反対給付の全体を拒絶しうるか，それとも対応的部分拒絶権能にとどまるのか問題とされる。しかし，この概念自体は必ずしも明確とはいいがたい。第1に，厳格な意味における対価的債務の交換的給付だけを媒介する制度として同時履行の抗弁権を捉えるとき，それ以外の抗弁権が不完全履行の抗弁に包摂されることになるが，それは対価的債務であっても同時給付が性質上不可能である場合をすべて同時履行の抗弁権の外部に追いやってしまうことになり，同時履行の抗弁権との内面的関連を失わせ，対価的牽連性の構造的特質を不透明にすることになる。のみならず，以下の裁判例が示すように，現実の売買契約において厳密な対価性を有する反対給付が具体的に何かは必ずしも一義的に明らかでなく，特定することも困難である場合も少なくない。むしろ不完全履行の抗弁権は，①同時的交換給付関係ではないが，価値的バランスを保障するための抗弁権として機能する場合，すなわち契約相手方の債務不履行に対

---

55)　鈴木祿彌「特定物売買における所有権移転の時期」契約法大系Ⅱ［1962年］85頁。
56)　詳細は，注民(13)512頁。

して履行拒絶権をもって対抗するという形態（これが本来の契約不履行の抗弁と呼ばれる抗弁権である）と，②２つの対価的給付相互間には価値的バランスを欠いているが，なお全部的給付拒絶権能を与えるべきか否かを問題とする場合（これが固有の意味での不完全履行の抗弁権である）として分別されて議論されるべきものであろう。以下では，そのような視点から判例を整理する。

　（イ）　契約「不履行」の抗弁権

①の抗弁権については，民法571条・576条の抗弁権がその典型であるが，裁判例として以下のものを示すことができる。

（ⅰ）　抵当不動産の売買において，売買代価が抵当債務額を控除して定められている（その場合には，買主が抵当債務を引き受けている場合が多いであろう）のでないかぎり，売主の対価的債務は所有者移転のみならず，抵当権の消滅（およびその抹消登記）を含んだものと考えなければならない。そこでこれらの債務と代金支払との牽連が問題となる。

【36】　東京地判大 5・6・29 新聞 1168・30

［判旨］「控訴人及訴外Ａ間に本件土地の売買契約並違約損害金契約の成立したること及本件売買契約の履行期は最初大正２年７月28日の定なりしも当事者合意の上之を延期し更に大正２年８月８日を以て履行期と定めたることは当事者間に争なき所なり然る処本件売買契約の効力としてその当事者の為すべき売買登記，売買代金の支払並抵当権設定登記の抹消登記手続は総て右契約履行期日に同時に之を履行すべき約なりしや否やは当事者間争の存する所なるを以て案ずるに凡そ抵当不動産売買を為す場合に在ては右の如き登記手続並代金の支払は同時に之を為すことは取引界に於ける通常の事例なるのみならず（……）右売主並買主の義務は結局何れも同時に之を履行すべき約なりし者と認むるを相当とす」

（ⅱ）　借地上の建物の売買契約においては，買主は建物の所有者のみならず敷地利用権原をも取得する必要がある。売主が地上権を有している場合には問題がない（この場合には売買代金には地上権価格も含まれている場合が多いであろう）が，賃貸借の場合には地主の譲渡の承諾（612条１項）を要するため，その承諾を取得することは建物所有権にとって致命的に重要である。したがって，代金支払債務のみならず，地主の借地権譲渡の承諾が得られるまで代価の支払を拒絶できるか，問題となるが次の判例は両者の同時履行関係を認めた[57]。

【37】　最判昭 47・11・30 金法 672・50

［判旨］　棄却　「建物の売買契約において，売主の建物引渡義務と買主の残代金支払義務とが同時に履行されるべきものと定められ，かつ，当該建物の敷地を賃借している売主において，買主のため，右敷地につき賃借権譲渡もしくは転貸の承諾を得る義務を負担するときは，他に

---

[57]　また，地主の承諾取得に加えて，目的建物に居住する者を立ち退かせることも，売主の給付義務であるとして，それらを含めて同時履行の関係に立つと判示した裁判例がある（東京地判昭32・9・18法曹新聞126・14）。

特段の事情が認められないかぎり，承諾を得る義務もまた残代金の支払と同時に履行すべきものと解するのが相当であ」る。

(iii) 売買目的物が仮差押されている場合に，買主の代金支払債務の対価をなすものは，引渡や登記のみならず，完全な所有権の取得，すなわち売主の債権者による強制競売によって所有権を失うおそれのないことであろう。売主はそうしたおそれを払拭させる義務を負担しており，具体的には仮差押登記の抹消登記義務が重要な意義をもつことになる。

【38】 大阪地判昭40・2・20 判タ174・159

［判旨］「一般に，売主は買主に対し，第三者が買主に対し実行することができる権利を除去して売買の目的を供与すべき義務があると解されるから，売買の目的物が差押えられて競落人が買主の所有権取得を否定できるおそれのある場合には，差押債権者が買主に対し実行できる権利を有するものとして，売主は右差押を除去して所有権を供与すべき義務あるものと解するのを相当とする。右義務は，所有権移転義務の一部分と言うべきであるから，その履行期は，原則として，所有権移転の約定期限と一致すると言うべきである。［……］したがつて，原告が右同日以後仮差押登記抹消義務の提供をしないかぎり，被告は右内金70万円の支払を拒絶しうる同時履行の抗弁権を有するものと言うほかはない。」

(iv) 株式の売主が株券を引き渡すとともに名義書換手続をすべき義務は，買主の代金支払義務と同時履行の関係にある。名義書換手続は株式上の権利取得の成立要件ではないが，対抗要件としての重要性は不動産登記と同質

の問題と考えられるからである。

【39】 東京控判昭5・10・4 新聞3200・7，評論19商法755

［判旨］「株式ノ移転ハ取得者ノ氏名及住所ヲ株券及株主名簿ニ記載スルニ非ラサレハ会社其ノ他ノ第三者ニ対抗スルコトヲ得サルヲ以テ株式ノ売主ハ買主ニ対シ株券ヲ引渡スト共ニ株券及株主名簿ニ買主ノ氏名及住所等ノ記載セラルルニ必要ナル手続ヲ為ス義務アルヘク右売主ノ義務ハ買主ノ代金支払ノ義務ト同時履行ノ関係ニ在ルモノト謂フヲ得ヘシ尚ホ又株券カ既ニ焼失シタル場合ニハ売主ハ会社ニ対シ株券ノ再度交付ヲ求メタル上之ヲ買主ニ引渡スコトヲ要スルハ勿論ナリトス然ラハ控訴人ノ抗弁スル如ク被控訴人カ前示売主トシテ義務ノ履行ヲ為サスシテ単ニ控訴人ニ対シ代金ノ支払ヲ求ムルハ失当ナリト謂フヘシ果シテ然ラハ被控訴人主張ノ株券カ既ニ焼失シテ現存セサルコトハ被控訴人ノ争ハサルトコロナルヲ以テ被控訴人ハ前示会社ヨリ株券ノ再交付ヲ受ケタル上之レヲ控訴人ニ引渡シ且ツ株券及株主名簿ニ取得者タル控訴人ノ氏名等ノ記載セラルルニ必要ナル手続ヲ為スト引換ニ控訴人ハ被控訴人ニ対シ本件売買代金1万円ヲ支払フ義務アルモノト断セサルヘカラス」

(ロ) 不完全履行の抗弁権

留置権においては不可分性の原則（296条）によりつねに全部拒絶権であり，一部履行によって留置物の一部返還は認められない[58]。これに対して，双務契約の当事者が対価的給付の一部の履行または不完全な履行しかしていない場合でも，なお全面的な履行拒絶権を認められるべきであろうか。この抗弁

権は両給付間の価値的バランスを欠いているという意味では，本来の同時履行の抗弁権ではない。これが本来の意味における不完全履行の抗弁権であるが，信義則や公平性に照らしてこれを認めるべきか（全部的拒絶権），それとも否定すべきか（割合的部分拒絶権にとどめるべきか），問題となる。

次の判例は売買の目的物である不動産に附着する永借権（民法典施行前）を排除すべき義務と代価支払義務の牽連が問題となった事例であるが，割合的拒絶権のみを認めた。

【40】 大判明 32・2・9 民録 5・2・28，民抄録 2・3・24

［判旨］破棄差戻 「案スルニ双務契約者ノ一方カ其債務ノ履行ヲ提供スルマテハ他ノ一方ニ於テ自己ノ債務ノ履行ヲ拒ムコトヲ得ヘキハ普通ノ法理ナリ従テ其一方カ一部履行ヲ提供セサル場合ニ於テハ他ノ一方ハ之ニ応スル一部ノ履行ヲ拒ムコトヲ得ヘキノミ他ニ特別ノ理由アルニアラサルニ於テハ決シテ全部ノ履行ヲ拒ムコトヲ得ヘキニアラス然リ而シテ原判文ノ要旨ハ当事者間ニ売買セシ物件中乙第1号証ノ1ニ記載シアル瓦葺2坪2合但シ味噌部屋トアル建物1棟及ヒ乙第1号証ノ2ニ記載シアル瓦葺平家建物1棟ハAカ永借権ヲ有スルヲ以テ乙第1号ノ約旨ニ基キ上告人ニ於テ其永借権ヲ排除スヘキ義務ヲ負フモノナルニ上告人ハ其義務ヲ尽サヽルヲ以テ被上告人ハ其買受代残金全部ノ支払ヲ拒ミタルハ当然ナリト云フニ在リ然レトモ上告人カ排除ノ義務ヲ尽サヽリシハ其一小部分ナル2棟ノ建物ニ関スルノミナレハ其代金ノ支払ニ於ケルモ亦タ其義務不履行ノ限度ニ応スル一部ヲ拒ミ得ヘキニ過キサルコトハ前顕ノ法理ニ照シテ明カナリ然ルヲ原院カ前顕判旨ノ如ク其残金全部ノ支払ヲ拒ミタルヲ当然ナリト判定シタルハ違法ナリ若シ夫レ原判文ニ「此永賃貸借ノ契約アルカ為メ被控訴人ハ現ニ本訴係争物ノ全部ヲ使用スルコト能ハサルニ至リシ事実アルヲ以テ」云々トアル文詞ヲシテ一部ノ賃貸借アルカ為メニ其他ノ物件モ使用スル能ハストノ意ナラシメハ其障碍カ全部ニ及フヲ以テ原院カ其全部ノ代金ヲ拒ミタルヲ当然ナリト判定セシハ不法ニアラスト雖トモ之ニ反シ一部ノ賃貸借ノ存スル部分ヲ使用シ得サルカ為メニ（他ノ部分ハ使用シ得ルモ）其全部ノ使用ヲ全フシ得サリシトノ意ナラハ其障碍全部ニ及ホサヽルヲ以テ其使用シ得サル物件ニ応スル代価ノ支払ヲ拒ミ得ヘキノミ原判文ハ其孰レナルヤヲ明知シ得ヘカラサルヲ以テ此点ヨリ論スレハ理由不備ノ瑕瑾アルノミナラス原判文ニ「其代金ハ分ツ可キ者ニアラサル以テ」云々トアレトモ代金ノ如キハ性質上可分ナルカ故ニ当事者ノ契約ニ於テ一部ノ履行ヲ許サヽルカ如キ場合ハ格別本案ノ場合ニ於テ当然不可分ナリト云フヲ得サルモノナリ然ルヲ原院ハ何ノ故ニ其不可分ナルヤノ理由ヲ附セサリシハ是亦理由不備ノ瑕瑾アリ然ルヲ以テ原判決ハ結局破毀ノ原由アルモノトス已ニ此点ヲ以テ原判決ヲ破毀スヘキモノタル

---

58) 留置権における不可分は本来留置物の物理的不可分に対応するものであった。民法議事速記録2［第37回（明治27年10月16日）］332頁。実益はむしろ留置物が分割された場合，たとえば留置権の附着した一筆の土地が分筆登記手続によって数筆の土地に分割された場合であっても，留置物全部の上に留置権を行使できるとするところにある（最判平3・7・6民集45・6・1101）。むろんこれは結果的に被担保債権額に比してより高額の留置物を占有することになるが，こうしたアンバランスは代担保供与制度（301条）に解消されることができる。

ニ由リ他ノ上告点ニ対シ之レカ説明ヲ為スノ要ナシ」

　割合的履行拒絶権は，理論上は対価的バランスの保障という同時履行の抗弁権の性質から正当づけることができる[59]が，不履行部分に対応する拒絶の範囲を数量的に確定することは，現実的にはかなり困難な場合が多いであろう。たとえば，不動産の売買契約において，売主の登記手続と引渡の２個の債務につき，両者をどのように割合的に配分するかは容易ではない。むしろ観念的な割当をするよりはグローバルに抗弁権を認めたほうが妥当であり，かつ，信義則にも合致することが多いとも考えられる。また，本判決も認めるように，一部履行では契約を締結した目的を達成できないような場合も同様であろう。これとは逆に，給付内容が僅少である場合に機械的に割合的拒絶権を認めることはかえって不合理ではないかと考えられる。その意味で判例はむしろ全部的拒絶権（不完全履行の抗弁権）を認めた事例が多い。

　全部的拒絶権を認めるきっかけとなったのは次の判例である。

【41】　大判大 6・3・7 民録 23・342

　[事実]　事実関係の詳細は明らかでないが，材木売買において買主の代金不払を理由に売主が契約を解除したところ，買主は売主の提供した材木が才数不足であるため支払を拒絶したのであって，債務不履行はないと主張した。

　[判旨]　破棄差戻　「双務契約ノ当事者ノ一方ハ相手方カ其債務ノ履行ヲ提供スルマテハ自己ノ債務ノ履行ヲ拒ムコトヲ得ルカ故ニ双務契約ノ当事者カ同時ニ債務ヲ履行スヘキ場合ニ於テハ其ノ一方ハ相手方カ其債務ノ履行ヲ提供セサル限リハ自己ノ債務ノ履行ヲ遅延スルモ債務不履行ノ責ニ任ス可キニ非ス而シテ弁済ノ提供ハ債務ノ本旨ニ従ヒテ之ヲ為スコトヲ要スルカ故ニ相手方カ債務履行ノ提供ヲ為シタルモ提供シタル弁済ノ目的物カ契約上ノ数ニ不足ナル場合ノ如キハ提供ノ効ナキヲ以テ当事者ノ一方ハ尚債務不履行ノ責ニ任セサルモノトス」

　この事例では，提供した材木が才数不足のため提供の効力が生じず，債務不履行責任は生じないと述べているのみなので，かならずしも明らかではないが，提供の効果たる同時履行の抗弁権の消滅を来さないと解することができる。そうだとすると，一部履行（提供）によってもなお，全部的拒絶権を認めたものとみてよいのであろうか。

　この全部的拒絶権は次の判例で明確になる。

【42】　大判大 12・5・28 民集 2・413

　[事実]　大豆粕（3,700 枚）の売買契約において，代金総額１万 6,000 円余のうち，買主Ｘが内金として 600 円を支払ってこれに相当する分の引渡を求めたところ，売主Ｙがこれに応じないので契約を解除して支払済みの代金の返還を求めた。これに対して，原審は残代金を提供するまでは，売主は大豆粕の引渡を拒絶できるものと判示した。Ｘは上告して，「双務契約者ノ一方カ一部ノ履行ヲ為ササル場合ニ於テハ他ノ一方ハ之ニ応スル一部ノ履行ヲ拒ムヲ得ヘキモ

---

[59]　学説上も一般論としては割合的拒絶権に異論はないようである。注民(13)512頁。

他ニ特別ノ理由ナキ限リ之ヲ以テ全部ノ履行ヲ拒ムコトヲ得サルモノ」と主張した。

［判旨］ 棄却 「債務ノ履行及其ノ提供ハ債務ノ本旨ニ従テ之ヲ為ササルヘカラス従テ双務契約ニ於テ債務ノ一部ノ履行ハ相手方ノ負担スル債務ニ付同時履行ノ抗弁権ヲ喪失セシムルコトナキヲ以テ［……］其ノ抗弁権ヲ認メタル原判決ハ正当ニシテ論旨ハ理由ナシ」

戦後も最高裁は契約解除による現状回復義務につき，この全部的拒絶権を認めた[60]。

【43】 最判昭 63・12・22 金法 1217・34

［事実］ Xは，昭和47年12月本件土地を含む258筆の第三者所有の土地につき開発行為を行うため，すでに土地買収を開始していたYとの間で売買契約を結び，代金4,000万円，仮登記時に半額，開発許可時に残額を支払い，昭和48年8月までに目的土地の所有権を取得できなかったときは，Xは契約を解除できる旨約した。しかし，昭和50年8月になってもYは全体の10分の1程度の土地について第三者との間で売買契約を締結して仮登記を経由することができたにすぎなかった。そこで，Xは契約解除の意思表示をした。Yは仮登記のYへの原状回復（移転の附記登記）あるまで金銭の支払を拒絶する旨抗弁したが，原審は仮登記のされた土地を特定してこれに対応するそれぞれの具体的金額の主張・立証をしないとの理由でこれを退けた。Y上告。

［判旨］ 棄却 「民法546条は，双務契約が解除された場合に契約当事者の有する原状回復義務及び損害賠償義務相互間には，その全部につき牽連関係があることから，同法533条の規定を準用したものであるから，双務契約当事者の一方が契約の解除に伴い負担する当該義務の内容たる給付が可分である場合において，その給付の価額又は価値に比して相手方のなすべき給付の価額又は価値が著しく少ない等，相手方が債務の履行を提供するまで自己の債務の全部の履行を拒むことが信義誠実の原則に反するといえるような特段の事情が認められない限り，同時履行の抗弁をもって覆行を拒絶することができる債務の範囲が一部に限定されるものではないと解するのが相当である。

なお，付随的債務にすぎない場合には，その不履行を理由に同時履行の抗弁権を行使することはできない。これには次のような裁判例がある。

【44】 大判大 13・3・5 新聞 2263・22，評論 13 民法 628

［判旨］ 棄却 「売買契約ニ於テ買主ノ代金支払義務ハ売主ノ財産権移転義務ト相対立スヘシト雖特約ニ依ル其ノ以外ノ義務ハ必スシモ右ノ代金支払義務ト対立スルモノニ非サルカ故ニ原審カ営業名義変更届出手続並公正証書作成ノ嘱託手続義務ハ代金支払義務ト対立スルモノニ非スト認定セルヲ非難スルハ原審ノ専権ニ属スル事実認定ヲ非難スルモノニシテ本論旨モ理由ナシ」

【45】 大判昭 8・7・8 法学 3・223

［判旨］ 棄却 「原判示に依れば上告人は被上告人との間に於ける売買契約に因り本件物件の

---

60) 同趣旨のものとして，東京地判昭49・6・10下民集25・5-8・534。

所有権を被上告人に移転し且其の引渡後同人より之を賃借したるものにして右当事者間に於ける売買契約と賃貸借契約とは別個の契約なれば縦令買主たる被上告人に於て未だ代金の支払を完了せずとするも特約なき限り賃借人たる上告人に於て賃料の支払を要せざるものと解すべき理由なし，然らば原審が上告人の賃料支払義務の不履行に因り右賃貸借契約の解除せられたる事実を判示したるは相当なり」

【46】 京都地判昭29・11・6下民集5・11・1823

[事実] 本件不動産の所有者であるY₁（国）は訴外Aに払い下げ，Aは所有権を取得した。その後Y₂Y₃が相続によりAよりその所有権を取得し，Xに売却，Xが代金の半額を支払ったときはXへ所有権移転登記をなすことを約した。しかるにXは契約の趣旨にしたがって，代金支払をなしたが，最終支払期日において残額全部の支払により所有権移転登記をするよう請求した。Y₂Y₃がこれに応じないので，XはY₂Y₃に対しては残代金支払と引換に登記手続をなすことを求めるとともに，Y₁に対する所有権移転登記の代位請求をした。これに対してY₁は登記嘱託をなすには登録税の提供が必要であるので，登録税の提供のない以上登記をなす義務はないとして争った。裁判所はY₂Y₃に対しては引換給付判決を，Y₁に対して無条件の登記手続を命じた。

[判旨]「本件払下による登記嘱託には登録税の納付が必要であることはY₁主張の如くであるが，登録税の納付の如きは所有権移転登記義務と対価関係に立つことなくこれが支払のないことを理由に登記嘱託手続を拒むをえないものであってY₁が登記嘱託を任意になさない限りXはこの判決を登記原因としてY₁よりY₂Y₃両名え

第2節　対価的債務

の移転登記申請をなすの外なくその際その登記に要する登録税を納付すれば足るものである。よってY₁の右抗弁は理由なくXのY₁に対する請求は理由がある。」

　判例の立場は，①数量的に割当可能であれば不完全履行の抗弁権を否定して対価的バランスを顧慮した割合的拒絶権を認める，②割当が困難なときにもできるかぎりこれを認めるが，③不履行債務の割合が僅少であったり，付随的債務である場合には抗弁権を認めないもの，と考えられる。

　確かに未履行部分の全体に対する割合を算出して対応的履行拒絶権を与えることは，個々の双務契約における対価的契機を厳密に捉えるという点では意味がないわけではない。その意味では，付随的給付といえども当事者の意思において対価の決定にまったく影響を与えていないとは言えない以上，対価的バランスを強調するかぎり，割合的拒絶権と無関係とはいえないであろう。

　しかし，こうした対価的契機の探求は形式論的機械論的発想に堕し，かえって当事者の意思に反するおそれもあるように思われる。割合的拒絶権が必ずしも公平に合致するとはいえないように考えられるのである。たとえば，3個の時計の修理を代金3万円で請け負った場合を考えてみよう。割合的拒絶権の発想に立てば，1個の時計を修理すれば1万円の支払を返還と引換に求めることができることになる。しかし，3個の時計全部を修理して初めて総額3万円を支払うことが当事者によって意図される場合もありうるのであって，この場合には，全部の修理が終了しない以上，支払を全面的に拒絶できてよい。また，

1万円の弁済によって1個の時計の返還を求めることは一般論として妥当であろうが，支払のないまま1個の時計の返還を受けた注文者が，2万円の弁済と引換に残り2個の時計の引渡を求めることは不当である。この場合に請負人に同時履行の抗弁権の一部放棄があるとみるべきではなく，むしろ残り2個の時計によって修理代金3万円が担保されていると考えるのが当事者の通常の意思であろう[61]。したがって，割合的拒絶権を原則にしつつ，例外的に信義則や当事者の意思によって不完全履行の抗弁権を承認することが妥当ではないかと思われる。

3 賃貸借

賃貸借契約はいうまでもなく，賃料支払請求権と目的物使用収益請求権とが対価関係に立つ諾成双務契約であるが，両債務は性質上引換給付関係に立つものではなく，先履行関係にある。しかし，両債務の牽連関係はさまざまな形において現れ，判例上も民法533条の適用例は少なくない。

(1) 原　　則

賃貸人は賃借人に対して目的物の使用収益をさせる債務を負担しており，通常この債務は目的物を引き渡すことによって達せられる（それゆえ，賃貸人の引渡がない以上，賃借人が賃料支払を拒絶しうるのは当然である[62]）が，それに尽きるわけではなく，引渡後もつねに目的物を使用可能な状態に置く債務を負担している。たとえば，目的物が第三者によって使用収益を妨害されたときは，賃借人は賃借権に基づき直接妨害排除を請求できるとするのが判例である[63]が，賃貸人も物権的請求権を行使して第三者の妨害を排除すべき義務を負っており，かかる義務の履行まで賃借人は賃料の支払を拒絶できると解すべきであろう。同様に，賃貸権限を有しない者から不動産を賃借した者は，その不動産につき権利を有する者から明渡請求を受けたときは，賃料支払を拒絶できるとする次の判例が重要である[64]。

【47】　最判昭50・4・25民集29・4・556

［事実］　Yは昭和40年2月X所有の2階建建物のうち，2階全部を店舗として賃借した。Yは本件店舗においておにぎり屋を経営し，Zをいわゆる雇われマダムないし支配人として，おにぎり屋の経営をZに委任する旨の「雇傭兼準委任契約」を締結し，Zから保証金35万円を内金10万円消却の約で受領していた。ところが，昭和43年4月，ZはXから本件店舗は無断

---

61) こうした理論は留置権に固有のものと考えられるかもしれない。しかし，留置権の不可分性は1個の物について生じるものであって，複数の物には複数の留置権が成立するのであって（一物一権の原則）別個に論じられるべき問題である。これに関しては，清水・前掲書198頁以下参照。
62) 大阪地判昭29・12・14判タ45・4。
63) 最判昭29・6・17民集8・6・1121，最判昭29・9・24民集8・9・1658，最判昭30・4・5民集9・4・431，最判昭33・10・17民集12・14・3149，最判昭39・11・15民集18・8・1671，最判昭43・3・28判時518・49，最判昭45・11・24判時614・49 等。
64) 下級審裁判例として，大阪地判大6・9・18新聞1333・23。

転貸であり，それを理由としてＸＹ間の賃貸借契約を解除したとして本件店舗の明渡請求を受けた。これに驚いたＺはＹに対して直ちにその間の事情を問い質し，ついで３日以内にＸとの問題を円満に解決すべき旨催告するとともに，もし期間内に解決できないときは賃料支払を留保する旨通告した。しかしＹはこれに何らの措置も講じなかったので，Ｚは賃料支払を拒絶した。これに対してＹは，Ｚが昭和43年４月以降Ｙへの利益金の支払を怠っているとして，その支払を催告するとともに，支払のないことを条件とする右契約を解除する旨の意思表示をした。原審はＹのＺに対する明渡請求を失当として棄却。Ｙ上告。

［判旨］ 棄却「所有権ないし賃貸権限を有しない者から不動産を賃借した者は，その不動産につき権利を有する者から右権利を主張され不動産の明渡を求められた場合には，賃借不動産を使用収益する権原を主張することができなくなるおそれが生じたものとして，民法559条で準用する同法576条により，右明渡請求を受けた以後は，賃貸人に対する賃料の支払を拒絶することができるものと解するのが相当である。」

　右判決は533条ではなく，576条を準用しているが，それは本質的な問題ではない。ＺがＸからの明渡請求に晒されないことは，賃貸人としてのＹの対価的債務をなすものであり，異時給付関係としての賃貸借において特有の形態をとったにすぎない。

　これに対して，賃貸人が賃借権登記義務を負担する場合に，賃借人が賃料支払との同時履行を主張できるかは問題である。法定地上権の事例であるが，地上権設定登記と地代支払との同時履行関係を否定した判例がある（【48】）が，賃貸借についても判例は否定している（【49】）。

【48】　大判昭13・10・29 民集17・22・2144

［事実］ 昭和５年５月，本件建物につき抵当権が実行されてＹ₁が競落し，それによって法定地上権を取得した。敷地についても，抵当権が実行された結果Ｘらが所有権を競落取得し，所有権移転登記手続を経た。地代の額および地上権の存続期間は当事者間で協議が調わなかったので，昭和８年11月裁判上確定した。ところがその後もＹ₁は地代の支払をせず，そのまま昭和９年Ｙ₁はＹ₂に建物および地上権を譲渡，Ｙ₂もまた地代の支払をなさなかった。そこでＸはＹらに対して，地代不払を理由に地上権消滅の意思表示をなし，建物収去土地明渡等を請求するとともに，延滞地代の支払を求めて本訴を提起した。これに対して，ＹらはＸに対して地上権設定登記を求めたところ，これに応じないから地代支払の拒絶は正当な理由があると抗弁した。原審はＹらの抗弁を容れずＹらが上告。

［判旨］ 棄却「然レトモＸ等カ競落ニ因リ本件各宅地ノ所有権ヲ夫々取得シ之カ登記ヲ経タル当時Ｙ₁ハ右各地上ノ本件各建物ヲ競落シ其ノ所有権取得登記ヲ経テ該各宅地上ニ法定ノ地上権ヲ有スルニ至リ該各宅地ヲ使用シ居レルモノナレハ縦令右法定地上権ノ登記ヲ経サルモ完全ニ該各宅地ヲ建物敷地トシテ使用収益シ居レルモノナルヲ以テＸ等カ右法定地上権ノ登記ニ協力セストスルモ其ノ地代支払ノ義務ノ履行ヲ拒否スルコトヲ得ス若シＸ等カ右登記義務ヲ履行セサル為ニ財産上ノ損害ヲ受クルトキハ右Ｙ₁ニ於テ之カ賠償ヲ請求シ得ヘキノミニシテ右地代支払ノ義務ト右登記義務トハ引換ニ行ハルルコトヲ要スルモノニアラス而シテ其ノ後右各建物ヲＹ₁ヨリ買受ケ之カ登記ヲ経テ右地上権ヲ承継

シタルY₂モ亦同様右地上権ノ登記ナキノ故ヲ以テ地代支払ノ義務ヲ拒否スルコトヲ得サルモノトス即チX等ノ登記義務トY₁，Y₂等ノ地代支払義務トハ同時履行ノ関係ニ立ツモノト解スルヲ得サルモノトス而シテ斯ク解スルコトハ所論ノ如ク毫モ正義公平ノ観念ニ反スルモノト謂フヲ得ス従テ右Y等カ右地代ノ支払ヲ為ササルトキハ民法第276条第266条ノ地代ノ支払ヲ怠リタルモノニ該当スルモノト謂ハサルヲ得ス」

【49】 最判昭43・11・28民集22・12・2833

[事実] XはYに対して，本件土地および建物を昭和30年9月，賃借権設定登記および転貸の特約付で賃貸したが，Yの賃料不払を理由に契約解除の意思表示をなし，建物収去土地明渡を請求した。これに対して，Yは賃借権設定登記と賃料支払との同時履行関係を理由に遅滞の責任はなしとして，契約解除の効力を争った。1審2審ともXの請求を認容。Y上告。

[判旨] 棄却「本件不動産の賃貸借契約に賃借権の設定登記をする旨の特約が存したことは所論のとおりであるが，原審の確定したところによれば，Xの右登記義務とYの賃料支払義務とを同時履行の関係に立たしめる旨の特約の存在は認められないのみならず，賃借人たるYはすでに賃借物の引渡を受けて現にこれを使用収益しており，賃借権の登記がないためにYが契約の目的を達しえないという特段の事情も認められないというのである。このような事実関係に照らせば，Xの賃借権の登記義務とYの賃料支払義務とが同時履行の関係に立つものとは認めがたいとした原審の判断は，正当として是認することができる。」(65)

これに対して，学説には登記が対抗要件にすぎず，使用収益という賃貸借「契約の目的」に関するものではないという理由で判例に賛成する説(66)，賃借権登記の特約があり，賃借権取得の対価を支払っている場合には支払拒絶権を認めるべきであるとする説(67)が

---

65) 本判決には，次のような松田二郎裁判官の反対意見がある。「不動産賃貸借権の登記は，債権たる賃借権をば殆んど物権化するに至らしめるものであるから，その特約をするに当つて，賃貸人が賃借権設定につき相当多額の対価を要求するのはむしろ当然であり，賃借人においてもその支払を約すこととなる。このような事例は当裁判所に顕著なところである。かくて，賃借権登記の特約がある場合においては，特別の事情の認められない限り，賃貸人の賃借権登記義務は賃貸借契約の主要部分を構成するものと認むべきものとなり，それは決して単なる附随的なものとはいい得ないと解すべきであると考える。従つて，このような特約のある場合，賃借人が賃借権取得の対価を支払つた以上，たとえ賃貸人がその不動産を賃借人に引渡し，これを使用収益せしめたとしても，賃借権の登記義務を果さない限り，未だ賃貸借契約の主要部分の履行をなさないものというべく，賃貸人の登記義務不履行を理由として，賃借人は賃料支払を拒み得るものと解するのを相当する。」
66) 三宅正男・契約法（各論）（下）[1988年] 691頁，同・契約法（総論）[1978年] 68頁，山田卓生「判例批評」民商61巻3号136頁以下も否定説の趣旨か。地上権関係について否定説を採るものとして，舟橋諄一「判例批評」民商9巻5号70頁以下。反対，内田力蔵・判民131事件（賃貸人の登記義務は地上権関係発生に対して先行条件であるとする）。
67) 鈴木禄彌・借地法（下）[改訂版，1980年] 790頁。中山信弘「判例批評」法協87巻4号110頁はこれに対して，賃借権登記の対価が確定していればその額を限度として，確定していなけれ

第2節　対価的債務

あるが，多数は批判的である[68]。否定説の論拠は，借地権については，（旧）建物保護法による建物所有権登記によって，借家権については，（旧）借家法による建物の引渡によって対抗力を具備することが容易であることを主眼にするようである。これに対して，肯定説は建物が滅失し，賃借人があらためて対抗要件を備えるまでに賃貸人が土地を第三者に譲渡したような場合には，「契約の目的」を達成することができなくなるし，また，賃借権の譲渡転貸特約を第三者に対抗しうるためにも登記が重要な意味を有していると反論している[69]。思うに，不動産賃貸借が物権化した現在において賃借権登記の特約の有無を問題にすること自体不合理であろう。学説上も積極的に賃借人に登記請求権を肯定する立場が有力となりつつあり[70]，そうだとすると，売買契約におけると同様に登記義務の不履行を理由に賃料支払を拒絶できると解すべきであろう。

(2)　**賃貸人の修繕義務**

賃貸人の使用収益させる義務は修繕義務という形でも顕在化する。すなわち，賃貸人の修繕義務の不履行のために賃借物が使用困難になった場合には，賃借人は賃料の支払を拒絶することができる。ただし，賃料支払は各期につき後払が原則である（614条）から，賃貸人の前期分についての不履行に対する賃料支払拒絶という形をとることになる。

【50】　大判大4・12・13民録21・2058

[事実]　Xはその所有する本件土地建物および水車機械の賃料支払を請求した。これに対して賃借人Yは洪水により堰水門が破壊されて付近の地盤が流失し，本件水車も埋没して全く運転できない状態にあるので，Xがその復旧工事を履行するまでは賃料支払義務を履行しないと抗争した。原審がYの主張を容れたのでXより上告し，賃貸人の修繕義務の不履行は損害賠償請求権ないし契約解除の権利を生じるにすぎないと主張した。

[判旨]　棄却「然レトモ賃貸借ニ依リ賃貸人ハ賃借人ヲシテ使用収益ヲ為サシムルカ為目的物ヲ使用収益ヲ為スニ適スル状態ニ置キ其状態ヲ維持スル義務アル結果トシテ修繕義務ヲ負フモノナルヲ以テ修繕義務ヲ履行セサルハ即チ賃借人ヲシテ使用収益ヲ為サシメサルモノニ外ナラス而シテ賃貸人カ賃借人ヲシテ使用収益ヲ為サシムルノ義務ハ賃貸借ノ期間継続シテ時時刻刻ニ之ヲ履行スヘク賃料ナルモノハ其既ニ為サシメタル使用収益ニ対シ之ヲ支払フノ義務アルモノナルコトハ賃貸借カ使用収益ノ継続給付ヲ目的トスルモノナルコトノ性質殊ニ賃料支払ノ時期ニ関スル民法第614条ノ規定ニ照シ疑ヲ容レサル所ナレハ賃貸人カ修繕義務ヲ履行セサル為メ目的物カ使用収益ニ適スル状態ヲ回復セ

ば合理的に対価と認められる程度の額を限度として賃料支払を拒絶できるとする。
68)　松坂佐一・民法提要債権各論［第5版，1993年］39頁，石田穣・民法Ⅴ（契約法）［1982年］47頁，鈴木・前掲書789頁以下。
69)　広中俊雄「判例批評」『借地借家判例の研究(2)』［1988年］94頁以下（借地権取得の対価の支払の有無にかかわらず，支払拒絶権を認めるべきであるとする）。
70)　鈴木・前掲書963頁。星野英一・借地借家法［1969年］384頁。

サル間ハ賃借人ハ賃料支払ノ義務ナキモノト謂ハサルヘカラス」

本判決がリーディング・ケースとなって，以後同趣旨の判決が繰り返され，確定した判例理論となっている[71]。

賃料前払（特約）の場合においても，特段の事情のないかぎり，賃貸借契約成立時には賃料支払と目的物の引渡を同時履行の関係に立たせるのが合理的であろう。また，賃貸人の修繕義務不履行のため前期の用益が不能となった場合には賃借人は今期の賃料支払を拒絶できることはいうまでもない。

【51】 大判大 10・9・26 民録 27・1627

[事実] Yは，旅宿営業の目的でXより本件建物を借り受け，賃料1月20円を3月分取纏めて最初の月の1日に前払いすべき契約を締結したが，その後建物が水害によって罹災し，そのままでは営業に堪えられないものとなった。YはXに対して罹災当時より破損箇所の修繕方を交渉したが，Xがこれに応じないため，自然賃料の支払を遷延するにいたった。Xから賃料不払を理由として本件賃貸借契約解除の意思表示をなし，家屋の明渡を求めた。Yはこれに対してXが修繕をしないので支払を遷延したものであって遅滞の責任はないと抗争した。原審はYの主張を容れ，Xより上告。

[判旨] 棄却 「賃貸人カ賃貸物ヲ賃借人ニ引渡シ之カ使用収益ヲ為サシムルニ当リ賃貸人ノ有スル修繕義務カ賃借人ノ賃料支払ノ時期以前ニ発生シ既ニ之ヲ履行スヘキモノナル場合ニ於テハ縦令其支払時期ハ賃料ヲ前払スヘキ時期ナルトキト雖モ賃貸人ニ於テ修繕義務ヲ履行セサレハ賃借人ハ完全ニ賃借物ノ使用収益ヲ為スコト能ハサルヲ以テ賃借人ハ賃貸人カ其有スル修繕義務ヲ履行スル迄ハ賃料ノ支払ヲ拒絶シ得ヘキハ賃貸借カ双務契約タル性質上当然ニシテ民法第533条ニ依ル同時履行ノ抗弁権ト謂フヲ妨ケス然レハ原審カ同一旨趣ヲ判示シYニ於テ賃料前払ノ時期ニ之ヲ支払ハサルモ遅滞ノ責ナキモノ為シタルハ相当ニシテ本論旨ハ孰レモ理由ナシ」

これとは反対に，賃借人の賃料不払に対して，賃貸人が次期の使用収益供与義務を負担しないと考えるべきかは問題であるが，次の判例はこれを認めた。

【52】 大判昭 9・3・20 法学 3・1193

[判旨] 棄却 「原院の判示する如く『若し将来延期許可（花道の）なきに至りたるときは被控訴会社に於て直に之を撤去すべき合意成立し』ありしものにして昭和5年11月12日迄上告人は被上告人の本件劇場使用に何等支障なからしめたること明なり而して原院の認定する如く被上告人は昭和5年10月以降賃料等支払義務を怠りたること明なりとすれば上告人は被上告人が其の義務を履行せざるに拘らず劇場の使用を甘受する義務なかるべく従て上告人が11月13日以後如何なる事由に由るにもせよ其の使用を差止め又は花道撤去延期許可申請若は撤去工事遂行を為さざりしとて同時履行の原則の当然

---

[71] 大判大 9・11・20 裁判例(8)民 275，大判昭 15・11・20 法学 10・417。ただし，大判昭 9・5・7 法学 3・1207 は「家屋の賃貸借関係に於て家賃支払義務と家屋の修繕義務との何れを先に履行すべきや或は同時履行の関係にあらやば一に当該賃貸借契約の内容に依つて定まる」とする。

の応用にして何等上告人の不履行を詰らるべき理由あることなし」

しかし，賃貸人が修繕義務を履行しないからといって直ちに賃借人が賃料支払を全面的に拒絶できるものと解すべきではない。修繕義務が賃貸人の対価的債務たる使用収益させる債務の具現化であるとしても，かならずしも賃料との価値的バランスを有するものではないから，僅少な不履行を理由に抗弁権を行使することはかえって権利濫用となろう。換言すれば，同時履行の抗弁権が厳密な対価的均衡の保障ではなく，広く契約不履行に対する防御手段として現実に機能しているときは，基礎にある信義誠実の原則によって検証されなければならないと考えられる。これに関して，判例は抗弁権を全面的に否定する立場（【53】，【54】）と，部分的に用益が妨げられている度合いに応じた割合的拒絶権を認める立場（【55】，【56】）に分かれていた。

[全面的否定論の判例]

【53】 東京区判昭12・9・11 新聞4178・5，評論26民法761

[判旨]「凡そ賃貸借の賃料は賃貸借の目的物の使用収益の対価なるにより賃貸人が賃借人をして該目的物の全部又は一部を使用収益せしめざる場合には其限度に於て賃料は当然減額すとの見解なきに非れども此は単に賃料が目的物の使用収益の対価なりとの点にのみ着眼したるに外ならざるにあらざるか賃料の性質素より然りと雖も斯くては目的物に一部の破損ある場合其の程度の消長するに従ひ継続的契約関係をして常に不確定の状態に置き以て該関係を紛糾せしむるに至るべし我法制は此弊の大なるものあるを虞れ以て賃料債務の発生を一に当事者の合意にのみ因らしめたるもの即賃貸借を諾成契約と為したるものと解するを相当とす夫の目的物の一部が不可抗力により滅失するも賃料は当然には減額せざるが如き規定を存したるに鑑みれば右解釈を一層確むるものと謂ふことを得斯く解すればとて賃貸人の責に帰すべき事由により賃借人をして目的物の全部又は一部を使用収益せしめざるときは賃借人は賃貸人に対し因つて生ずる損害賠償の責を問ひ得べく他面賃貸人の負担に属する賃借目的物に付きての必要費を賃借人の支出したる場合に賃貸人に対する其の償還請求に付賃借人に特殊の便宜を与へたるのみならず他面危険負担の規定の存する等に鑑みるも賃借人に対し毫も不当の結果を招来する虞なきものと謂ふことを得然らば賃貸人が目的物の修繕義務を尽さず即賃貸義務の一部不履行あればとて賃借人に於て己に目的物の引渡を受け之が使用収益を為しつゝある以上換言せば賃貸人の賃貸義務の一部不履行により賃借人が賃貸借契約の全目的を達し得ざるに非る以上賃貸人不履行の右一部の義務と賃借人の此一団不可分的なる全部の賃料義務とは到底同時履行の関係にありと謂ひ得ざるものなること多言を須ひずして明なり今本件に於て之を看るに賃借人たる被告は已に目的物たる右家屋の引渡を受け爾来之に居住を続け居ること被告の自認するところなるを以て右家屋に被告主張の破損の事実ありとするも之が為原告の賃貸義務の不履行を生ずるは全部に対し一少部分に過ぎさるにより被告は之を以て全賃料の支払を延期し得べきものに非ること前叙の理由により洵に明なるを以て被告の主張は右破損事実存否の審理を要せずして該主張自体已に理由なきものと謂はざるべからず」

第2章　同時履行の抗弁権の成立要件

【54】　大判昭12・9・28判決全集4・18・24

［判旨］　棄却　「『本件賃貸借ノ目的物件ニハ多少修繕ヲ要スルモノアリタルモソノ個所ハ軽少ニシテ賃貸借物件ノ使用収益ニ格別ノ支障ヲ来ササル程度ノモノナリシ』トハ原判決ノ確定スル事実関係ニシテカカル関係ニ於テ賃貸人カ修繕ヲナササレハトテ貸借人ハ賃料支払ヲ拒ムコトヲ得スト解スルヲ相当トス所論ハ畢竟原判示ニ副ハサル事実ヲ前提トシテ原判決ヲ論難スルニ非スンハ原審ノ専権ニ属スル事実認定ヲ批難スルニ帰着シ論旨理由ナシ」

[割合的拒絶権論の判例]

【55】　大判大5・5・22民録22・1101

［事実］　Xは本件係争池沼の所有権を大正2年2月落札によって取得し，以前より占有・使用収益（魚類の飼養捕獲）をしてきたYに引続き賃貸していたが，Yは大正2年度の賃料を支払ったのみで翌3年度の賃料を支払わなかった。そこでXは履行を催告したうえ，賃貸借を解除し明渡を請求した。これに対してYは，①Xは入札の当時係争池沼を養魚の目的に適するために一部を掘下げることを約したのにもかかわらずその義務を履行せず，また，②池沼に設置してある4個の樋管中の一部が暴風雨のために破壊されたので，Xはこれを修繕する義務があるのにそれをしないので，Yは大正3年度賃料の支払に応ぜずとも遅滞責任はなく，それゆえそれを原因とする契約解除は無効であると争った。原審裁判所は同時履行の抗弁権を容れたので，X上告。

［判旨］　破棄移送　「按スルニ賃貸借ハ当事者ノ一方カ相手方ニ或物ノ使用及ヒ収益ヲ為サシムルコトヲ約シ相手方カ之ニ其賃金ヲ支払フコトヲ約スルニ因リテ成立スルモノニシテ即チ賃料ハ使用収益ノ対価ナレハ其一方カ相手方ニ目的物ノ使用収益ヲ為サシム以上ハ相手方ハ之カ対価タル賃料ノ支払ヲ為ササルヘカラサルコト多言ヲ要セス……（略）……民法第606条ノ規定ニ因リYニ之カ修繕ヲ為スノ義務アルヲ以テXカ此等ノ義務ヲ履行セサルトキハ賃借人タルYハXニ対シ不履行ニ因ル損害賠償ノ請求又場合ニ従ツテハ賃料減額ノ請求ヲ為スコトヲ得ヘシ然レハ其理由ヲ主張シテ賠償若クハ減額ヲ受クヘキ限度ニ於テ賃料ノ支払ヲ拒ムコトヲ得ヘケンモ其限度以外ハ之カ支払ヲ拒ムコトヲ得サルモノ為ササルヘカラス若シ然ラスシテ全部ノ支払ヲ拒ムコトヲ得ルモノトセハYハ継続シテ使用収益ヲ為セルニ拘ハラス掘下及ヒ修繕義務ノ履行セラレサリシ間ノ賃料ハ遂ニ之ヲ支払フコトヲ要セサルカ如キ不条理ナル結果ヲ来スヘシ故ニ仮令掘下及ヒ修繕義務ノ履行セラレサル事実アレハトテ直ニYハ賃料ノ支払ヲ全然拒絶スルノ権利アルモノト謂フヘカラサルノミナラスYカ大正3年度ノ賃料ヲ支払ハサル為メ同年4月7日Xノ為シタル催告ハ約定ノ賃料全額ノ支払ヲ求メタルニ非スシテ其3割ヲ減シタル額ノ支払ヲ求メタルモノナルコト原院ノ確定セル所ナレハ此請求額ニシテ相当ナランカYハ之カ支払ヲ拒ムコトヲ得サル筋合ナルヲ以テ原院ハ須ラク其額ノ当否ヲ審究シテYニ支払ヲ拒ムノ権利アルヤ否ヤヲ判定セサルヘカラス」

【56】　大判昭7・11・19法学2・814

［判旨］　破棄差戻　「家屋の賃貸人は民法第606条第1項に依り修繕義務を負担するものなれば，賃貸家屋に破損の個所を生じ，賃借人よ

り之が修繕を請求するに拘らず，故なく之に応ぜざるときは賃借人は同法第541条に依り賃貸借を解除することを得べきも，其の解除を為すことなく引続き該家屋に居住せる場合に於ては，修繕義務不履行を理由とする損害賠償の請求権と相殺して賃料支払債務の全部又は一部を消滅せしむるは格別単に未だ其の修繕なきの故のみを以て既に居住したる期間に対する満期となれる賃料の支払を全然拒絶し得る権利なきものと謂はざるべからず。蓋右の場合に於ては賃借人より全然履行を受けざるものに非ずして賃借家屋に居住し之が使用を為せるものなれば其の賃料の支払を全然拒絶し得るの理由なければなり（大4（オ）589，大5・5・22，民2判参照）」

戦後，最高裁は割合的拒絶権の立場を宣明するにいたり，判例の立場が確定する。

【57】 最判昭38・11・28民集17・11・1477

[事実] XはYに対して賃料不払を理由として建物賃貸借契約を解除して明渡を求めた。Yはこれに対して次のように主張して争った。すなわち，昭和25年9月の台風によって本件建物は破損し，また昭和32年6月の大雨によっても破損したが，いまだに修繕されていない。Yにおいて応急的ないし基礎的修繕をなしてきたが，本件建物は朽廃寸前というべきであって，根本的に修繕しないと居住に適しない状態にある。そこで，Xが修繕を履行しないで賃料の支払を催告しても，修繕義務と賃料支払義務は同時履行の関係に立つから，Yに賃料の履行遅滞はない，と。これに対して第1審裁判所は，賃借人が賃貸人の修繕義務の不履行を理由に支払を拒みうるためには，賃貸人が右義務を履行しないために賃借家屋の使用収益ができないか，または使用収益に著しい支障の生じる場合でなければならないが，本件はそのような事態に陥っているとはいえないとして，Xの請求を認容し，第2審もこれを支持した。Y上告。

[判旨] 棄却「本件家屋につき，昭和29年7月以降においては，その破損，腐蝕等の状況は，居住の用に耐えない程，あるいは，居住に著しい支障を生ずる程に至つていないとした原審の認定は，挙示の証拠に照らし是認できないことはなく，また，その賃料が地代家賃統制令の統制に服するものであることは原審の確定するところである。以上の事実関係の下においては，Xの修繕義務の不履行を理由に，賃料全部の支払を拒むことを得ないとした原審の判断は正当と認められ，所論民法606条1項の解釈を誤つた違法ありとすることはできない。」

【58】 最判昭43・11・21民集22・12・2741

[事実] Xは昭和37年月，Yに対して本件家屋を賃貸したが，右賃貸借契約には賃料を1ヶ月でも滞納したときは催告を要せずに契約を解除することができる旨の特約条項が付されていた。ところがYは昭和38年11月分以降の賃料の支払を滞ったため，昭和39年3月XはYに対して右特約に基づき賃貸借契約解除の意思表示をなし，家屋明渡と損害金の支払を求めた。Yはこれに対して次のように主張してこれを争った。①催告不要の特約は例文であり無効である。②仮にそうでないとしても，Xは本件建物の他の部分を賃借していた訴外Aの所有である煙突（これのため洗濯物が汚れ，また火災の危険がある）等の除去義務，水道の漏水，雨漏り，塀の破損の修繕義務を負っているが，それを果たしていないので，これらの義務と同時履行の関係にある賃料支払を拒絶したものである。1審2審ともYの主張を排斥し，X勝訴。Y上告。最

高裁は①の無催告解除条項については、「催告をしなくてもあながち不合理とは認められないような事情が存する場合には効力を認められるとした上で、②につき、次のように判示した。

[判旨] 棄却「原審の確定する事実によれば、Yは本件家屋に居住し契約の目的に従つてこれを使用収益していたところ、所論の事情によりYの居住にある程度の支障ないし妨害があつたことは否定できないが、右使用収益を不能もしくは著しく困難にする程の支障はなかつた、というのであるから、このような場合、賃借人たるYにおいて賃料の全額について支払を拒むことは許されないとする原審の判断は、正当である。」

賃貸借の場合は、売買契約と異なり、継続的債権関係の性質上割合的拒絶権の構成に適合的であるのは、これを肯定した裁判例が多いことからも首肯できよう。しかし、つねに賃貸人の不履行の度合いに比例させて機械的に割合的拒絶権を与えなければならないわけではない。目的物の破損が軽微であるような場合にまで一部拒絶権を認めることはかえって拒絶賃料額の算定という煩雑な手続をもちこむことになり現実的ではない。また、こうした場合においては、しばしば賃貸人の修繕義務不履行は賃料不払の口実にすぎず、権利濫用的色彩が多いであろう[72]。

注意すべきは、ここでいう割合的拒絶権が延期的抗弁権であるかどうか問題であることである。すなわち、同時履行の抗弁権は相手方の履行ないし履行提供のあるまで自己の給付を拒絶する権利であるから、一時的拒絶権であって、債務そのものを免れるわけではない。相手方の履行ないし履行提供によって抗弁権は消滅し、債務を完全に履行しなければならない。これに対して、賃貸借における割合的拒絶権は賃貸人の不履行の度合いに応じて賃料支払を拒絶するものであるが、賃貸借契約は継続的契約であるから厳密には賃貸人の完全履行はありえない。換言すれば、抗弁権行使後の修繕義務の履行は将来に向かっての対価的均衡を回復するに過ぎず、既往の対価的不均衡を回復することはできないのである。その意味で当期の賃料支払拒絶権は実質的には賃料減額を結果するものなのである。そこで、むしろ端的に賃料減額請求権を肯定すべきかが問題とされることになる。近時の下級審裁判例ではこれを肯定する趨勢にあるといえる[73]。

他方で、賃借人は目的物の上に自己が支出

---

[72] 支払拒絶権そのものを否定した裁判例もきわめて多い。下級審裁判例として、東京控判明40・2・13最近判例集1・25、東京地判大14・12・12評論15民法393、東京地判2・3・22評論16民法328、東京区判昭6・1・30新聞3231・12、評論20民法274、大判昭7・11・19法学2・814、東京区判昭12・9・11新聞4178・5、評論26民法761、東京区判裁判年月日不詳[昭14(ハ)5320号]評論29民法901、京都地判昭25・5・10下民集1・5・710、京都地判昭27・10・14下民集3・10・1456、東京地判昭31・5・19下民集7・5・1292、東京地判昭35・2・1判時228・26。
[73] 東京地判昭34・5・18法曹新聞141・2(修繕義務不履行のため使用収益できない割合を3割と認定したもの)、東京地判昭54・2・20判タ389・117(賃貸借契約において、賃貸人の附随義務の不履行によって賃借物件の十全な使用収益の目的が達成されないときは、それに対応する部分および期間の賃料支払を拒絶できるが、右不履行がなくなった後、右期間以外の賃料について支払を拒絶

した必要費の償還請求権の支払を受けるまで賃料支払を拒絶できるか問題となる。最高裁判例は存在しないが，下級審判決では分れている[74]。学説は肯定説が多数である。必要費とは，賃貸借契約における賃借人の目的物の使用収益に必要な費用であり，本来は賃貸人が負担すべきものである。換言すれば必要費用償還請求権と賃貸人の修繕義務はメダルの裏表の関係にあり，同時履行関係を認めるのが論理的であろう。

(3) 敷金返還請求権

建物賃貸借契約に関しては，敷金返還と建物明渡との同時履行関係が問題になる。敷金とは，賃貸借契約の締結に際して賃借人側の債務不履行等賃貸人に対して負担する損害賠償の支払を目的として差し入れられる一定額の金銭であり，賃貸借終了に際して，残部が存在すれば返還を請求することができるものである。したがって，敷金契約は厳密な意味では賃貸借契約とは別個の契約であり，建物明渡請求権と対価関係を有するものではない。しかし，現実には，敷金は建物賃貸借契約と密接に結びついており，社会観念上も別個独立の法律関係と考えるべきではない。そのうえ，敷金が賃料の支払担保という性格を有する以上，対価的契機をまったく否定することは困難である。

一般に敷金返還債務と家屋明渡債務を同時履行関係に係らせるか否かが，当事者の合意事項となりうることは異論はないであろう。特約によってあらかじめ引換給付関係を定めておくことも，また排除することも可能である。ただし，契約書において，「家屋明渡の時に」，「返還と同時に」等の文言がただちに同時履行特約を意味するものと即断はできない。こうした文言を一種の例文とした裁判例もある[75]。ではどのような事実があればかか

できるものではないとしたもの），名古屋地判昭62・1・30判時1252・83（賃貸人の修繕義務の不履行による雨漏りのため賃借建物の一部が使用収益不能の状態である場合には，賃借人は，当然には賃料支払義務を免れないものの，611条1項を類推して，賃料減額請求権を有するとした事例），東京地判平2・12・17判時1398・78（クラブ経営を目的とする建物賃貸借において，賃貸人が風俗営業の許可を取得する義務を負っている場合には，賃貸人の義務不履行により使用収益が不十分になった程度に応じて，賃借人は賃料の支払を拒絶できるとした），東京地判平5・10・1判時1497・82（駐車場の賃貸借契約において，雨天時にも自動車が無事に発車できるように駐車場用地に砂利を入れなかったことは賃貸人の修繕義務違反であるとして，使用不能の割合に応じた損害賠償を請求することができるとした事例），東京地判平7・3・16判タ885・103（マンションの賃貸借契約において排水管の閉塞が建物の使用収益に支障を生じる程度に達したとして，使用収益に支障を生じた程度に応じた部分（賃料の3割相当額）の支払を拒むことができるとした事例），東京地判平9・1・31判タ952・220（賃借店舗への漏水・溢水等があり，賃貸人の修繕義務違反のため使用上の不都合が重大であるとして，通常の店舗賃貸借からみて効用を喪失した分（25パーセント）の賃料減額を請求することができるとした事例）．
74) 肯定例，東京高判昭38・2・22下民集14・2・250。否定例，東京高判昭36・9・18東高民判時12・9・183，水戸地判昭51・3・11判タ42・253。
75) 東京地判昭12・9・29評論27民法71は，次のように述べる。

る特約ありといえるのか，判例上は明らかではない。

大審院は告知と解除の法形式の差異を強調して同時履行の抗弁権を否定した[76]。

【59】 大判昭 10・5・7 裁判例(9)民 133，法学 5・90，判決全集 18・14

[判旨] 棄却 「賃貸借ヲ解除シタル場合ニ於テ其ノ解除ハ将来ニ向テノミ効力ヲ生スルコトハ民法第 620 条ノ規定スル所ニシテ之ニ依レハ賃貸借契約ニ付民法第 541 条ノ規定ニ依ル解除権ヲ生シタル場合ニモ其ノ解除権ハ所謂告知権タル性質ヲ有シ之ヲ行使スルモ将来ニ向テ賃貸借関係ヲ消滅セシムルノミニシテ原状回復義務ヲ生スルコトナシ故ニ本件ニ付賃貸借カ民法第 541 条ニ依リ解除セラレタルコト原判示ノ如シトスルモ之ニ因リテ上告人ノ有スル賃貸家屋返還請求権及被上告人ノ有スル敷金残額返還請求権ハ共ニ解除ニ因ル原状回復請求権ニハ非ス従テ其相互間ニ民法第 546 条第 533 条ニ依ル同時履行ノ抗弁権ヲ生スルコトナシ」

しかし，この判決には厳しい批判が加えられた。「事の実質を見誤っている」とされ[77]，同時履行の抗弁権は民法 546 条に準じなければ認めえないわけではない，と反論された[78]。しかし，判例は同時履行関係肯定説に転じるものではなかった。下級審裁判例の多くは同時履行関係を否定している[79]が，その背景に敷金返還請求権が建物明渡の後に発生するといういわゆる「明渡時」説があったことを指摘することができる。すなわち，敷金返還請求権の発生時期をめぐっては，賃貸借終了時に発生するとする終了時説と，明渡後に発生するという明渡時説の対立がある。前者によれば，両債務の交換履行が可能であるのに対して，後者に立てば，明渡＝先履行，敷金返還＝後履行という帰結をもたらす。もっとも，裁判所が明渡時説を採用した実質的理由は十分に明らかにされているとはいえず，形式論に終止した感があった。

戦後，同時履行の抗弁権を積極的に肯定した次の判決（【60】）は，その意味で実質的判

「[賃貸借契約公正証書正本には] 一応原告主張ノ如キ同時履行的約旨ナルコトヲ窺ヒ得ルカ如キ記載（第 4 条第 2 項）アリト雖モ中略「賃貸人ハ元（敷金）ヲ預リ賃借物返還ト同時ニ賃借人ニ還付スヘキモノトス」トアルハ賃借物ノ返還アリタルトキハ直チニ敷金ヲ返還スヘキ旨ノ敷金関係当然ノ事理ヲ表明シタル単ナル注意的規定ニスキスシテ右「同時」ナル語ハ法律上所謂同時履行ト謂フカ如キ特別ナル意義ヲ有スルモノニアラサルコトヲ認メ得ヘク……」。

76) 同趣旨を述べるものとして，東京高判昭 36・11・20 東高民判時 12・11・220。
77) 幾代通・敷金（総合判例研究叢書民法(1)）[1956 年] 168 頁。
78) 広中俊雄「敷金の効力（判例批評）」借地借家判例の研究 1 149 頁。
79) 東京地判大 8・12・27 評論 8 民法 1307，大阪区判大 13・6・11 評論 13 民法 817，東京地判昭 12・9・29 評論 27 民法 71，東京地判昭 13・9・29 評論 28 民法 182，東京地判昭 41・12・12 ジュリ 347 カード 288。なお，留置権に関しても，「債権カ弁済期ニ在ラサルトキ」に該当するため同様の結論が導かれるが，裁判例の多くは，「牽連性」そのものが存在しないことを理由に留置権を否定している。大阪区判大 8・12・10 新聞 1658・16，東京地判昭 8・2・16 新報 342・24，東京地判昭 32・7・12 下民集 8・7・1250，東京地判昭 33・6・13 ジュリ 163 カード 339。詳細は，清水元・叢書民法総合判例研究留置権 [1995 年]（以下，清水・総合判例と略記する）38 頁以下参照。

断を示しており，注目すべきものであった。

【60】 東京地判昭36・3・31 下民集12・3・703

［事実］　XはYに対して，昭和27年8月その所有家屋を，賃料月2,500円，毎月末日払，敷金9万円の約で期間の定めなく賃貸したところ，Yは同33年6月分以降の賃料を支払わないので，Xは支払催告のうえ，昭和34年11月19日賃貸借契約解除の意思表示をなしたが，Yは依然右家屋に居住してこれを占有しているので，明渡および1月金2,500円の割合による延滞賃料および右明渡ずみに至るまでの賃料相当の損害金の支払を求めた。

［判旨］「敷金が授受された場合には，その敷金は，当事者間の特約その他特別の事情のない限り（本件においてはこの点につき何らの主張も立証もない），賃貸借終了の際における延滞賃料は勿論のこと，賃貸借終了後の損害金その他当該賃貸借に関し明渡までに生じた一切の金銭債務の支払を担保するものであつて，これらの債務は当然に敷金から控除され，なお残金があるときは，その残金は家屋の明渡と引換えに賃借人に支払われるべきものと解するのが相当である。賃貸借終了の際における延滞賃料が敷金から当然に控除さるべきものなることについては従来異論がない。ところで，賃貸借終了後の損害金もその実質においては延滞賃料と何ら択ぶところがないものであるし，賃借人が敷金返還請求権について同時履行の抗弁権を行使した場合には爾後家屋の占有は適法のものとなり，損害金の発生は止み，賃料相当の不当利得返還請求権が生ずるが，この請求権も亦その実質において延滞賃料請求権と同視して差支えないものであるから敷金の担保的効力は当然これらの債務にも及び，これらの債務についても延滞賃

料と同様に相殺の意思表示を要せず当然に敷金から控除されるものと解するのが相当である。そして，控除後になお残余があるときは，賃借人保護の見地からしても，公平の原則からしても，当該残金は家屋の明渡と同時履行の関係に立ち，明渡と引換に賃借人に支払われるべきものと解するのが相当であると考える。」

この判決は，同時履行関係を肯定した唯一の裁判例であるが，次の点で重要な論点を含んでいる。

第1に，同時履行の抗弁権を認めながらも，終了時説を採らない点である。判決の立場は明渡時説に近いが，明渡前の敷金返還請求権の発生を認めている点でもこれと異なっている。

第2に，延滞賃料のみならず賃貸借終了後の損害金等もまた敷金から控除される，としていることである。すなわち，本判決では，①延滞賃料，②賃貸借終了後の賃料相当額の損害金，③同時履行の抗弁権行使後の賃料相当額の不当利得，が敷金から控除される。②および③の債務について同時履行の抗弁権を認めることは，従来の終了時説からは困難である。なぜならば，終了時説に立つときは賃貸借終了によって敷金返還請求権が発生するから，論理的にはそれ以後発生する債権は，敷金から控除することができず，敷金返還請求権との相殺が問題になるにすぎない。しかし，少なくとも，賃借人が賃貸借終了後に同時履行の抗弁権を行使できることを認めた限りで，その行使時に敷金返還請求権が発生していると考えられなくもない。しかしそれでも，賃借人が敷金返還請求権を行使した後に発生する債権（不当利得返還請求権）を敷金

から控除することは論理的にはできないのみならず，判決後に発生する債務（しかも明渡まで数額の確定しない債務）と引換給付関係に立たせることのできる実体法的根拠を見いだすことは難しいであろう。

そうだとすると，本判決は，同時履行の抗弁権を認めたというよりは，単に敷金残額と明渡の引換履行関係を非訟的に認めたものと理解するのが無難であるように思われる。

ところで，終了時説に立つとき，賃貸借終了後明渡までに生じた賃料相当額の損害金債務を，また，本判決の立場に立つとき，抗弁権行使後発生する不当利得返還債務を，敷金から当然には控除できない。敷金返還債務との相殺の可能性が問題になるだけである。しかし，それでは，敷金返還請求権そのものは賃借人の一般担保を形成するから，賃借人の他債権者に対する賃借人の優先権を保障しえないのではないかとの疑問が生じる。すなわち，賃借人の債権者によって敷金返還請求権が差押えられた場合には，相殺によって賃貸人は優先的に保護を受けられないことになる。これにつき，最判昭和48・2・2民集27・1・80が明渡説の立場から敷金返還請求権の被転付適格を否定したため，最高裁もまた，同時履行否定説を採るのではないか，予想されるところであった。はたして，最高裁は次の判例で明確に否定説を採るにいたった。

【61】 最判昭49・9・2民集28・6・1152

[事実] 訴外Aはその所有にかかる本件建物を昭和43年11月期間2年の約束で，Y₁に，昭和44年9月，同じく期間2年の約束でY₂に本件建物の一部を賃貸し，Yらよりそれぞれ敷金として105万円，800万円の金員の交付を受けた。本件建物にはこれらの賃貸借契約に先立って昭和43年2月5日付で根抵当権設定登記がなされていた。昭和45年10月根抵当権が実行され，Xが敷地と共に本件建物を競落した。XからY等に対して明渡を請求。Y等は敷金返還請求権を理由として明渡と同時履行の関係に立つことを主張するほか，建物に支出した造作買取請求権または有益費償還請求権を理由として留置権を主張した。なおYらには賃料不払い等の債務不履行の事実はなかった。原審はXの請求権を認容し，Y₁のみ上告。

[判旨] 棄却 「賃貸借における敷金は，賃貸借の終了後家屋明渡義務の履行までに生ずる賃料相当額の損害金債権その他賃貸借契約により賃貸人が賃借人に対して取得することのある一切の債権を担保するものであり，賃貸人は，賃貸借の終了後家屋の明渡がされた時においてそれまでに生じた右被担保債権を控除してなお残額がある場合に，その残額につき返還義務を負担するものと解すべきものである（最高裁昭和46年（オ）第357号同48年2月2日第2小法廷判決・民集27巻1号80頁参照）。そして，敷金契約は，このようにして賃貸人が賃借人に対して取得することのある債権を担保するために締結されるものであつて，賃貸借契約に附随するものではあるが，賃貸借契約そのものではないから，賃貸借の終了に伴う賃借人の家屋明渡債務と賃貸人の敷金返還債務とは，1個の双務契約によつて生じた対価的債務の関係にあるものとすることはできず，また，両債務の間には著しい価値の差が存しうることからしても，両債務を相対立させてその間に同時履行の関係を認めることは，必ずしも公平の原則に合致するものとはいいがたいのである。一般に家屋の賃貸

借関係において，賃借人の保護が要請されるのは本来その利用関係についてであるが，当面の問題は賃貸借終了後の敷金関係に関することであるから，賃借人保護の要請を強調することは相当でなく，また，両債務間に同時履行の関係を肯定することは，右のように家屋の明渡までに賃貸人が取得することのある一切の債権を担保することを目的とする敷金の性質にも適合するとはいえないのである。このような観点からすると，賃貸人は，特別の約定のないかぎり，賃借人から家屋明渡を受けた後に前記の敷金残額を返還すれば足りるものと解すべく，したがつて，家屋明渡債務と敷金返還債務とは同時履行の関係にたつものではないと解するのが相当であり，このことは，賃貸借の終了原因が解除（解約）による場合であつても異なるところはないと解すべきである。そして，このように賃借人の家屋明渡債務が賃貸人の敷金返還債務に対し先履行の関係に立つと解すべき場合にあつては，賃借人は賃貸人に対し敷金返還請求権をもつて家屋につき留置権を取得する余地はないというべきである。」

本判決においては，ＸＹは敷金関係の当事者ではない。したがってＹは契約上の抗弁権をＸに対して主張できないはずであり，厳密にいえば留置権に関する判断であって，同時履行の抗弁権については傍論ということになる。しかし，「引換履行」関係を否定したという意味において，本判決はなお先例的価値を有するものと理解されるべきである。

ところで，これらの判例から，終了時説によるときは，同時履行関係が認められる反面で賃貸人の敷金についての優先弁済権が制限され，他方，明渡時によるときは，賃貸借終了後明渡までに生じた債権をも敷金によって保障される反面，同時履行関係は否定される，というディレンマが明らかになる。しかし，学説に眼を転じるならば，終了時説に立ちながらも優先権を肯定しようという見解も有力に主張されている[80]。さらに，明渡時説によるとき，必然的に同時履行関係を否定することになるかについても疑問が提出されている[81]。それゆえ，建物明渡と残敷金返還とを引換給付関係におくべきかは，これらとは独立して検討されるべき問題であろう。

同時履行の抗弁権を否定する形式的論拠としては，①建物明渡債務と敷金返還債務とは同一の双務契約より生じたものではないこと，②両債務は相互に対価関係に立たないこと，があげられ，他方，留置権を否定する理由として，③敷金返還債務は建物に関して生じた債権ではないこと，実質的理由としては，④敷金はかならずしも賃貸人の債権全部を担保しうるものではないから，建物明渡完了までに敷金残高がゼロになり，そのうえ新たな損害金を別途に請求しなければならなくなる場合も起こりうるが，敷金返還債務について建物が一般担保の目的物になりうるのに対して，明渡完了までの損害金債務については一般担

---

80) 敷金の性格上，当然に賃貸借終了後明渡までに生じた債権を敷金によって優先的に担保しうるとする見解（広中・前掲書注(19)），賃貸借契約において敷金返還債務との相殺予約を観念する見解（星野英一・借地借家法［1969年］265頁）ないし当事者間の相殺の期待利益があるとする見解（水本浩＝浦川道太郎「判例批評」判タ299号93頁）がある。
81) 星野英一・前掲書265頁。

第2章　同時履行の抗弁権の成立要件

保の目的物の存在を原則的に肯定することができないこと、があげられる。これに対して肯定説は、①敷金は賃貸借に基づく賃借人の負担する一切の債務を担保する目的をもつものであって、わが国の建物賃貸借契約において敷金授受の慣行は普遍的なものとなっており、別個の担保契約というよりは、賃貸借契約の要素となっているといってよいこと、②敷金と建物は当事者意思において等価とはいえないが、判例理論上、同時履行の抗弁権はかならずしも厳格な対価関係にのみ適用されてはいないこと、また、敷金は不払賃料の決済という点において、賃貸借契約に本質的な役割をはたしており、対価的相互性の契機を全面的に否定することはできないこと、③敷金の授受と賃貸借契約が一体化しているのが常態である以上、敷金返還請求権と建物明渡請求権とは同一の法律的、事実的関係から生じたものということができること、④賃貸人には敷金のみならず、先取特権による広範囲な保障が与えられているが、賃借人には一般担保としての賃借建物しか存在せず、しかもこの担保実行は現実的ではないこと、⑤賃借人の建物明渡を先履行とすると、敷金返還を明渡後に訴求しなければならず、その負担が大きいこと、等を主張して反論する。

判例の多くは賃料不払等賃借人側の債務不履行による賃貸借契約の解除の成否が争われていること、それゆえ敷金返還と建物明渡の引換履行は少なくとも主要な論争点とはなっていないことを重視するならば、否定説は説得力がある（現実にも、敷金返還請求訴訟において相手方たる賃貸人が抗弁として明渡との同時履行を主張するケースはほとんどない）が、私見はやはり肯定説に与したいと考える。その理由は上記の肯定説の諸論点に尽きているが、さらに蛇足を付け加えるならば、⑥賃借人保護は建物利用の面のみならず、敷金返還においても認められるべきこと、⑦終了後明渡までに生じた損害金等債権も敷金から控除されるから、同時履行関係を認めたからといって、とくに賃貸人に不利となるものではないこと、⑧近時の保証金等、賃貸借契約成立の際に授受される金銭の高額化は、賃貸人に有利な資金運用を許すものであり（敷金には利息はつかないのが原則である）、賃貸人が同時履行の抗弁権を対抗されることの不利益があるとしてもこれとバランスが取れていると考えられること、をあげることができよう。もっとも、同時履行の抗弁権ないし留置権の行使によって建物占有の違法性は阻却されるが、通常の居住を継続しているかぎり賃料相当額の不当利得返還債務が発生し、敷金から控除されるべきであろう。また、賃借人が明渡義務の提供をしつつ、賃貸人に対して敷金の返還を請求した場合には、敷金返還債務は遅滞に陥るものというべきであろう[82]。

ただし、ここではもっぱら引換給付関係が

---

82) なお、敷金に類似するものとして、保証金がある。保証金の法的性格は多様であるが（空室保証、建築協力金、敷金類似の担保等）、その返還請求権についても明渡との同時履行関係が問題となる。これに関する判決例はほとんどないが（東京地判昭34・4・17下民集10・4・774、東京地判昭34・11・4判時209・15、東京高判平8・11・20判タ965・175の3件のみである）、形式的には別個の契約関係から生じるものであるが、いずれも同時履行関係が肯定されている。

公平に合するか否かが問題であり、契約関係を存続させる方向で機能する履行上の牽連性の問題ではなく、契約の解消のプロセスで問題となるものであることに注意しなければならない。その意味で留置権とほとんど同一の機能を意味することになる。

(4) 造作買取請求権

建物賃貸借契約に関しては、造作買取請求権との関係も重要である。借地借家法33条（旧借家法5条）は、賃貸借契約の終了時において、借家人が家主の同意を得て建物に附加した畳・建具等の「造作」の買取請求権を認めている。

まず、造作の引渡と造作代金の支払とが同時履行の関係にあることは異論がない[83]。

これに対して、造作が附加されている建物を留置し、または建物の明渡と造作代金の支払とを同時履行の関係に立たせることができるか否かは、判例・学説上争いがある。判例の立場は、ごくわずかの下級審判決[84]を除くと、留置権を否定する趨勢にあるといってよい[85]が、同時履行の抗弁権についても大審院は留置権と同様、【62】以来一貫してこれを否定しており[86]、下級審もこれにしたがっている[87]。最高裁の判断は厳密にはまだ出ていないが、最判昭29・1・14民集8・1・16の上告理由が留置権および同時履行の抗弁権を主張しているのに対して、前者についてのみ判示しているのは【62】を踏襲した趣旨だろうと解されている[88]。

【62】 大判昭7・9・30民集11・18・1859

［事実］ 昭和2年訴外Aは、Yとの間で本件建物を理髪店店舗に使用するため建築して賃貸することを合意し、Yは権利金を支払った。その際Yは一部造作は買い取り、一部造作はその承諾を得て附加した。昭和4年9月XはAより本件建物を譲り受けて賃貸人の地位を承継したところ、Yが賃料不払いをしたので、昭和5年4月Xは賃貸借契約を解除して明渡を求めた。Yは上記造作代金の支払まで同時履行の抗弁権ないし留置権を理由として建物の明渡を拒絶し

---

83) 大判昭13・3・1民集17・4・318は、傍論ながらこれを認める。
84) 横浜区判大11・9・18新聞2077・5、岐阜地大垣支判昭28・3・5下民集4・3・335。
85) 大判昭6・1・17民集10・1・6がこれに関する大審院の初のリーディングケースであるが、以後も同趣旨の判例が繰り返され（大判昭7・9・15新聞3461・9、評論21諸法702、大判昭14・10・11評論26民法938、判決全集6・30・18、大判昭8・12・13新聞3665・9、評論23民法165、大判昭10・5・30新聞3853・12）、最高裁に至ってもこれが踏襲され（最判昭29・1・14民集8・1・16、最判昭29・7・22民集8・7・1425、最判昭32・1・24裁判集民25・71、判タ68・83）、確立した判例となっているといってよい。造作代金債権は造作に関して生じた債権であって、建物に関して生じた債権ではないという理由による。
86) 大判昭8・9・28法学3・332、大判昭10・3・28新聞3830・18、大判昭10・5・30新聞3853・12、評論24諸法498、判決全集(18)32。
87) 東京地判昭2・2・5評論16民法642、福岡高判昭33・7・5下民集9・7・1238、福岡高判昭47・10・18判タ288・214。
88) 青山・昭和29年度判例解説民事篇[72]参照。

第2章　同時履行の抗弁権の成立要件

た。

[判旨]「然レトモ借家法第5条ニ依リ賃借人カ造作買取請求権ヲ行使シタルトキハ之ニ因リテ賃貸人ト賃借人トノ間ニ造作物ノ売買契約成立シタルト同一ノ効果ヲ生スルカ故ニ賃借人ハ造作代金ノ提供アル迄之ト対価ヲ為ス造作物ノ引渡ヲ拒絶シ得ヘキ同時履行ノ抗弁権ヲ有スヘシト雖其ノ代金ノ提供ナキヲ理由トシテ之カ対価ニ非サル建物ノ明渡ヲ拒絶シ得ヘキモノニ非ス此ノ場合ニハ賃借人ハ造作代金ノ提供ナキモ建物ヲ明渡スヘキ唯此ヲ明渡スニ当リ造作物引渡ニ付同時履行ノ抗弁ヲ対抗スルカ為造作ヲ収去シ得ヘク此ヲ収去シタルトキニ於テモ其ノ代金トシテハ買取請求当時造作物カ建物ニ附加シタル状態ニ於テ有シタル時価ヲ請求シ得ルモノト解スルヲ相当トス又此ノ場合ニ右代金債権ハ造作ニ関シテ生シタル債権タルニ止マリ建物ニ関シテ生シタル債権ニ非サルヲ以テ賃借人ハ其ノ代金ノ支払ヲ受クル迄建物ヲ留置シ得ヘキモノニ非ス」

これに対する学説を見ると，造作買取請求権と建物明渡請求権は発生原因を異にしており，また対価関係にないこと，従たる物にすぎない造作のため建物の明渡を拒絶しうるとすることは当事者間の公平に基づく同時履行の抗弁権の趣旨に反すること，を理由として判例の立場を支持する説もあるが，圧倒的多数は判例に反対して，建物につき留置権ないし同時履行の抗弁権を認めるべきであると主張する。その理由として，①造作代金債権は造作買取請求権の行使によって発生するが，後者は賃貸借契約から生じたものであるから，建物に関して生じた債権であるというべきである。②造作買取請求権と同一の基盤に立つ有益費償還請求権のために留置権および同時履行の抗弁権が認められる以上，前者のためにも認められなければ均衡を失する。しかも判例上，有益費と造作の区別は明確ではない。③造作代金は通常高額とはいえず，留置権を認めたからといって賃貸人に不利とはいえない。④造作について留置権を認めないときは，借家人は建物より造作を収去して独立して占有しなければならないことになるが，それでは買取請求権を認めた立法趣旨に反することになる，という点があげられる。

造作代金請求権のための建物の留置権についてはすでに他で検討したことがあるので詳細はそちらに譲るが[89]，なお附言しておきたいのは，借家をめぐる社会経済状況の変化がこの問題についても重要な影響を及ぼすであろうと思われることである。従来の借家関係は居住を目的とするものが中心を占めており，その結果として造作・従物も生活に密着に関連するものが多かった[90]。借家法も居住利益の保護の観点から造作買取請求権制度の強行法規性を認めてきたといえる。しかし建物の利用目的の多様化に伴い（ことに営業用借家の出現），まったく新たな造作・従物が登場してきた。すなわち，音響・照明機材，ガソ

---

89) 清水・総合判例45頁。
90) 従来，判例上造作として具体的に現れたものとしては，営業用の陳列棚，調理台，電気・水道・排水工事，ガス設備，炊事場，賃借建物に付属させた物置小屋，硝子戸，古畳，風呂釜，2階増築部分，ベニヤ板張，間仕切り，物干場，台所釣戸棚，電灯設備，店据付戸棚，神棚，帯戸，表格子，千本格子，半障子，硝子入古障子，古襖障子，襖，土間の上板戸，鴨居等がある。

リンスタンドの給油施設，あるいはレストランの厨房施設等は価額が高額で，場合によっては主物たる建物価額を凌駕することも稀ではない。借地借家法もこうした変化を受けて買取請求権制度を任意法規化させた。このことは造作代金請求権との同時履行関係にも影響を与えるであろう。すなわち，従来とは異なったタイプの賃貸借（とりわけ商事賃貸借）において造作買取請求権が認められるとすれば，それは建物の利用目的が変更されることなく賃借人が変更される場合であろう。そしてそうしたタイプにおいては造作は従来のそれとは異なり，建物に対してもかなりのウェイトを占めることになると思われる。それは，主物に比して少額な造作のために建物を留置することは不当である，との価値判断にも微妙な影響を与えるだろう。換言すれば，建物の明渡に伴う造作代金債権はむしろ対価的契機を含んだものに接近するのではないだろうか。その意味では建物買取請求権制度とも接近するように考えられる。そうだとすると，特約によらないかぎり同時履行関係を肯定することが妥当性を持つことになるのではないかと予想されるのである。

(5) 建物買取請求権

借地借家法（旧借地法）上の建物買取請求権が行使されると，法律上当然に売買契約の成立が擬制されるが，建物所有権移転義務（具体的には引渡義務ないし所有権移転登記義務）と代金支払義務は対価関係に立つから，両者間には同時履行関係がある（【63】）。

第2節　対価的債務

【63】　大判昭7・1・26 民集 11・169

[事実]　Xはその所有する土地をAに賃貸し，Aは地上に建物2棟を建築所有していたが，Xの承諾を得てBに賃借権とともに建物を譲渡した。その後建物がCに競落され，さらにCからYに譲渡されたが，Xは賃借権譲渡に承諾を与えなかった。そこで，Yは借地法10条に基づき地価で地上建物を買い取るべきことをXに求めた。これに対してXは建物時価6,900円余の支払と同時に建物の引渡および所有権移転登記をなすことを求めて本訴におよんだ。原審は建物代価を8,000円と評価したうえ，その支払と引換に引渡・登記を命じたが，土地引渡までの損害金請求を認めなかった。Xから上告し，建物買取請求権を行使した場合，建物代価は具体的には確定しないから履行期は到来せず，同時履行関係にはない，したがって土地の引渡をしないことにつきYが遅滞に陥っていないとはいえないと主張した。

[判旨]　棄却「然レトモ賃借権ノ目的タル土地ノ上ニ存スル建物其ノ他借地権者カ権原ニ因リテ土地ニ附属セシメタル物ヲ取得シタル第三者カ借地法第10条ノ規定ニ依リ賃貸人ニ対シ右物件ノ買取請求ヲ為シタルトキハ右買取請求ノ意思表示ニ依リ当然第三者ト賃貸人トノ間ニ地上物件ニ付時価ニヨル売買契約成立シタルト同一ノ効果ヲ生スルモノナルヲ以テ売主タル第三者ハ右地上物件ヲ賃貸人ニ移転スル債務ヲ有スルト同時ニ買主タル賃貸人ハ時価ニ相当スル代金債務ヲ負担シ而シテ右物件ノ時価ニ付当事者間ニ争アル場合ニ於テモ右両債務ハ其ノ履行期ニ付別段ノ定ナキ限買取請求ノ意思表示ト同時ニ履行期到来スルモノト解スヘキヲ以テ右当事者間ニ於テハ互ニ同時履行ノ抗弁権ヲ有スルモノナルコト明ナリ」

これに対して，敷地明渡義務と建物買取義務は対価関係に立つものではなく，同時履行関係をただちに肯定することは困難である。しかし，造作と異なって建物を土地と切り離して独立に明け渡すことは不可能であり，これを認めなければ建物買取請求権制度は実効性を失う。敷地明渡義務は建物買取請求権制度における対価的債務ではないとしても，建物買取請求制度という同一の双務関係から生じた債務として，一体的に取り扱うことがのぞましいであろう。判例も「建物引渡拒絶の反射的効力」として敷地の明渡を拒絶しうることを認めて以来確定したものとなっている。

【64】 大判昭7・1・26（【63】と同一事件）

「借地法第10条ノ規定ニ依ル買取請求権行使ノ効果ハ地上物件ノ取得者タル第三者ト土地ノ賃貸人トノ間ニ地上物件ニ付時価ニ依ル売買契約成立シタルト同一ノ効果ヲ生スルモノナルヲ以テ右地上物件ノ所有権ハ買取請求権ノ行使ト同時ニ賃貸人ニ移転シ売主タル第三者ハ唯同時履行ノ抗弁権ニ依リ賃貸人ヨリ時価ニヨル代金ノ提供アル迄地上物件ノ引渡ヲ拒絶スルコトヲ得ルニ過キス而シテ売主タル第三者ハ地上物件取得後買取請求ノ意思表示ヲ為ス迄ハ土地所有者タル賃貸人ニ対シ地上物件ノ敷地ヲ占有スヘキ権原ヲ有セサルモノナルカ故ニ其ノ間ニ於ケル右敷地ノ占有ニ依リ土地所有者ノ被ラシメタル損害ヲ賠償スヘキ義務アルコト勿論ナリト雖買取請求権ノ行使ト同時ニ地上物件ノ所有権ハ賃貸人ニ移転シ売主タル第三者ハ其ノ所有権ヲ喪失スルモノナルコト前示ノ如クナルヲ以テ買取請求権行使後ニ於テハ右第三者ハ地上物件ヲ所有スルコトニ依リテ其ノ敷地ヲ占有スルモノ

ニ非ス寧ロ同時履行ノ抗弁権ニ依リテ地上物件ノ引渡ヲ拒絶シ得ルカ故ニ其ノ反射的効力トシテ当然其ノ敷地ノ引渡ヲモ拒絶シ得ルモノト謂ハサルヘカラス果シテ然ラハ買取請求権行使後ニ於テハ売主タル第三者ハ地上物件ノ敷地ノ引渡ヲ拒絶スル正当ノ権原ヲ有スルモノニシテ毫モ該敷地ヲ不法ニ占拠スルモノニ非サルヲ以テ土地所有者タル賃貸人ニ対シ不法占拠ニ依ル損害賠償ノ義務ナキモノトス」

ただし，両債務は厳格な対価的均衡に立つものではないから，建物の引渡まで賃借人が敷地を占有する場合には不当利得の有無が問題となる。

まず，判例【65】は，同時履行の抗弁権を行使して建物および敷地の明渡を拒絶している賃借人が当該建物を第三者に賃貸した場合には，賃料中に含まれる敷地利用料を不当利得として返還すべきであるとした。

【65】 大判昭11・5・26 民集15・998

[事実] 訴外AがYより賃借した土地の上に建築所有している建物をXが買い受けたが，Yが賃借権の承継を拒絶したので，Xは建物買取請求権を行使し，建物引渡を拒絶するとともに第三者に賃貸した。これに対してYは敷地占有による不当利得返還請求権と買取代金請求権とを相殺する旨主張。原審はYの請求を容れたのでXは上告して，建物買取請求権を行使したときは，第三者は地上建物を所有することによって敷地を占有するものではなく，同時履行の抗弁権による引渡拒絶の反射的効力として当然に敷地の引渡をも拒絶する権原を有するにすぎず，仮に敷地を占有するとしても，敷地の使用収益と地上建物のそれとは別個であって，建物居住

ないし賃貸は敷地の使用収益に当たらず，不当利得したとはいえないと主張した。

[判旨]　棄却　「然レトモXカ同時履行ノ抗弁ニヨリ本件家屋ノ引渡ヲ拒絶シ其ノ反射作用トシテ其ノ敷地ノ明渡ヲ為サス之ヲ抑留スルハ即自己ノ為ニスル意思ヲ以テ該土地ニ対スル事実上ノ支配ヲ為スモノニシテ占有ニ外ナラス（所論判例モ占有ニ非ストナス趣旨ニ非ルハ勿論ナリ）又地上家屋ノ利用ヲ為シ乍ラ其ノ敷地ヲ利用セスト云フカ如キハ考フヘカラサル処ナルヲ以テXカ本件土地ヲ占有セス若ハ之カ利用ヲ為サスト云フカ如キ論旨ハ総テ採ルニ足ラス而シテXハ前示同時履行ノ抗弁ノ反射作用トシテ本件土地ヲ占有シ得ルニ止マリ其ノ使用収益ヲ為シ得ヘキ権限ヲ有スルモノニ非ルヲ以テXカ原判示ノ如ク該土地ヲ利用シテ利得ヲ為シタリトセハ之ハ法律上ノ原因ナクシテ利得ヲ為シタルニ外ナラス家屋ノ使用収益ト土地ノ使用収益トハ夫々別個ノ観念ニ属スルコトハ固ヨリ所論ノ如シト雖家ヲ其ノ敷地ト共ニ他人ニ使用セシメテ其ノ対価ヲ得ル場合ニ於テハ其ノ対価中ニハ敷地使用ノ対価ヲモ包含スルコト勿論ナルカ故ニXカ本件家屋ヲ第三者ニ賃貸シテ得タル賃料中ニハ其ノ敷地タルY所有ノ土地使用ニ対スル対価ヲ包含スルモノト云フヘク此ノ部分ハ即Xカ権限ナクシテY所有ノ土地ヲ利用シテ得タル利得ニ外ナラス原審カXニ不当利得アリトナシタルハ此ノ趣旨ニ出テタルモノニシテ相当ノ見解ト云フヲ得ヘシ只本件ノ場合ニ於テハYノ損失（土地ノ利用ヲ妨ケラルルニヨリ生スル損失）ハXカ同時履行ノ抗弁ノ結果トシテ本件土地ノ引渡ヲ拒ム以上該土地ヨリ利得ヲ為スト否ニ拘ラス生スヘキカ故ニ此ノ損失ハXカ前記利得ヲ為シタルニ因リテ生シタルモノト云フヲ得ス従ツテ利得ト損失トノ間ニ直接因果ノ関係ナク此ノ点ニ於テ民法第703条所定ノ要件ヲ具備セサルカ如シ然レトモ一方Xハ正当権限ナクシ

テYノ土地ヲ利用シテ利得ヲ為シ他方YハXノ占有ニヨリ自己所有ノ土地ノ利用ヲ妨ケラレ損害ヲ蒙リタルモノナルカ故ニ右法条ハ斯ル場合ヲモ包含スル律意ナリト解スルヲ相当トスヘシ」

本判決では，借地人の第三者からの賃料収得という事情が重視されたが，それでは，みずから使用収益を継続しているにすぎない場合に不当利得が成立するかは明らかではなかった。しかし，【66】は賃借権譲渡につき，不法占拠を理由とする不法行為責任は否定しつつ，不当利得の成立を認め，さらに【67】は期間満了につき，いずれも限定なしに不当利得の成立を確認した。

【66】　大判昭14・8・24民集18・877

[事実]　訴外Aはその所有する本件土地をBに賃貸し，Bは地上に建物を建築所有していた。Aは土地をXに譲渡しXB間で賃貸借契約の承継がなされた。その後Bは地上建物をYに譲渡したが，Xは賃借権承継を承諾せず賃貸借契約を解除し，Yに対して土地明渡を求めた。そこで，Yは第1審において建物買取請求権を行使した。原審は買取請求権を認めて，金2,000円の支払と土地明渡との引換履行を命じた。X上告。

[判旨]　一部破棄差戻一部棄却　「借地上ニ於ケル建物ノ第三取得者カ借地法第10条ニ依リ賃貸人ニ対シ該建物ノ買取ヲ請求シタルトキハ其ノ意思表示ト共ニ第三取得者ト賃貸人トノ間ニ当該建物ニ付売買契約ヲ為シタルト同一ノ法律上ノ効果ヲ生シ建物ノ所有権ハ賃貸人ニ移転シ賃貸人ニ之カ引渡義務ヲ負担スルト同時ニ賃貸人ハ第三取得者ニ対シ同人カ買取請求ヲ為シ

第2章　同時履行の抗弁権の成立要件

タル時ノ建物ノ価格ニ相当スル金員ヲ支払フヘキ義務ヲ負担スルニ至ルモノニシテ其ノ結果第三取得者ハ其ノ金員ノ支払アル迄建物ノ引渡ヲ拒絶シ得ヘク恰モ特定物ノ売主ト同様ニ地位ニ立テ同時履行ノ抗弁権若ハ留置権ヲ有スルヨリシテ之等ノ権能ノ下ニ建物延テ其ノ敷地ヲ占有スルコトハ違法ヲ阻却シ不法行為ヲ構成セサルモノト解スルヲ相当トス而シテYカ建物ヲ取得シタル対価如何ハ此ノ断定ニ影響ヲ及ホスコト無シ原判示ニハ右ト異ナルトコロアルモ其ノ不法行為ヲ成ササルコトノ究極ノ判断ハ正鵠ヲ失ハサルニヨリYカ其ノ取得シタル地上建物ニ付買取ヲ請求シタル日以後ノ土地占有ヲ目シテ不法行為ト做シ之ヲ理由トシテ損害賠償ノ請求ヲ為スコトハ排斥スヘキカ如キモ同時履行ノ抗弁権若ハ留置権ニ依リ地上建物ノ引渡ヲ拒ミ之カ占有ヲ継続スル場合ニ於テモ其ノ占有ニ伴ヒ他人ノ敷地ヲ利用スル関係ハ不当利得ヲ成立セシムル……」

【67】　大判昭18・2・18民集22・91

［事実］　本件土地はもとX先々代が，Y先代に対して非堅固建物所有を目的として賃貸したものであるが，XおよびYに賃貸借契約関係が承継されていた。その後一度賃貸借は更新されたが，20年経過後Xは期間満了を理由として建物収去土地明渡および敷地占有による不当利得の返還を求めた。これに対してYは建物買取請求権を行使，同時履行の抗弁権ないし留置権にもとづき代価支払まで建物の引渡を拒絶すると主張した。原審裁判所はYの主張を容れた上，Xの不当利得返還請求を認めた。Y上告。敷地の占有は同時履行の抗弁権ないし留置権の行使によるものでなんら不当利得をしているものではないと主張した。

［判旨］　棄却　「然レトモ所論ハ自己カ所有権又ハ借地権ヲ有スル土地ノ上ニ存スル建物ヲ売渡シタル場合ニ於ケル売主ノ法律上ノ地位権能ノ解釈トシテハ正当ナランモ本件ニ於テハ土地ノ賃借権ハ賃借期間満了ニ依リ消滅シ賃借人タリシ上告人ハ最早該土地ニ付之ヲ占有スル権原ナキニ至リタルモ地上建物ノ買取請求ヲ為シタル為同時履行ノ抗弁又ハ留置権ニ依リ土地賃貸人タル被上告人カ右建物ノ代金ノ支払ヲ為スマテ建物ノ引渡ヲ拒絶シ之ヲ占有スル必要上其ノ敷地（本件土地）ノ占有ヲモ為スモノニシテ被上告人ハ之カ為自己ノ所有土地ノ利用ヲ妨ケラレ損失ヲ蒙ル結果ト為ルモノトス他方上告人ノ右敷地ノ占有ハ右同時履行ノ抗弁又ハ留置権ノ反射的効果ニ過キスシテ本来敷地ニ付之カ占有ヲ適法ナラシムル基本権ヲ有スルモノニ非サルニ拘ラス上告人ハ建物ノ引渡ヲ為スニ至ルマテ之ヲ自己ノ為ニ利用シ其ノ敷地ヲ占有使用スルモノナレハ其ノ間敷地ノ賃料ニ相当スル利益ヲ得ルモノト謂フヘク従テ此ノ範囲ニ於テ不当利得ヲ為スモノト解スルヲ相当トス」

判例のこの立場は戦後の最高裁にも引き継がれている[91]。

【68】　最判昭35・9・20民集14・11・2227

［事実］　Xは昭和21年訴外Aに本件土地を賃貸し，Aは地上に3棟の建物を建築所有していた。ところが同建物は昭和25年3月国税滞納処分により公売に付されて訴外Bが競落したが，Aはこれを再び買い戻し，同年4月YがAから

---

[91]　下級審裁判例として，長崎地判昭31・12・17下民集7・12・3678，仙台高判昭33・6・30下民集9・6・1225。留置権に関しては，最判昭27・11・27民集6・10・1062，最判昭36・2・28民集15・2・324。

買い受けて以後占有している。

そこでXは建物収去土地明渡を請求し，かつ土地明渡までに土地の賃料相当額の損害金等を請求した。Yはこれに対して建物買取請求権を行使。

[判旨] 棄却 「建物買取請求権を行使した後は，買取代金の支払あるまで右建物の引渡を拒むことができるけれども，右建物の占有によりその敷地をも占有するかぎり，敷地占有に基く不当利得として敷地の賃料相当額を返還すべき義務あることは，大審院の判例とするところであり（昭和10年（オ）第2670号，同11年5月26日，民集15巻998頁），いまこれを変更する要を見ない。されば，これと相容れない所論は採用し得ない。」

同時履行の抗弁権であれ，留置権であれ，建物買取請求権に基づいて建物のみならず敷地の明渡を拒絶できるとする判例学説の理論は結論的には正当であると思われる。しかし，その「反射的効力」という法的構成には疑問がある。なぜならば，建物引渡拒絶権がただちに敷地明渡拒絶権と結びつくものではないからである。たとえば，建物に必要費または有益費を支出した場合にその償還請求権のために建物留置権を行使することができるが，それは敷地所有権を譲り受けた第三者に対しては有効ではない。建物賃借人が土地譲受人に対して土地利用権原を主張しえない以上，敷地所有者からする建物収去土地明渡請求には無力である[92]。反射効としての土地留置が可能であるのは，建物退去土地明渡請求の場面なのである[93]。そして，土地と建物が同一人に帰属しない場合に，建物買取請求権に基づいて土地の明渡を拒絶できるのは，建物収去土地明渡請求を排除した強行法的な建物所有権の保護の結果にほかならない。すなわち，第三者（敷地譲受人）が出現した場合であっても，建物買取請求権およびそれに基づく土地建物の引渡拒絶権を行使できるのも，所有者は土地収去請求をすることができないことによるのである。そして，ここでは形式的には対第三者関係に見えても，建物買取請求権制度を介しての双務関係における問題であり，その意味では，理論的には留置権ではなく同時履行の抗弁権の問題であると考えられる。

しかし，このことはここでの抗弁権が厳格な対価的均衡の保障制度である本来の同時履行の抗弁権と同一であることまでも意味するものではない。建物買取代金債務との対価的均衡に立つのは建物所有権移転債務のみであって，敷地明渡債務は付随的義務にすぎない（逆に引渡までの建物利用および賃貸等による収益は，民法575条の類推適用によって買取代金債務の利息と相殺されるべきである）。それゆえ，建物利用を通しての土地利用については不当利得法的調整が必要であることは当然である。

ただ，買取請求権者の側からの抗弁権行使の結果として，つねに敷地占有が不当利得となるとすれば，抗弁権の実質が失われるおそれがなくもない。なぜならば，建物代金を求

---

92) 清水・総合判例22頁以下。
93) 近時の判例として建築請負人が建築請負代金債権に基づいて土地を留置できるとしたものがある（最判平9・7・3民集51・6・2500）が，土地抵当権者が建物収去ではなく，建物存置の選択をしたことと密接な関係がある。これに関しては，清水元「判例批評」私法判例リマークス17号14頁。

めても明渡までの地代相当額をこれより控除されてしまえば，代金は明渡までたえず減少しつづけることになり，残額ゼロでの無条件明渡という事態もあり得るからである（同様のことは敷金や造作についても言える）。そうだとすると，買取代金の支払を拒絶している賃貸人に対するサンクションとして不当利得返還請求権の成立を否定するか，あるいは少なくとも抗弁権行使後は，一種の弁済提供の効果を認めて，買取代金債務不履行による損害を敷地占有による利得と同額とみなして相殺するという法的処理も顧慮されるべきはなかろうか。

4　請　負

請負契約においては，請負人の仕事完成義務は報酬に対して先履行関係にある（632条）。したがって，仕事完成がないかぎり期日に注文者の側に代金の提供がなくても請負人は遅滞責任を免れない（【69】）。

【69】　大判大 13・6・6 民集 3・265[94]

[事実]　$X_1 X_2$は大正6年8月14日公正証書により，$Y_1 Y_2$のため木造汽船2隻を新造すべき請負契約を締結し，第1船は同年12月15日第2船は同7年2月28日を受渡期日と定めた。しかし契約は約定通りに履行されなかった。そこで，Yらは第1船は引渡が遅延したこと，第2船はいまだ引渡がないことを理由に，約定で定めた違約金請求の権利ありとして，Xらに対して強制執行をなした。Xらはこれに対して本訴において異議を申し立て，約定期日にYらが船体を引渡できなかったのはYらがなすべき行為をしなかったためと当初の設計を変更して新に追加工事を要求したためであり，自己の責に帰すべき事由に出たものではない，また，帰責事由ありとするも，注文者は契約所定の受渡期日に残代金の提供をしなかったためで請負人に遅滞の責任なしと主張して，債務不存在の確認を求めた。原審はXら勝訴。Yら上告。

[判旨]　破棄差戻　「右ノ請負契約ニ於テ注文者タルY等ノ義務ニ属スル請負代金即報酬ノ支払ト請負人タルX等ノ義務ニ属スル新造船ノ引渡トカ原院認定ノ如ク同時ニ履行スヘキ約旨ニシテ而モY等抗弁ノ如クX等カ其ノ責ニ帰スヘキ事由ニヨリ契約所定ノ受渡期日迄ニ造船工事ヲ終了セシメス従テY等ニ対シ該期日ニ新造船ノ引渡ヲ為スコト能ハサルニ於テハX等ハ其ノ期日ノ経過ト同時ニ当然遅滞ノ責ニ任スヘキモノニシテY等ニ於テ期日ニ代金ノ提供ヲ為ササリシヲ理由トシテ其ノ責ヲ免ルコトヲ得サルモノトス何トナレハ右ノ契約ニ於テ注文者タルY等ノ代金支払ノ義務ハ単ニX等ノ新造船引渡ノ義務ト同時履行ノ関係ニ在ルニ止リ其ノ引渡ノ義務ノ前提タルX等ノ義務ニ属スル目的物ノ製作トハ同時履行ノ関係ヲ有スルモノニアラサレハX等ハY等ノ代金提供ノ有無ニ拘ラス契約所定ノ受渡期日迄ニ先ツ其ノ請負ヒタル目的物ヲ製作セサルヘカラサルモノナルニ之ニ違背シ従テ該期日ニ目的物ヲ引渡ササル以上ハ素ヨリ不履行ノ責ニ任セサルヘカラサルモノナレハナリ然ルニ原院カ本件当事者間ノ造船請負契約ニ於テY等ノ代金残額ノ支払義務トX等ノ新造船ノ引渡義務トハ同時履行ノ関係ニ在リ而モY等ニ於テ契約所定ノ受渡期日ニ残代金ノ提供ヲ為

---

[94]　本判決と同一事件につき大判大 13・6・12 新聞 2288・19 があるが，判旨も全文同旨なので省略する。

第2節　対価的債務

ササリシヲ以テ其ノ造船工程ノ如何ニ拘ラスX等ハ遅滞ノ責ニ任スヘキモノニアラス而シテ同契約所定ノ違約金ハX等ニ於テ遅滞ノ責アル場合ニ始メテ負担スヘキモノナレハX等ハ未タ之カ支払ノ義務ナシトノ理由ノ下ニY等ニ敗訴ノ判決ヲ為シタルハ失当ニシテ本論旨ハ其ノ理由アリ原判決ハ此ノ点ニ於テ全部破毀ヲ免レサルモノトス」

ただし，引渡を要する請負契約の場合には目的物の引渡と報酬の支払が同時履行の関係におかれる（633条）（前出【5】，【70】）。

【70】　大判昭 12・6・11 判決全集 4・12・11

［判旨］　破棄差戻　「双務契約ノ当事者カ同時ニ債務ノ履行ヲ為スヘキ場合ニ於テハ相手方カ単ニ其債務ノ履行ヲ為ササルモ当然遅滞ノ責ニ任スヘキモノニアラスシテ自己ノ負担スル債務ノ履行ヲ提供シテ相手方ニ対シ相当ノ期間ヲ定メ債務ノ履行ヲ催告シタルニ拘ハラス相手方カ其債務ヲ履行セサル場合ニ於テ相手方ハ遅滞ノ責ニ任シ契約ノ解除ヲ為シ得ヘキモノナリ唯相手方カ其債務ヲ履行スルノ意思ナキコト明白ナル場合ニ限リ履行ノ提供ヲ為スコトヲ要セサルノミ（大正3年（オ）第413号同年12月1日言渡当院判決大正9年（オ）第464号同年11月11日言渡当院判決参照）原判決ハ被上告人ト訴外Aトノ間ノ請負契約ニ於テハ被上告人ノ請負残代金ノ支払ハ同訴外人ノ請負工事ノ引渡ト同時ニ之ヲ為スヘキ約旨ナルコトヲ認定シナカラ被上告人カ昭和9年12月31日同訴外人ニ請負工事ノ引渡ヲ催告スルニ当リ請負残代金ヲ提供シタル事実ヲ認定スル所ナク又右訴外人ハ請負工事ヲ引渡ス意思ナカリシヲ以テ被上告人カ残代金ヲ提供スルノ要ナカリシ事実ヲ判示スル所ナシ

然ラハ訴外Aハ其債務ニ付遅滞ニ在ルコトナキヲ以テ被上告人ノ為シタル解除ハ適法ナラス故ニ之ヲ適法トシテ請負残代金ノ転付ヲ受ケタルコトヲ主張スル上告人ノ本訴請求ヲ排斥シタル原判決ハ法規ノ解釈ヲ誤リ延イテ審理不尽ノ違法ニ陥リタルモノト謂フヘク破毀ヲ免レス」

民法641条により請負契約が未完成部分についてのみ解除された場合も竣功部分に相当する請負代金と竣功部分の引渡が同時履行の関係にある（【71】）。

【71】　東京高判昭 30・3・8 東高民判時 6・3・41

［判旨］　「被控訴人は，本件建築物中右契約解除の時竣功していた部分についての対価に相当する部分の請負代金は支払ずみであるから，この部分の所有権は被控訴人にあり，従つて，所有権に基き控訴人に対し竣功部分の建築物の引渡を求める権利があると主張しているので按ずるに，控訴人が既に施行した建築部分に相当する請負代金の支払を受けたことは当事者間に争がないから，このような場合は，請負者たる控訴人は請負契約の解除と同時に，被控訴人に対し竣功部分の引渡をなすべき義務あるものといわなければならない。控訴人は，建築工事施行部分に相当する請負代金の支払を受けたことは認めながら，契約の解除により589万3821円の損害を受けたと主張し，右損害賠償義務と建築物引渡義務とは同時履行の関係にあるものと主張しているけれども，仮に控訴人主張のとおり契約解除によつて控訴人に，何らかの損害が発生したとしても，右損害賠償債務は既に竣功した部分（この部分についての請負契約は解除することができないことは先に説示したとおりである。）の請負契約により発生した報酬金債務と

第2章　同時履行の抗弁権の成立要件

はその発生原因を異にするから，既に竣功した部分の引渡義務と解除による損害賠償債務とは同時履行の関係に立たないものである。従つて控訴人は，被控訴人に対し右損害賠償義務の履行を求め，その履行あるまで本件建築物の引渡を拒む権利がないものといわなければならない。控訴人の主張の同時履行の抗弁は採用し難い。」

請負契約において同時履行関係は2個の場面で問題になる。すなわち，請負契約においては「仕事の完成」が先履行であるから，その結果としての引渡と報酬の支払が同時履行関係に立つと考えられ，他方では瑕疵修補ないしそれに代わる損害賠償と報酬の支払が同時履行関係に立つ。前者については，「仕事」の内容が問題である。建築請負契約においては，所有権の移転が問題となるかぎりで登記手続も仕事の完成となることがあり，その場合には，建物所有権移転登記と報酬支払とは同時履行関係に立つ（【72】）。

【72】　東京高判昭36・10・31下民集12・10・261

［事実］　ＸＹ間で訴外Ａ所有土地上に3棟の建物を順次建築する契約が締結され，うち第1建物および第3建物は完成し，代金が支払われて引渡がなされた。ところが，残り第2建物は建築完成前にＸの側に財政悪化状態が生じたらしく，工事が停止され，仮処分執行により職権でＹ名義で所有権保存登記がなされた。ＹがＸを相手どって請負契約に基づく残代金支払の請求訴訟を提起し，勝訴判決が確定した。その後第2建物は建築工事が再開されて完成し，Ｘの第2建物についての所有権移転登記手続請求に対して，Ｙは代物弁済による所有権取得を主張してこれを争った。裁判所はＹの所有権の主張を認めず次のように判示した。

［判旨］「請負代金の支払と請負契約に基き建築された建物の引渡（所有権移転）並びにその所有名義の移転は同時履行の関係にあるところ，Ｘも自認するとおり，Ｘは前記のとおりＸに対して弁済提供をしたが，未だ弁済供託をしていないのであるから，本件第2家屋の引渡並びに所有権移転登記手続を求めるには，同時にその請負残代金の支払をなすを要する。而して前記甲第1号証の1によれば，Ｘは前記訴訟においてＹの請負残代金請求に対し，未だ本件第2家屋の引渡を受けていない旨を主張して同時履行の抗弁を提出することをせず，無条件でＹのＸに対する請負残代金80万3,500円とその遅延損害金の請求を認容した判決言渡を受けたのであつて，そのまま右判決を確定せしめた以上ＸはＹに対して本件第2家屋の所有権移転並びにその登記手続を求めるには，これと引換に右確定判決に基く債務の支払をなすを要するものとする。

而してＸは既に説示したとおり，昭和33年7月19日Ｙに対し適法に前記確定判決に基く残代金及び遅延損害金の弁済提供をなし，Ｙがその受領を拒絶したものであるから，これによりＸは爾後その遅滞の責に任じないものといわなければならない。従つてＸが前記確定判決に基く債務元金80万3,500円及びこれに対する昭和26年7月1日から昭和33年7月19日まで年5分の割合による金員の支払をするのと引換に，ＹはＸに対し本件第2家屋の明渡をなし，且つ家屋番号559番の2による保存登記に基き本件第2家屋の所有権移転登記手続をなすべき義務あるものというべきである。」

これに反して，建築請負契約において建築

確認申請および検査済証の交付を受けることは請負人の義務ではない[95]から報酬支払との同時履行関係にない。

第2に、請負工事に瑕疵がある場合には困難な問題が生じる。仕事はなお「未完成」であり、「引渡」があってもなお報酬支払義務は発生しないのではないかとの疑義があるからである。しかし、「完成」が論理的につねに「引渡」に先行しなければならないわけではないであろう。一応の工事完成があれば、その後は注文者は瑕疵修補等を請求して報酬支払との同時履行関係に立たせれば十分であると考えられる[96]。次の裁判例も、住宅新築請負工事において、いまだ設計相違等細部について不完全な部分があったが当初予定された最終工程までの工事が一応終了している場合は、「建物の完成」に該当し、「正月は新居で迎えたい」といって任意に入居した以上、「引渡証」の交付などの形式を問わず「引渡」があったものと認めることができるから、注文者は「建物未完成」「引渡未了」を理由に請負代金の支払を拒絶することはできないとした（【73】）。

【73】 大阪高判昭 61・12・9 判タ 640・176

［判旨］「控訴人は当審附加主張2（2）において控訴人が本件建物に入居した昭和54年12月末日ごろは未だ建物が完成していないし、被控訴人が工事の未完成を認めたうえ、正月だけでも新しい家で過ごすことを勧めたものである旨主張する。

しかしながら、民法632条、633条において請負代金の支払の要件とされている「仕事の完成」と「その引渡」について考えるに、まずここにいう「仕事の完成」とは、請負工事が当初予定された最終の工程まで一応終了したことを指し、ただそれが不完全で修補を要するときは、完成した仕事の目的物に瑕疵があるにすぎない。仕事が完成せず未完成であるのは、請負工事が途中で打ち切られ、予定された最終の工程を終えない場合をいい、また「引渡」とは正式の引渡証の交付の有無を問わず目的物の占有ないし、実力的支配の任意の移転を指すものである。

ところで、（……）昭和54年12月末日ごろには、本件建物の新築工事は当初予定された最終工程までの工事を一応終了したが、屋上の防水の不完全、1階便所の便器の据付位置の不備、その他の細部につき控訴人において手直工事を求めるクレームがあつたにすぎないこと、この時期における控訴人の入居は控訴人において「正月は新居で迎えたい」と希望し被控訴人においてそのように取り運んだものであることが認められ、（……）そして、（……）昭和54年12月末ごろ、控訴人は正式な引渡証の交付を受けなかつたけれども、被控訴人から任意に本件建物の占有ないし実力的支配の移転を受けてその引渡を受けたことが認められ［る］（……）。

本件請負工事契約では竣工検査後に残代金240万円を支払う旨の定めがあることは当事者間に争いがないが、（……）昭和55年8月末頃福島洋志の竣工検査合格の承認に相当する行為があつたと認められ［る］。（……）

したがつて、竣工検査未了を理由に本件請負代金の支払義務がない旨をいう控訴人の当審附加主張2（3）は採用できない。」

---

95) 東京地判昭 49・2・7 判時 749・78。
96) 下村正明「判例批評」法時58巻10号122頁。

建築請負契約において近時，瑕疵修補義務ないしこれに代わる損害賠償義務と報酬支払義務との間の同時履行関係に関して問題になりつつある[97]。この抗弁権は厳密な意味での対価的均衡を保障するものではなく，判例もしばしばそれを明言するが，仕事完成という請負人の本質的債務と関わるものであり，対価的契機を軽視することはできない。しかも損害賠償請求権の場合には，いずれも金銭債権となるから，相殺が可能か問題になる。この点については後述する。

5 有償委任

有償委任契約ないし有償寄託契約における受任者ないし受寄者の報酬請求権の対価的債務が委任事務の履行ないし受寄物の保管であることはいうまでもないが，これらの契約も請負や賃貸借等と同様，異時履行契約であり，両給付は性質上同時履行の関係にはない。受任者が委任業務の遂行上取得した物や，受寄物については留置権（これらの者が商人であれば商事留置権）を有するから，報酬請求権を確保することは容易である。しかし，通説は同時履行の抗弁権も認めて，報酬支払の提供のないかぎり，委任業務の遂行を拒絶できると解しており，判例もこれを支持している（【74】）。委任上生じた物の引渡義務が問題となる場合においては留置権が成立するが，留置権の跛行性は受任者ないし受寄者の報酬支払を請求した場合に明らかであり，相手方が占有物件の引渡との引換履行を求めることができることに同時履行の抗弁権を認める重要な意義があるといえよう。ただしこれに関する裁判例は現在まで現れていない。

【74】 大判明36・10・31民録9・1204

[判旨] 棄却 「民法第665条ニ依リ寄託ニ準用サルヘキ同法第648条第2項ニ所謂「受任者カ報酬ヲ受クヘキ場合ニ於テハ委任履行ノ後ニアラサレハ之ヲ請求スルコトヲ得ス」トハ受任者カ其委任セラレタル法律行為ヲ為シタル後仮令ヘハ売買契約締結ノ委任ヲ受ケタル場合ニ於テハ第三者ト其売買ヲ締結シタル後ナラサレハ報酬ヲ請求シ得サルトノ趣旨ニシテ委任者ニ対スル一切ノ義務ヲ履行シタル後ニアラサレハ其請求ヲ為シ得サルトノ趣旨ニアラス而シテ委任者カ受任者ニ対スル報酬支払義務ノ履行ト受任者カ委任者ニ対スル義務ノ履行トニ関シテハ双務契約ニ関スル法則ニ従ヒ委任者カ其義務ニ属スル報酬ヲ提供スルマテハ自己カ委任者ニ対シテ負担スル義務ノ履行ヲ拒ミ得ルモノニシテ従テ有償寄託ノ場合ニ於ケル受寄者モ寄託者カ其約シタル報酬ヲ提供スルマテハ寄託物ノ返還ヲ拒ミ得ルモノナ［リ］」

6 継続的供給契約

(1) 代金債務の不履行

電気・ガス・水道等の公共財や新聞雑誌の定期購読等，一定の種類の財貨を一定期間継続して供給する契約において代金は定期的に

[97) 下級審裁判例として，東京地判昭38・4・18判タ147・141，東京高判昭47・5・22下民集23・5-8・260，東京高判昭51・6・29金商513・40，大阪高判昭56・3・6判時1015・137。

第2節　対価的債務

支払われる。すなわち，代金は各期に給付された目的物の対価としての性格を有している。その点で，賃貸借契約に類似するが，代金支払は後払いで，売主は各期について先履行義務を負担するのが原則である。したがって買主が前期分の代金を支払わない場合に，売主はそれを理由として当期分の供給を拒絶することができるか問題となる。厳密には両給付は対価関係に立たないから，同時履行の抗弁権を行使できないはずである。しかし，学説は理論構成はともあれ，そうした結論を採る者はいない。これに対して，初期の判例には傍論ながら木材の売買契約において売主が一部を引渡したが代金を受領しないまま，買主から残部の引渡を求められた場合に，引渡済みの分についての代金未払を理由に残部の引渡を拒絶できると判示したものがある（前出【4】）が，そこでは，継続的契約ではなく1個の売買契約という法的構成において抗弁権が捉えられており，いわばこの問題に関する前駆的位置を占めるものであった。継続的供給契約そのものにおける抗弁権についてのリーディング・ケースは，次の【75】である。

木を他に売買して得た代金中一定の割合で時々決算し相殺するほか，Yの契約上の義務不履行のときは，Xは未回収の貸金全部および違約金の支払を請求できる旨の特約がなされた。昭和3年5月にいたり，XはYからの製炭の引渡がないことを理由に前記金額の支払を求めて本訴を提起した。これに対して，YはXに対して融通を求めた事業資金の提供がないために引渡を拒絶したものであって，債務不履行はないと主張した。原審がYの抗弁を容れたので，X上告。

［判旨］　棄却　「双務契約ニ於テ一定又ハ不定ノ期間当事者ノ一方カ一定ノ種類ノ物品其ノ他ノモノヲ定期又ハ随時ニ給付シ相手方カ之ニ対シテ反対給付ヲ為スコトヲ約スルハモトヨリ単一ナル契約ニシテ之ヲ以テ数個ノ独立ナル契約ノ偶々結合セラレタルモノト見ル可キニアラサルカ故ニ其ノ1回ノ給付ノ不履行ハ全部ノ契約ニ対スル一部ノ不履行トナルモノト云フ可ク従テ各当事者ハ相手方ノ前期ノ給付ニ対スル債務ノ不履行ヲ理由トシテ後ノ時期ニ於ケル自己ノ給付ニ付同時履行ノ抗弁権ヲ有スルモノトス」

同時履行の抗弁権を認めた本判決の趣旨はその後繰り返され[98]最高裁でも次の判決で【76】踏襲され確定した判例理論となった。

【75】　大判昭12・2・9民集16・33

［事実］　Yは国有林である本件山林を買い受けて製炭事業を経営していたが，買入資金をXから受けた関係で，大正15年9月立木の伐採，製炭のうえ随時Xに引き渡すこと，Xの側はこれに応じて事業資金を供給することを約した。この契約において請負報酬はXが引渡を受けた立

【76】　最判昭42・6・29判時494・41

［事実］　Yは昭和24年9月Xとの間で，Y製造の低乾中油を加工精製して毎月最低100トン供給する契約を締結し，乾点に応じた単価をトン当り17,000円または18,000円と約定して，Xから保証金250万円を受領した。しかし，Yは同年11月から翌25年5月までの間合計119

---

98) 大判昭12・10・30新聞4209・13，大判昭15・10・1判決全集7・35・10。

第2章 同時履行の抗弁権の成立要件

トン余の油を供給したにすぎなかったので，Xは同年8月書面により契約所定の数量を供給すること，不履行の場合は契約を解除する旨の催告および条件つき解除の意思表示をなした。Yはこれに応じなかった。そこでXはYの不履行によって右油の転売利益等の損害を被ったとしてその賠償を求めた。これに対してYは同時履行の抗弁権を有しているから前期の供給に対するXの代金不払があるまで履行遅滞にならないとして争った。

[判旨] 破棄差戻 「ところで，本件契約がいわゆる継続的供給契約の一場合に属し，この契約においては，各当事者は相手方の前期の給付に対する債務の不履行を理由として，後期における自己の給付につき同時履行の抗弁権を有するものと解すべきことは，原判示のとおりであり，このような同時履行の関係にある場合には，反対給付をしないでした履行の催告は，相手方を遅滞に陥らしめることはできず，従って，そのような催告に基づいてなした解除の意思表示は，効力を生じないものと解すべきである（最高裁判所昭和27年（オ）第893号同29年7月27日第3小法廷判決，民集8巻7号1455頁参照）。この理は，上告会社の債務の履行について前記のような事情がある場合でも同様であって，相手方が単に同時履行の抗弁権を行使しないで，後期の債務の一部の履行を続けたからといって，直ちにこれを同時履行の抗弁権の放棄とはなし難く，他に該抗弁権を放棄したとみうる特段の事情の認められないかぎり，反対給付をしないでした履行の催告は，附遅滞の効力を生じないと解すべきである。」

ちなみに継続的取引関係の存在する場合に，厳密な意味での単一の契約関係を必要とすべきか，継続的取引関係があるにすぎない場合でもよいか問題であるが，次の下級審判決は必ずしも契約の存在を要求しないとする点で注目すべきであろう。

【77】 東京高判昭50・12・18判時806・35

[事実] Xは欧文図書の印刷製本を主たる業務とする株式会社であって，Yとの間で，昭和47年5月から，隔月発行の雑誌の印刷製本の取引が開始された。Xは右雑誌を昭和47年7月末日発行予定の5・6月号については同年9月21日に，同年9月末日発行予定の7・8月号については同年11月21日に，それぞれ印刷製本のうえ納入した。ところが次の9・10月号については，当初の納入予定が同年11月29日のところ，実際には同年12月7日に納入された。当初の予定よりも遅れたのは，本件取引に際しては納入後すみやかに代金を支払うとの約定がなされていたにもかかわらず，Yが納入ずみの5・6月号および7・8月号分の代金を支払おうとしないため，印刷製本は予定日までに完了していたが，被控訴人においてその納入を一時的にストップして代金を支払うよう折衝していたことによるものであった。Xからの代金支払請求に対して，YはXの納入義務違反を理由とする契約解除を主張した。原審はXの請求を認容し，本裁判所も次のように判示して控訴を棄却した。

[判旨] 「納入ずみの5・6月号および7・8月号分の代金債務と9・10月号の納入義務とは，それ自体は別個の法律行為によって生じたものであるが，同一雑誌の印刷製本という継続的取引から生じた相互に密接な関連を有する債務であるから，その履行についても一定の牽連関係があるのは当然であって，控訴人がすでに期限の到来した代金債務の履行をしない以上，被控訴人は，右代金債務の履行があるまで，のちに期限が到来した納入義務の履行を拒みうると解

することが，継続的取引契約の趣旨に合致し，かつ，当事者間の衡平に適するからである。」

(2) その他の債務不履行

継続的供給契約においてはこうした場合以外に，当事者（主として売主）の側からの履行拒絶権を承認すべきか問題となる。これには2つの態様が考えられる。

第1は，相手方の債務不履行（代金不払以外の）がある場合である。当事者は個別の給付に対応する部分の反対給付を拒絶するにとどまらず，以後の給付（出荷）を停止することができるかである。これは，契約関係を全面的に解消させようとする趣旨でなされる場合（告知）もあるが，ここでは一時的に給付を拒絶するにすぎない場合を問題とする。

この場合，同時履行の抗弁権を両給付の厳格な対価的均衡の保障を目的とする制度としてではなく，広く契約関係における相手方の債務不履行に対するディフェンス（履行拒絶権）として捉えるならば一般原則として承認することができよう。ただし，対価的均衡を欠いているにもかかわらず拒絶権を与えるのであるから，その行使が信義則に合致したものでなければならないのは当然であろう。たとえば，商品の引渡に関する運送費の不払を理由として将来の商品の出荷を差し止めることは許されず，債務不履行責任を免れない[99]。義務違反が重大で契約関係の存在を危殆ならしめるような場面で抗弁権が認められたものとして，次のような裁判例がある。

(イ) 再販売価格維持義務違反

【78】 東京高判昭42・5・25下民集18・5＝6・556

［事実］ Xは石油等の販売を業とする会社であり，Yに対し各種重油等石油類を代金月末払の約で売り渡し，同日現在で金240万円余の売掛代金債権を有している。YはA大学との間で，A大学病院にB重油約1,200キロリットルを1リットル当り金7円60銭で納入する旨の物品供給契約を結び，同時にXに対し右契約の締結を報告してXから右納入に要するB重油を1リットル当り金7円で供給する旨の約定を取り付けた。YがA大学との間で物品供給契約を結んだ当時石油業界は廉売競争の影響で市況が非常に悪化し，石油類の価格が極めて不安定であったので，石油業法が制定され，数日中にも同法に基づき石油製品の販売価格の標準額が告示される予定であった。そこでXがYに対しA病院に納入すべき甲重油の供給を約した際，XとYとの間で販売標準価格が告示されたときは，これに従いXがYに売り渡す甲重油の価格及びYがA病院に納入する甲石油の価格を改定する旨約した。ところが，右標準額の告示後，Xは価格の改定を要請したが，交渉が進捗せずYは従来どおりの価格で甲重油の納入をしていたので，Xは供給を打ち切った。

［判旨］ 「XがYに対しA病院に納入すべき甲重油の供給を打つ切つたのは，YがXとの間における標準販売価格が告示されたときはこれに従い取引価格を改定するとの約定に反し，昭和37年11月10日右価格が告示されたにも拘わらず，取引価格，就中A病院に対する納入価格を改定しなかつたことにそもそもの原因があつた

---

99) 東京地判昭47・5・30判タ283・274。

ことが明らかである。そして，XのYがA病院に納入する甲重油を供給するという債務は，YのA病院に対する納入価格を改定するという債務とは互に対価関係に立つものではないけれども，右認定のように石油業界においては系列化の進んだ特殊の取引関係が存在するのであるから，YがXに対するいわゆる再販売価格維持の右債務を履行しなかつた結果，これによってXはメーカーであるA石油からYがA病院に納入すべき量に見合う甲重油の出荷を減少させられ，Yに対するその供給を停止せざるを得なくなつたものであり，（Yに対する供給を継続するときは，自己の保有しY以外の末端販売業者に対し供給すべき量に不足を生ずるであろうことは見易き道理である），加うるにYとX間の取引価格は当然標準販売価格に従い改定されることとなるのであるから，YのA病院に対する納入価格が改定されないかぎりYがその納入を継続することは採算を無視することになり，いきおい損失が累積し，ひいてはXに対する代金債務の支払もまた円滑を欠くに至るべき懼が充分存在し，Yに対し甲重油の供給を継続することは一つの危険を冒すものにほかならないものと認められるのであつて，ひろく債権関係を支配する信義誠実の原則に照らして考えるとき，以上のような事情のもとにおいてXはYに対しA病院に納入する重油を供給すべき債務の履行を拒絶するについて正当の事由を有するものであり，したがつて債務不履行の責を負わないと解するのが相当である。すなわちYが自らのXに対する債務を履行しないでXの債務の履行を困難ならしめる原因を作りながら，一方的にXの責任を追求するのは信義誠実の原則に反するものといわなければならない。」

㈡　不完全履行

【79】　大阪地判昭47・12・8判時713・104，判タ298・395

　[事実]　Yは流し台，調理台等の製造販売業者であるが，Xとの間でその製品に取り付けるシンクを，代金毎月20日締切，翌月20日，165日後満期の手形で支払う旨の条件で，継続的に買い受ける契約を締結した。しかしその後Xは，Yに代金不払の遅滞があったとして3カ月間にわたる出荷制限をした後取引を全面停止し，代金支払を訴求するにいたった。これに対してYは出荷制限，取引停止の債務不履行によって損害を被ったと主張してXに対する損害賠償請求権を自働債権とする相殺の抗弁を提出した。
　[判旨]　「本件のような商品の継続取引関係においては，一旦売買は，買主から注文を請けた場合でも，その後に買主の側において右取引関係上要求される信頼関係を破壊する事情が生じた場合には，売主が右注文を請けた商品の出荷をそれ相当の範囲において停止したとしても，その出荷停止には相当の理由があり，それゆえ，右出荷停止という債務不履行に違法性はない，といわなければならない。
　しかしながら，本件においては右の信頼関係の破壊があったことを認めることができない。すなわち，《中略》Y会社の使用する流し台のシンク等のように一式揃わなければ各台の製品として完成できない場合には，注文品のうち一部の未納品があり，それによって製品としての完成ができないときは，注文品全体について不完全履行の状態にあるものというべく，これに対しY会社が代金の全部または一部を支払わなかったからといって，その代金不払に違法性があるとはいえない。それゆえY会社の前記各代金不払には違法性がない。そうすると，Xの昭

和44年7月から9月まで出荷制限（一部停止）には結局のところ相当の理由がないことになり，その債務不履行は違法であるというほかない。」

(ハ) 類似商品の販売

【80】 東京地判昭55・7・14判タ433・111

［事実］ XはYと昭和50年4月頃より取引を始め，YはXが販売する袋詰海苔巻きあられ「若潮」等を仕入れ，これをスーパー等に卸売していた。X商品は年末には売上げが伸びるが，年末の需要期に品不足が生じ，Yの需要に応じきれず，また，Yの卸売先にはスーパーが多く，これらの卸売先はときどき特売を行い，その際には普通の売値より安い値段を指示してくるが，Xはメーカーでなく，他より仕入れて販売しているので，値幅が少なく値引の要求になかなか応じなかったので，YはX商品「若潮」と類似する他の安い商品を扱う必要が生じ，昭和53年11月頃からXに無断で類似の安い袋詰海苔巻きあられ「大海苔」を他から仕入れ販売することになった。Xは昭和54年2月24日になってYの横浜支店でX商品と類似する商品「大海苔」を発見し，Yに対し「大海苔」の販売を中止するよう要求した。しかし，Yは調査して返事をするというだけでそのまま「大海苔」の販売を継続し，誠意ある態度を示さなかったので，XはYに対し同年3月14日販売の中止を申入れ，商品の出荷を停止した。YはXから出荷を停止されたので，やむをえず同3月以降他から同種商品を仕入れ販売を行っている。Xは売掛残代金の支払を請求し，YはXの出荷停止を債務不履行として被った損害の賠償請求権でもって相殺すると抗弁した。

［判旨］「Yが年末の需要期の品不足と卸売先のスーパーストアの特売用の値引指示に応じるために他からの安い同種商品を仕入れる必要のあつたことは認められるが，YがX商品と他の安い類似商品とを年中同時に扱うのをそのまま容認することは，X商品の売行きに悪い影響を与えることは容易に推認できることであり，そしてXがその商品の売上の先細りについて危惧を抱くのはもつともなことであるといえる（Yは，類似商品の販売はX商品の売上げに全く影響がないばかりか，かえつてX商品の品不足を補充しその売上げを高めるためには必要なことであると主張するが，このことを認めるような証拠は存在しない。）それで，Xが昭和54年2月26日にYに対し類似商品の販売の中止を要求し，Yがこれに対し誠意のある措置をとらなかつたので，Xは翌月14日に販売の中止を申入れ出荷を停止したものであり，このXのとつた行為は，売主の一方的な取引の中止ではなく，また売主側の選択として是認できることであるので，このXの行為をもつて債務不履行に当るということはできない《中略》，XがYとの取引の先行きを憂慮して取引を中止したのは，前述のとおり売主側の選択として是認できることであつて義務違反ではないといえる。）」

第2が契約の相手方に信用不安が生じた場合である。これは第1の場合の一局面というべきものであるが，いわゆる不安の抗弁権の問題とオーヴァー・ラップするので後述する。

第3節　弁済期の到来

1　原　則

(1)　一　般

民法533条但書によれば，相手方の債務が「弁済期ニ在ラサルトキ」には同時履行の抗弁権を行使しえない。弁済期未到来であれば，先履行関係が生じると考えられるからである。しかしこの要件は多くの問題点をはらんでいる。

第1に，双務契約の中でも賃貸借，請負，有償委任，有償寄託等多くの契約では性質上対価的給付の交換的履行が不可能であり，特約なきかぎり対価支払が後履行とされているから，同時履行の抗弁権は行使できないはずである。しかし，これらの場合でも対価的給付そのものではなく，それと関連する付随的給付（たとえば，請負人の仕事完成の結果としての引渡）と代金支払と同時履行関係に立たせることは論理的に可能であり，これまでみてきたように，533条を適用するのが通説・判例である。

第2に，性質上対価的給付の交換的履行が可能である契約である場合には，履行の先後につき特約がないかぎり，当事者双方が同時に履行すべきことは当然であろう（【81】）。

【81】　大判明29・6・19民録2・6・62

［判旨］　破棄差戻　「双務契約ニ於テ相互ニ給付ヲ為スヘキ順序ニ関シ殊ニ約定ヲ為ササルトキハ当事者双方カ同時ニ履行スヘキモノナルヲ以テ原告ニ於テ躬ラ其義務ヲ履行セス又ハ履行ノ提供ヲ為サスシテ単ニ対手方即チ被告ノ義務ノミ履行ヲ要求シ得可キモノニアラス如何トナレハ自己ノ義務ヲ其儘ニ措キ只被告ノ義務ノミ履行ヲ求ムルトキハ被告ヨリ其請求ハ契約ノ旨趣ニ抵触スルモノトシテ対抗セラレ可ケレハナリ」

次の判決（【82】）は，物品が着駅の上代金支払期日が到来するというだけでは両者は同時履行の関係にない，と判示した判決を破棄している。商品到着によって代金支払との同時履行関係が可能であるから，性質上可能であるかぎり，同時履行関係を認めるべきであり，これを否定するより積極的な理由（特約等）を必要とする趣旨と解せられよう[100]。

【82】　大判大12・11・20評論13民事訴訟法230

［判旨］　破棄差戻　「原判決ハ証言ト証書トニ依リ本契約ハ枕木ヲ福岡駅並金田一駅ニ着駅ノ

---

[100] たとえば，材木の売買において，買主が材木を一定場所に搬出し売主がその場に立会い検尺の上これを買主に引き渡すという約定がなされている場合には，搬出が先履行になるから，売主の履行提供なきことを理由に代金支払を拒絶できないとした裁判例（大判昭8・10・19法学3・335）がある。

第3節　弁済期の到来

上被上告人ニ於テ代金支払ノ履行期カ到来スルモノニシテ物品ノ授受ト代金ノ支払カ同時ニ履行期ヲ招致スルモノニアラサルコト明瞭ナリト判示シ以テ上告人ノ同時履行ノ抗弁ヲ排斥シタルモ右ノ如ク単ニ着駅ノ上代金支払期カ到来スルト云フノミニテ物品ノ授受ト代金ノ支払トカ如何ナル関係ニ於テ履行セラルヘキモノナルヤヲ説明スル所ナキカ故ニ所謂着駅ノ上ナル文詞ノ意義不明確ニシテ果シテ原判決ノ如ク物品ノ授受ト代金ノ支払トカ同時ニ履行期ヲ招致スルモノニアラサルコト明瞭ナリト称スルニ足ルヤ否ヤヲ知ルニ由ナク結局理由不備ノ不法アルモノニシテ此ノ点ニ於テ原判決ノ破毀ヲ免レサルモノトス」

　ところで，民法573条は売買契約において目的物の引渡期限が定められているときは代金支払も同一期限と推定するが，この場合には同時履行関係があると考えられる[101]。これに対して，代金支払期限のみが定められている場合や，引渡・代金支払のいずれも期限の定めがない場合については明文の規定がない。これに関する裁判例は見あたらない[102]が，民法573条が類推適用されて，同一期限と解すべきであり，それゆえ同時履行関係が推定されるべきであろう[103]。

　しかし，一方の債務が先履行義務かまたは双方の債務が同時履行かを，弁済期の先後関係のみで決定することができないことはいうまでもない。抗弁権の成否は当該契約の趣旨や取引慣行，当事者の意思解釈によって決まるといわなければならない。

　判例は，所有権移転登記と代金支払との関係につき，「残代金ハ所有権移転登記済ト同時ニ其登記済証ト引換ニ支払ヲ為スヘキ約旨」は文言上は登記手続が先履行であるように見え，買主もそのような主張をしたが，大審院は次のように述べて，登記との同時履行関係を肯定した。

【83】　大判大 7・2・2 民録 24・245

　[判旨]　棄却　「不動産ノ売買ニ於テ売主ノ義務ニ属スル所有権移転ノ登記ハ売主買主双方ノ申請ニ基キ登記官吏カ登記簿ニ所要ノ事項ヲ記載シテ其手続ヲ完了シタル後売買証書ニ登記済ノ旨ヲ附記シテ之ヲ下付シ買主カ之ト引換ニ代金ヲ授受スルヲ以テ取引ノ常態ト為スニ鑑ミルトキハ其登記手続ノ完了ト代金授受トノ間ニハ時間上ノ前後アルコト勿論ナリト雖モ斯ノ如キハ取引ノ実際ニ於テ已ムヲ得サル所ニシテ売主カ登記ニ因リテ所有権移転ヲ完全ナラシメ買主カ之ニ対シテ代金ヲ支払フ法律上ノ観察ニ於テ

---

101)　東京控判大8・1・21 評論8民法71。ただし，厳密には同一期限すなわち同時履行関係と理解すべきではない。同一期限であっても「引渡後支払う」ことは論理的に可能であり，両者は平面を異にする問題である。
102)　ちなみに，大判昭9・7・7 裁判例(8)民179は，火薬類営業譲渡契約において，譲渡人は譲受人の請求があれば営業免許を受けるのに必要な証明書を交付する義務があることが定められ，かつ譲渡代金は一定期日に支払うべきことが定められているときは，証明書交付義務と代金支払義務は同時履行の関係にない，と判示して，証明書交付と代金支払との同時履行を命じた原判決を破棄している。
103)　結果同旨，柚木＝高木・新版注釈民法(14)［1994年］416頁。

第2章　同時履行の抗弁権の成立要件

ハ之ヲ以テ売主買主双方ノ債務カ同時ニ履行セラルルモノト謂フコトヲ妨ケサルヲ以テ原院カ残代金ハ所有権移転登記済ト同時ニ其登記済証ト引換ニ支払ヲ為スヘキ約旨ナリシ事ニ付キ当事者間争ナキニ拘ラス乙第1号証ノ第3条ヲ援用シテ係争売買ノ当事者ハ同時ニ各自ノ債務ヲ履行スヘキ約旨ナリシ事ヲ判示シタルハ相当ニシテ論旨ニ援用セル当院ノ判例ハ本件ニ適切ナラス」

　これに対して，商品の引渡と代金支払の双方の弁済期が同時期で，引換履行が一見可能であっても，商品検査手続が取引上重要な意味を有するときは，同時履行関係が否定されることがある。

【84】　大判大11・10・10新聞2059・21，評論11民法941

　［判旨］　破棄移送　「石炭ノ引渡ハ売買当事者双方立会ノ上数量ヲ検シ売主ニ於テ買主ノ準備セル帆船又ハ艀船ニ積込ミ之カ引渡ヲ為スモノニシテ其ノ積込ヲ終ルト同時ニ其ノ部分ノ履行完了スルモノナルコトハ現ニ原院カ争ナキ事実トシテ確定シタル所ニシテ，此ノ事実ヨリ観レハ売主ニ於テ石炭ヲ船ニ積込ミ引渡ヲ完了シタル後ニ非ザレバ果シテ幾許数量ノ石炭ガ積込マレタルカヲ知リ得ザルモノノ如ク，従テ売主カ石炭ノ積込即チ引渡ヲ完了スルニ先チテ売主ヨリ代金ヲ提供スルコトハ不可能ナラザルカノ疑ナシトセザレバ石炭ノ積込ヲ終リタル後直ニ又ハ積込ヲ終ルト同時ニ代金ヲ支払フベキモノナリトノ文辞又ハ供述ヲ以テ直ニ石炭ノ引渡ト代金ノ支払トハ引換ニ履行セラルベキコトヲ意味スルモノト解スルコトモ果シテ右事実トノ間ニ調和ヲ得タルモノト謂ヒ得ベキカ惑ナキ能ハズ，

是ニ由テ之ヲ観レハ原院ノ援用シタル前記ノ書証及証言ハ引換履行ヲ確証スベキ価値ナキモノニシテ原院カ之ニ依リテ引換ニ双方ノ債務ヲ履行スルコト売買当事者ノ約旨ナリト認定シタルハ適切ナラザル証拠ニ依リテ事実ヲ確定シタルノ違法アルモノト謂ハザルベカラズ」

(2)　履行の場所
(イ)　原　　則

　民法574条は同時履行関係がある場合には，代金支払場所は引渡場所と同一地と規定するが，履行地が相違するからといって，ただちに同時履行関係が否定されるわけではない。次の判例もこのことを次のように判示している。

【85】　大判大14・10・29民集4・522

　［事実］　土地の売買契約で残代金の支払と同時に所有権移転登記手続をすべき旨の合意がなされたが，代金支払場所が登記手続地と2里以上離れた別個の第三者の住所地であったので，売主は，代金支払と登記手続との同時履行は不可能であり，「同時トハ双方ノ債務ヲ引換ニ履行スヘキ意味ニ非ス買主タル被上告人ニ於テ先ツ登記所以外ナル前記ノ場所ニ於テ代金及利息並登記費用ヲモ支払ヒタル上所有権移転登記ノ手続ヲ為スヘキ」意味であると主張した。

　［判旨］　棄却　「双務契約ノ当事者カ同時ニ其ノ負担スル義務ノ履行ヲ為スニハ必スシモ其ノ履行ノ場所カ同一ナルコトヲ要スルモノニ非ス何トナレハ其ノ履行ノ場所ヲ異ニスト雖各当事者ハ代理人ヲ任設シ其ノ場所ニ於テ履行ニ必要ナル行為ヲ為サシメ履行ノ方法ニ付交渉ヲ要スル事項アラハ予メ之カ交渉ヲ遂ケ以テ履行ノ準備ヲ為スニ於テハ同時ニ即交換的ニ履行ヲ為ス

コトヲ得ヘケレハナリ」

　これに対して隔地者間取引で，売主が目的物を一定の場所に送付して積出証明書と引換に代金を支払うべき場合には，判例は，原判決が「積出ハ被控訴人（被上告人）ノ目的物引渡義務ノ履行ニ必要ナル準備行為ノ一部ニ過キスシテ被控訴人ハ目的物引渡ノ義務以外ニ特ニ之カ積出ノ義務中略ノ負担ヲ約シタルモノ」ではないとしたのを破棄して売主の側の積出の先履行義務を認めた。

【86】 大判大 10・6・25 民録 27・1247

　[事実]　東京に住むYが大阪のXとの間で物品売買契約を締結したが，第１次契約は目的物の引渡場所は大阪湊町駅，東京積出期間は大正７年８月中，第２次契約は目的物の引渡場所は大阪船上，東京積出期間は大正７年９月と定め，積出証明書交付と同時に代金の一部を支払うべきことを約した。しかるにYは期限中に東京積出をしなかったので，Xは催告の上契約解除をした。原審は積出をしないのみでは目的物引渡債務の不履行とはいえないとして，解除を無効とした。X上告。

　[判旨]　破棄差戻　「隔地者間ノ売買ニ於テ其目的物ノ引渡場所ヲ買主ノ住所所在地内トシ一定ノ時期ニ売主ノ住所地ヨリ其引渡地ニ向ケ目的物ヲ発送スヘキコトヲ契約シタルトキハ該売買契約ニ基ク目的物引渡義務ノ履行期ハ其約定ノ時期ニ発送シタル場合ニ通常引渡地ニ到達スヘカリシ時期ニ在ルモノトナササルヘカラス故ニ右ノ如キ旨趣ノ契約ニ因リテ売主タリタル者ハ目的物ヲ約定ノ時期ニ発送スルコトヲ要ス然ラサレハ目的物ハ約定ノ時期ニ発送シタル場合ニ通常引渡地ニ到著スヘカリシ時期ニ到著セ

サルヲ以テナリ爰ヲ以テ右約定ノ時期ニ目的物ヲ発送セサリシ売主ハ其契約上ノ義務ノ違背ヲ免レサルト同時ニ斯ノ如キ場合ニ於テハ特別ノ事情ナキ限リハ売主ニ義務ヲ履行スルノ意思ナキモノナルコト自明トスルヲ以テ売主ハ遅滞ノ責ニ任セサルヘカラス本件ニ於テ原判決ノ確定スル所ニ依レハ当事者間ノ第１次売買契約ノ目的物ノ引渡場所ハ大阪湊町駅東京積出期限ハ大正７年８月中又第２次売買契約ノ目的物引渡場所ハ大阪船上東京積出期限ハ同年９月中ト定メタルモノナレハ本件売買ノ目的物引渡期限ハ遅クトモ前者ニ付テハ大正７年８月末日又後者ニ付テハ同年９月末日東京ヲ発送シ通常大阪ニ到著スヘカリシ時期ナリト為ササルヘカラス従テ本件ニ於テ売主タルYニ於テ前記時期ニ目的物ヲ東京ヨリ積出ササルトキハ当事者ノ予期シタル時期ニ引渡ヲ為スコトヲ得サル結果ヲ生スルヲ以テYハ前示法則ニ照ラシ義務不履行ノ責ヲ免レサルモノトス」

　㈢　荷　為　替

　荷為替取組については問題がある。荷為替約定の内容が荷為替による代金支払を，支払義務および支払請求の必須的方法とする場合には，売主がまず荷為替を取り組むのが先履行となるから，荷為替手形が買主に送付されなければ，買主の代金支払の弁済期は到来しない。

【87】 大判昭 10・6・25 民集 14・1261

　[事実]　荷為替取引の約で米の確定期売買契約をしたが，売主（Y）が約定期日までに発送をしなかったので，買主（X）が契約を解除して損害賠償を求めた。Yは荷為替取引においても民法533条の適用がありと抗弁し，原審がこ

れを容れたのでXは上告。

[判旨] 破棄差戻 「斯ル為替取引ニ於テハ買主ハ売買ノ目的物及之ニ対スル荷為替カ約定ノ場所ニ到達シタル時ニ於テ為替金ノ支払ヲ為シ貨物引換証ノ交付ヲ受ケ之ニヨリテ買受物品ノ引渡ヲ受クルモノナルヲ以テ売主ニ於テ買主ニ代金ノ支払ヲ為サシメンニハ先ツ荷為替ノ取組ヲ為ササルヘカラス此範囲ニ於テハ売主ニ先行ノ責アリ約定期間内ニ目的物ノ発送並荷為替ノ取組ナキ限リ当然売主ニ遅滞ノ責任ヲ生スヘク別段ノ特約ナキ限リ右効果ヲ発生セシムル為買主ニ於テ荷為替支払以外何等カノ方法ニヨル代金ノ提供ヲ為ササルヘカラスト云フコトナシ然ルニ原審カ本件売買ハ荷為替取引ノ約ナルコト及Y（売主）カ目的物ヲ発送セス従テ荷為替ノ取組ヲモ為サスシテ約定期間ヲ徒過シタル事実ヲ認定シ乍ラYカ代金ノ提供ヲ為ササリシトノ理由ニヨリYニ遅滞ノ責任ナキモノトシ以テYノ請求ヲ棄却シタルハ不当ニ法律ヲ適用シタル違法アルモノト云フノ外ナシ」

同趣旨の判決例として，大判昭13・5・19新聞4285・17，大判昭6・10・7法学1上・373がある。

これに対して，荷為替約定の内容が，荷為替取組を代金支払方法の1つとして約束したにすぎない場合には，荷為替を組むか否かは売主の自由であるから，買主の代金支払義務の弁済期は荷為替取組の有無にかかわらず，本来の約束された期日に到来する。したがって，代金支払と目的物引渡は同時履行の関係に立つと考えられる。

【88】 大判大9・12・17民録26・1944

[判旨] 破棄差戻 「荷為替ノ場合ニ於テ荷受人カ先ツ為替手形ノ金額ヲ支払ヒ貨物引換証ノ交付ヲ受ケ之ヲ運送人ニ呈示シテ貨物ノ引渡ヲ求ムルノ順序ヲ経サルヘカラサルハ荷為替ニ依ル取引ノ性質上然ルモノニ過キス故ニ物品売買ノ当事者カ荷為替ニ依リ代金支払ハルヘキコトヲ約シタル場合ト雖モ実際荷為替ニ依ラスシテ代金支払ハルヘキトキハ荷為替ノ関係存セサルヲ以テ当事者間ニ特別ノ意思表示アルニ非サル限リ買主ハ売主ニ対シ民法第533条前段ノ規定ニ従ヒ同時履行ノ抗弁ヲ提出スルコトヲ得ルモノト謂ハサル可カラス蓋シ売買ノ当事者ハ荷為替ニ依ルヘキ場合ニ付キ如上ノ約束アルニ拘ハラス実際荷為替ニ依ラスシテ代金ノ支払ハルヘキ場合ニ於テハ反証ナキ限リ当初ヨリ双務契約本来ノ性質ニ基キ給付義務ノ交換的履行ヲ要求シ得ルコトヲ予期セルモノト認ムルハ当然ノ事ナルヲ以テ如上ノ約束アルノ一事ヲ以テ直ニ同条所定ノ原則ニ異ナリタル特別ノ意思表示アリタルモノト推定スルコトヲ得サレハナリ」

(3) 特殊な事例

やや特殊なものとして，担保付建物につき借地法上の建物買取請求権が行使された場合がある。前述のように，建物買取請求権の行使により生じる買取代金の支払と建物および敷地の引渡が同時履行の関係に立つとするのが判例であるが，担保権が実行されれば，賃貸人は取得した建物の所有権を失うことになる。そこで，この場合には民法577条を類推適用して賃貸人は代金支払拒絶権を主張できるとするのが判例である[104]。

民法576条および577条の代金支払拒絶権は，買主が支払うべき代価に見合った価値の財貨を取得できないことに対する防御手段であり，対価的相互性の法的保護の現われである（広い意味での契約不履行の抗弁権の一形態

である)。その意味では同時履行の抗弁権と同一の作用をもつ,2つの抗弁権と同時履行の抗弁権との相互関係が,下級審裁判例において問題になった。

【89】 仙台高判昭33・6・30下民集9・6・1225

[事実] 本件宅地はもと訴外Aの所有であったが,訴外Bが大正15年頃本件宅地をAから非堅固建物所有の目的で存続期間の定なく賃借し,本件建物を築造所有していた。本件建物はBから転々譲渡されて,現在はYがその所有権を取得している。XはAから本件土地を譲り受けて所有権を取得し,Yに対して建物収去土地明渡を求めた。第1審裁判所はYの借地権のあることを肯認したが,裁判所は借地権譲渡に関するAの承諾を得た証拠は認められないとして,これを否定。Yは仮定的抗弁として建物買取請求権を行使したが,本件建物には買取請求権行使前にYにより3個の抵当権が設定されていた。Xはこれを捉えて建物買取請求権の行使は権利濫用であると主張。しかし裁判所は1審において本件建物がYの所有に属し,その敷地につきXに対抗し得る借地権のあることの判断が一応出ており,Yが本件訴訟の経過において本件建物を自己の所有であると信じて疑わなかったことは首肯できないわけのものではない,としてXの主張を退けたが,同時履行の抗弁権については次のように判示した。

[判旨] 取消 「右買取請求権の行使により本件建物につき昭和28年11月4日X(買主)とY(売主)との間に代金831,000円をもって売買契約が成立したというべきであるから,YはXに対し本件家屋を明け渡すとともにこれにつき右売買による所有権移転登記をする義務があるわけである。この点につきYはXの負担すべき前記買取代金債務に対し同時履行の抗弁と留置権をもつて抗争するけれども,本件建物に設定登記された前示3箇の抵当権は右買取請求権行使後にかかるものとはいえこれに対しXにおいて右建物の所有権取得をもつて対抗し得ない筋合のものであるから,Xは民法第577条の規定により滌除の手続を終るまで右代金の支払を拒むことができるわけである。すなわち右買取代金債務は右抵当権の滌除の手続が終るまで弁済期にないと同じ趣旨において,Yの右主張は採用できない。」

借地上の建物につき,代金弁済予約ないし売買予約による所有権移転請求権保全仮登記がなされている事例においても,同様の趣旨から同時履行の抗弁権が排斥された。

【90】 東京高判昭37・1・31高民集15・1・44

[事実] Xはその所有する土地をBに賃貸し,Bはこれにもとづき建物の建築を計画してその工事をCに請け負わせたが工事途中で資金難に陥り,結局本件建物はCが自己の資金をもって建築しCの所有建物となったので,Bは建物の敷地部分を使用することに暗黙の許諾をした。Cはその後本件建物をYらに借地権付で売り渡したため,Bはやむなくこれを承諾,建物敷地を転貸したことになった。しかし賃貸人であるXはこれに承諾せず,建物収去土地明渡請求をしたため,Yは建物買取請求権を行使する旨主張した。これに対してXは,Yが訴外Dに対して負担する貸金債務のため本件建物につき代物

---

104) 最判昭39・2・4民集18・2・233。

弁済予約ないし売買予約をなし，所有権移転請求権保全の仮登記がなされているから，このような場合には建物買取請求権を有しないと争った。

[判旨]「右のように右建物につき右両名間に売買の予約があってこれを原因とする所有権移転請求権保全の仮登記がなされているからといつて，必ずしも右売買予約完結の意思表示がなされて所有権取得の本登記がなされ，そのためXが買取請求の結果一旦取得した右建物の所有権を喪失するものとは限らないから，前記のような売買予約及びこれを原因とする所有権移転請求権保全の仮登記の存する場合においても，Yが右建物の買取請求をなすこと自体は，なお妨げないものと解するのを相当とする。［……］前記のようにYと訴外Dとの間に売買予約がありこれを原因として所有権移転請求権保全の仮登記がなされているため，もし右売買予約に基き右両名間に売買が成立しDのため右仮登記に基く所有権取得の本登記がなされるときは，Xは右買取請求の結果一旦取得した右建物の所有権を喪失しなければならない関係に在るから，このような場合にはXは民法第576条の規定の趣旨にかんがみXが右権利を失う虞がなくなるまでの間右買取代金全部の支払を拒むことができるものと認めるのが相当であつて（なおYがXに対し相当の担保を供したことはYの主張立証しないところである。）かつ，Xが右買取代金の支払を拒んでいることはXの弁論の趣旨に徴し明らかであるから，Yは右建物の引渡につき同時履行の抗弁権を有しないものといわなければならない。」

　建物代金請求権と建物所有権移転請求権は対価的関係に立つ。ところが，ここでは同時履行の抗弁権の行使が不当な結果を招くという逆説的状況が生じる。建物買取請求権が認められる以上，建物に設定されている担保は土地賃貸人＝建物買主に対抗できるから，被担保債権が考慮されて建物代価が定められている場合，あるいは，被担保債権が賃貸人に引き受けられた場合でないかぎり，対価的不均衡が生じるからである。その意味で，【89】が賃借人の同時履行の抗弁権を否定したのは正当であろう。本来，同時履行関係にあるが，この場合には法律上「弁済期ニ在ラサルトキ」と考えることができる。ただ，次の諸点に注意しておかなければならない。

　第1に，賃借人が「相当の担保」(576条但書)」を供したときは，対価的均衡が回復するので，同時履行の抗弁権はなお行使できると考えられる（【90】もこれを示唆する）。

　第2に，売主（賃借人）は買主（賃貸人）に対して買取代金の供託を請求でき（578条），また，滌除手続をすべきことを請求できる（577条）が，買主がこれに応じなかった場合には，同時履行の抗弁権を主張できるものと考えられる。次の判決もこれを傍論として肯認した。

【91】　札幌高判昭38・10・26 高民集16・7・577

[事実]　本件土地はXが所有するところ，訴外Aが賃借し建物等を所有していた。YはAより建物等の贈与を受けて所有権を取得し，登記手続を経由したが，敷地賃借権につきXの承諾を得られなかった。Xからの建物収去土地明渡請求に対して，Yは建物買取請求権を行使。これに対してXは本件建物には根抵当権が設定されているので，滌除が終わるまで代金支払を拒絶できるとして争った。

[判旨] 変更 「抵当権の登記のある建物について買取請求がなされた場合には，土地の所有者は抵当債務が該建物の時価を超えると否とにかかわりなく，抵当権の抹消の手続の終わるまで代金全額の支払を拒むことができるものと解するを相当とするので，買取請求者の建物の引渡義務と土地の所有者の代金支払義務とは同時履行の関係になく，したがつて土地の所有者は代金の提供をすることなく，建物の引渡を請求することができるものといわねばならない。もつとも，買取請求者が抹消の手続をなすべきこと，または代金の供託を請求したのに土地所有者がこれに応じなかつたときは，土地所有者は代金の支払拒絶権を失うので（民法第577条但書第578条），建物の引渡義務と代金の支払義務とは同時履行の関係にあるのである。」

同趣旨のものとして，横浜地判昭41・1・22判タ196・172，神戸地判平11・6・21判時1705・112，判タ1035・254がある。

しかし，本判決が述べるように，同時履行の抗弁権を主張しえないことから，直ちに賃借人に引渡先履行義務があると考えるべきかは疑問がある。建物代価が被担保債権額を超える場合には，賃借人は建物代金債権の支払のための有力な武器を失うからである。言い換えれば，被担保債権額を含めた建物代金請求権と建物所有権との対価的均衡をどのように確保すべきか，こそが問題とされるべきなのである。判決のように，供託請求権の不行使のサンクションとして抗弁権を喪失させることも可能であろうが，目的物の価額に比して被担保債権額が僅少であるような場合を考慮するならば，代金の一部支払拒絶権と併せて，被担保債権額を控除した残額の支払と引渡の同時履行関係を認めることも許されるのではなかろうか。

2 異時履行関係における抗弁権

第3に，条文上は「相手方」の債務が弁済期にあることのみを要件としているが，双方ともに弁済期が到来していることが必要である[105]。すなわち，同条項は，①自己の債務の弁済期が到来し，相手方の債務が弁済未到来の場合（先履行関係），②自己の債務の弁済期が未到来で，相手方の債務の弁済期が到来している場合（後履行関係），③両債務とも弁済未到来の場合，の3つの場面で同時履行関係のないことを示すものと理解すべきであろう（先履行関係または後履行関係）。これらは各給付の弁済期がそれぞれ異なった時点に設定されている場合であり，いわゆる「異時履行」関係として捉えられる[106]。しかしこれ

---

105) 注民(13)498頁
106) この用語法は北川善太郎・契約法Ⅰ [1973年] の創出にかかるようである。しかし，「異時履行」なる概念が，先履行後履行関係を指示するものとして用いられることは正当であるが，「同時履行の抗弁権」の対概念として理解すべきものではない。同時履行の抗弁権とは双務契約における対価的給付が相互に同時に履行されるべきことに矮小化されるものではなく，各給付の履行上の牽連関係を示すものである。それゆえ，「同時履行」関係の否定とは，2個の給付が相互に牽連性を有せず，各自独立した給付義務となることを意味するというべきである（先に履行請求した者が相手方を遅滞に陥らせることができる（民法412条3項の適用下に入る））。売買契約においても，代金支払債務と引渡（あるいは移転登記手続）債務がそれぞれ別個の弁済期を定めてい

らの場合において同時履行の抗弁権が問題にならないわけではない。

(1) 先履行関係

自己の債務の弁済期が到来し，相手方の債務が弁済期未到来の場合は，先履行関係であるから，同時履行の抗弁権を主張しえないのは当然である。ただし，先履行義務者が履行しないでいるうち，相手方の弁済期が到来した場合には，相手方の請求に対して同時履行の抗弁権を行使することができるかは問題である。これに関する大審院および最高裁の判決は見あたらないが，下級審裁判所にはこれを肯定する判決例がある（【92】【93】)[107]。

【92】 高松高判昭35・2・12下民集11・2・311

［事実］ Xはオート三輪車等の販売業者であるが，昭和31年5月Yに対し，二輪自動車2台を，代金各145,000円，支払方法は契約と同時に45,000円を支払い残額は4等分し同年7月より10月までの間毎月10日限り4回に分割支払うこと，もし右支払を1回でも怠ったときは期限の利益を失うこと等の定めで売渡す旨の契約を締結し，Yにうち1台を引渡した。しかしYは代金の一部を支払ったのみであったので，Xから代金支払を求めて本訴におよんだ。Yは引渡との同時履行を主張した。

［判旨］ 変更 「《証拠略》によれば売買物件の引渡期日は契約と同時と定められていることが認められるから，契約時においては代金中45,000円の支払と右自動車の引渡とが同時履行の関係に立ち残代金の支払に対しては自動車の引渡の方が先履行の関係にあつた訳である。しかしながら，被控訴人において右自動車の引渡をなさず履行期を徒過していることは既に認定したとおりであり，控訴人において代金中20,000円のみを支払い残額につき履行期を徒過していることも既に見てきたところであるから，このように双方とも履行期を徒過した場合は，履行期徒過後の現在においても契約に定められた履行期の先後に従つて履行するのでなければ契約の目的を達し得ないような特段の事情なき限り，契約に定められた履行期の先後にかかわらず現在においては同時履行の関係にあるものと解するのが相当であるところ，本件においては右のような特段の事情も認められない。したがつて残代金125,000円の支払と右自動車の引渡とは現在では同時履行の関係にあるわけであるから，控訴人は右自動車の引渡あるまで右残代金の支払を拒み得，ただ右自動車の引渡と引換えにのみ右残代金を支払うべき義務があるに過ぎない道理である。」

【93】 東京高判昭44・12・26下民集20・11＝12・984

［事実］ Yは訴外Aらに対して金400万円を貸付け，債権担保のため，当時A所有の本件建物につき抵当権の設定を受けた。その後本件建物は訴外Bに譲渡されたが，Aらが債務を支払

れば，同時履行の抗弁権を行使できないことは当然であるが，逆に同一時期に定めていたということは必ずしも同時履行の抗弁権を導出できるわけではない。同一時期であっても明示ないし黙示の合意によって「代金支払のうえ引渡す」，「受領後支払う」ことは論理的に可能だからである。弁済期の同一時期は「同時履行」関係を推定するにすぎない。

107) 本文所掲以外の同趣旨の裁判例として，東京地判昭32・2・11下民集8・2・252。

わなかったため，Yは抵当権を実行し，昭和41年10月4日競落許可決定を受けて自ら競落人となり，昭和42年3月16日競落代金を支払って所有権を取得した。そこでAとBは，Yから本件建物を再取得しようとしたが，その資金がないため，Xに懇請して本件建物を買受けて貰い，将来AらがXからこれを買戻すことの了解を得た。昭和42年2月2日ＸＹ間において本件建物につき，代金600万円で売渡す旨の契約が成立し，Xは内金440万円を支払い，これと引換えにYはX名義に本件建物の所有権移転登記手続をし，残代金160万円はAが同年3月以降毎月末日限り金5万円宛分割して支払う（但し，右分割金の支払が遅滞したときは期限の利益を失う）旨の合意がなされた。Xは売買契約成立と同時に金440万円を支払ったことにより，Yは約旨によりXに対し本件建物の所有権移転登記義務を負うに至ったが，競売裁判所よりY名義に嘱託登記がなされたのは昭和42年3月18日であったから，同日以前にYがXに対して所有権移転登記をすることは事実上不可能であった。他方で，Aは右約定にかかる割賦金の第1回の支払期日である同年3月末日を徒過したため残代金債務の弁済期が3月末に到来した。Xの所有権移転登記請求に対して，Xは同時履行の抗弁権を行使したが，原審はこれを認めずX控訴。

[判旨] 変更 「一般に，双務契約において，互いに対価関係に立つ各債務の履行期に先後がある場合，先履行義務者は原則として履行拒絶機能をもたないのであるが，先履行義務者がその債務を履行しない間に，相手方の債務が弁済期に達した場合には，先履行義務の履行があつて始めて相手方の債務の履行が可能となる等特段の事情がない限り，相手方の請求に対して，先履行義務者も同時履行の抗弁権を主張し得るものと解するのが相当である。」

　学説の多数は同時履行の抗弁権を肯定している。その理由として，この抗弁権は双務契約に基づく債務の性質上，履行が引換になされるべきであるから，履行請求がなされるときを標準とすべきだとする。これに対して反対説は，先履行義務を負担する者が，故意か不注意かこれをあえて履行せず，相手方の債務が弁済期に達したとたんに同時履行の抗弁権を行使して自己の債務の履行を拒絶できるというのでは，公平を失するものであると，批判する[108]。

　思うに，同時履行の抗弁権が単に両給付の同時交換を保障する制度にすぎないものであるならば，通説の立場は機械的ではあるが，それなりの合理性を有する。しかし，同時履行関係の反対形相は異時履行関係ではなく，両給付の独立である。そうだとすると，いずれの給付も弁済期に達した場合には，各債務が交換給付関係に立つか，先に先履行義務者の履行を待って後履行義務者が履行をすべきかは，法律関係の性質や当事者意思にかかってくるように思われる。たとえば，相手方がまず施設を建築し，その上で他方がそこで労務を提供するような場合には，それぞれ弁済期が異別に定められていても，先履行関係があるというべきであろうし，賃貸借や有償委任においても相手方の履行を受けてから後に反対給付をすることが合意されていると見るべきである。そうだとすると，各給付にそれ

---

108) 注民(13)500頁以下。

ぞれ期限を定めてあってもそれは2次的な意義しか有しないというべきである。

なお，同時履行の抗弁権が認められるとしても先履行義務者が弁済期到来後の遅滞責任を免れるわけではない。附遅滞効果を免れるのは同時履行の抗弁権の行使以後についてであろう。

(2) 後履行関係

自己の債務の弁済期は未到来であるが，相手方の債務が弁済期に達している場合において，相手方が履行を請求した場合には履行を拒絶できるのは当然であるが，同時履行の抗弁権を行使できると解すべきであろうか。期限の利益を放棄することによって，同時履行関係が生じるように考えられる[109]が，その場合でも，あくまで相手方の先履行を求めることができると考えるべきかは，①と同様に，法律関係の性質や当事者意思によって決まるというべきであろう。

3　不安の抗弁権

前述のように，先履行義務者は同時履行の抗弁権を有しないのが原則であるが，契約の相手方の財産状態が悪化して給付が危殆化した場合に，自己の給付の履行を拒絶することができるという法理が，外国法制上認められている（ドイツ民法321条，610条，スイス債務法83条，アメリカ統一商事法典2—609条，2—701条等）[110]。不安の抗弁権と呼ばれるが，わが民法上には明文の規定がないため解釈論として認められるかどうか問題になる。かつては，「契約は守られなければならない」という法原則，先履行義務者は契約の相手方の一定の信用評価に基づいて取引関係に入った以上，その財産悪化をも覚悟すべきであること，あるいは，内容的には多様であり得る抗弁権を法律の規定なしに，信義則や公平の原則に基づいて認めることは恣意的解釈として避けるべきである，等の理由から，否定説が有力であった[111]。

---

109) これに関する直接の判決例といえるかどうか必ずしも明らかではないが，大判昭7・1・27法学1上648は，油類の販売の場合に「上告人ハ其ノ代金700余円ノ支払ヲ延滞シ居リタルモノナルカ故ニ爾来Aハ上告人ノ注文ニ応セス油類ヲ同人ニ販売セサルモ民法第533条ノ精神ニ鑑ミ不履行ノ責ナキモノト云フヘク」という。

110) なお，フランス民法典1613条は，「支払につき期限を定めた場合であっても，売買後に買主が破産（*faillite*）ないし支払不能状態（*état de déconfiture*）になり，そのため売主が代金を失う著しい危険に陥った場合には，買主が期限に支払をする保証を与えない限り，引渡を義務づけられない」と規定する。しかし，この規定は不安の抗弁権を規定したものではない。破産および支払不能は裁判所の宣告判決を必要とし，期限喪失事由にすぎない（支払不能も事実上のそれではなく，商人破産主義を採るフランス法の特有の個人倒産手続である）からである。そのうえ，不安の抗弁権を積極的に承認する学説は見当たらないようである。もっとも，同条については，破毀院はその適用を次第に大幅に緩和して，四囲の状況から支払停止が結びつく場合には引渡を拒絶できると判示しており（*Cass. req. 20 déc. 1939, G. P. 1940.1.149,; Cass. req. 20 janv. 1942, S. 1942.1.38*），事実上不安の抗弁権を認めた結果となっている。清水元「不安の抗弁権」現代契約法大系Ⅱ［1984年］93頁注3）参照。

後履行義務者の信用不安に対しては，仮差押の方法——「金銭の支払を目的とする債権について，強制執行することができなくなるおそれがあるとき，又は強制執行をするのに著しい困難を生ずるおそれがあるとき」（民事保全法20条）——が可能である。また，民法137条は債務者の破産宣告を期限喪失事由としているので，先履行義務者の弁済期到来までにそれらの事情が生ずれば，相手方の給付先履行義務に転換するか，同時履行関係に立ち戻ることができる。そして，破産においては破産者に対する債権は破産債権として破産財団から比例的満足に甘んじなければならないのが原則であるが，双務契約において双方未履行の場合に破産管財人が履行を選択すれば，財団債権として優先的な処遇を受ける（破産法59条）[112]のみならず，同時履行の抗弁権も失われないと考えられている。また，破産法89条は売買契約に関して，売主が目的物を発送した場合であっても買主が受領するまでに破産宣告を受けたときはこれを取り戻すことができる旨規定している[113]。

しかし，仮差押制度は他債権者に対する優先権を保障するものではないし，破産法上の双務契約の処遇も弁済期が破産宣告前に到来する場合には有効ではない。

かくて，近時相手方に信用不安が生じた場合には，履行拒絶できる旨の特約がなされることがあり，また，とりわけ，金融取引においては，契約（銀行取引約定書5条）により，各種倒産手続の開始申立や手形交換所取引停止処分等破産宣告以前の段階で期限利益を喪失させることが行われている。そして，それらの合意の有効性については——少なくとも，対内関係に関するかぎり——異論がないようである。

しかし，近時学説上も，事情変更の原則，黙示の意思や信義則等を根拠として不安の抗弁権を肯認する立場が有力である[114]。裁判例ではもっぱら継続的取引関係における当事者の一方の商品供給停止という形態が問題の中心を占めている（したがって固有の意味における不安の抗弁権といえるかは問題がある）が，一般論としては不安の抗弁権を承認する趨勢にあるといってよい。最高裁判所の公式判例ではないが，次のものが最初のものと思われる。

---

111) 柚木馨・総合判例研究民法（2）［1956年］135頁。
112) 会社更生法上も同様の規定がある。同法103条参照。
113) 同様に，会社更生法64条。
114) 肯定説に転じる契機となった論文が神崎克郎「信用売買における不安の抗弁権」神戸法学雑誌16巻1＝2号［1966年］439頁であり，以後，解釈論のレヴェルでの肯定説が多数化していく。近時の研究動向も基本的にはこれを受け継いでいる。橋本恭宏「継続的商品取引と『不安の抗弁』——『不安の抗弁』の現代的課題」『長期間契約の研究』所収（初出は1983年）［2000年］，須永知彦「履行期前における反対給付請求権の危殆化(一)(二)」民商111巻3号，4号［1994年］，松井和彦「『契約危殆』状態における履行確保——不安の抗弁権から履行停止権への展開(一)(二)」修道法学20巻1号，2号［1998年］。

第2章　同時履行の抗弁権の成立要件

【94】　最判昭37・12・13判タ140・127

[判旨]　棄却「原判決が，被上告会社に対する上告会社の所論不信性を認めたのは，直接に，上告会社が被上告会社の本件手形の交換または即金払いの要求に応ずべき義務があるのに，この義務に違背したからというのではなく，本件のような継続的供給契約は，契約の性質に鑑み，当事者双互の信頼関係に基づいて成立するものであり，かつ実行されるべきものであるから，取引の実行に当つては，互に相手方の信頼を裏切らないことが要請されるところ，上告会社は，たとえ代金の支払方法として自己振出の約束手形を交付する約定であつたにもせよ，期日に不渡となる危険が予想されるような，また，手形本来の経済的作用である流通性や換金性に乏しいため支払方法として使用するに適しないような，取引関係のない銀行を支払場所とする約束手形を振出し，交付し，あまつさえ上告会社の代金支払能力に不安を抱いた被上告会社から，再三，割引容易な手形とそれとの交換または現金払いの交渉を受けながら，これを回避して，誠実を以て右交渉に応じる態度を示さなかつた点を重視したのであつて，しかも，右の如き不信性は，決して所論の如く些細なことではないのであるから，原判決が，右の如き上告会社の不信行為を理由とし，かかる場合，被上告会社は適法に爾後の納品を拒否し得る旨の判断をしたのは，必ずしも妥当を欠くものということはできない。」

この事例にも現れているように，一般に商品の継続的供給契約では売主先履行・買主後履行が常態であるから，次期の給付についての先履行拒絶という形で問題となる。本件では事実関係の詳細が不明で，「不安の抗弁権」の問題なのか契約「解除」の問題なのかは，必ずしも明らかではない。しかし，少なくとも，拒絶権の許否は信頼関係の破壊が重要なメルクマールになることを指摘したことは重要である。また，本件では，手形の振出に関する債務者の態様，ことに債権者からの交渉要求に応じなかった点が考慮されたものと思われるが，この点も，「信用不安」をどのように認定すべきかの問題にとって，きわめて示唆的である。なぜならば，「不安」という概念自体曖昧であり，濫用の危険があるからであり，「信用不安」を言い立てて「同時履行」原則を強いることは信用経済を基本になりたっている取引慣行を歪め，かえってそれにより相手方の倒産を引き起こすおそれも大きいからである。その点で不安の抗弁権を認めなかった次の裁判例が参照されなければならない。

【95】　東京地判昭52・7・22判時880・51

[事実]　Xは医療器具等を製造する会社であるが，その販売会社であるY₁はY₂との間で(1)Y₁はY₂にX製造の医療器具を年間5,000台程度販売する。(2)代金支払は毎月20日締切り，半額を月末90日の手形で支払う。(3)相手方に対して信用不安が生じた場合には，一方的に履行を拒絶できる，との約で売買契約を締結した。Y₁はこれに従い昭和51年2月20日までに1,000台，2月21日に40台をY₂に販売したが，3月15日Y₂から100台の注文を受けたのに製品を納入しなかった。Y₂は4月15日Y₁の債務不履行によって損害を被ったとして，これとすでに給付を受けた商品の代金債務とを相殺する旨通

知した。その後XはY₁から前記100台分の代金債権の譲渡を受けてその支払を求めた。

[判旨]「昭和51年2月12日Y₁とY₂との間に締結された販売契約は，両者間の継続的売買取引についての基本契約であるが，Y₁としては，年間5,000台前後の範囲内で，右契約で定められた条件による買取りをY₂から申し込まれたときは，これに応ずべき義務がある趣旨のものと解するのを相当とする。《証拠判断略》従って，Y₂からの昭和51年3月15日付サイラックス100台の注文に応ぜず，その後の販売契約所定の支払条件による注文に応じない態度をとったY₁の行為は，Y₂に対する債務不履行を構成するものというべきである。

Xは，販売契約によれば，期日までに売買代金が支払われない恐れが認められたときは販売を停止できる旨主張し，乙第1号証の契約書第9条には，そのような趣旨にとれないではない記載があるけれども，本件売買契約がY₂において販売ルートを開拓した上，これにより相当長期間にわたって商品を提供販売することを予定していること前記のとおりである以上，Y₁の一方的な恣意的認定によってY₂への販売を停止することが許されないのは信義則上当然というべきである。客観的事実によって，Y₂の期日における売買代金決済が期待できないことが相当高度の蓋然性をもって認められる場合に限り，Y₁の供給停止が正当づけられるものと解される。この観点からすれば，そのような事実を認めるに足りる証拠は，本件において存在しない。Xは，甲第4号証の調査報告書を以てその根拠とするようであるけれども，右調査報告書によっても，Y₂が創立以来まだ日も浅く，十分な収益をあげるにまで至っていないので，信用程度は若干警戒を要する程度であるというにとどまり，売買代金決済不能となる相当高度の蓋然性があるということの根拠となるものではないのみな らず，《証拠略》によれば，右調査報告は，Y₂の資本金，年間売上高，決算内容等重要な点について正確さを欠き，Y₁においても多少の労を払って調査すれば，そのことが判明したと思われるような不正確な資料であったと認められるから，いずれにしても，Xの主張を裏づけるものとは，とうていいいえない。」

本件では，履行拒絶権に関する特約が存在していたにもかかわらず，相手方の信用不安につき，「売買代金決済が期待できないことが相当高度の蓋然性をもって認められる」場合にその適用を限定した点で注目すべきものである。そして，契約の相手方が「創立以来まだ日も浅く，十分な収益をあげるにまで至っていないので，信用程度は若干警戒を要する程度」の信用調査報告ではなお，「不安」は十分なものではないとした。本判決に対して，契約条項を根拠に控訴した当事者の主張に対して，控訴審裁判所もまた次のように述べる。

【96】 東京高判昭56・2・26判時1000・87

[判旨]「ところで，Y₁は，Y₂に信用不安があったので，契約書の9条により供給停止をしたのであるから，契約違反は存しない旨主張するので，この点につき判断する。

なるほど，契約書の9条には，「商品代金の支払が支払期日までに履行されないとき」又は「その恐れが認められた場合は，売主は買主に対しじ後の販売を停止することができる。」旨定められており，また，右控訴人が興信所の報告書によりY₂に対し警戒心ないし不安感を抱いたことは先に認定したとおりである。

第2章　同時履行の抗弁権の成立要件

　しかし、本件契約は、相当期間にわたり継続的に商品を供給する趣旨のものであり、契約締結後買主について生ずる代金債務不履行又はその恐れがある場合に備える必要があるところから右9条の約定をしたものと認められるから、同条をもつて単に売主が主観的に代金債務不履行の恐れを抱けば何時でも自由に販売を停止し得る趣旨のものと解することはできず、買主に支払期日における代金決済を期待し難い客観的合理的な蓋然性が認められた場合に限り、じ後の供給を停止し得る趣旨と解すべきである。

　右見地に立つて本件をみれば、取引金融機関である訴外第3信用組合を通じY_2の信用調査をしたところ警戒を要すると指摘された旨のY_1らの主張に添うような当審におけるY_1ら代表者Aの供述は《証拠略》に照らして措信することができず、また、前認定の興信所の調査報告書（この中には資本金の額など客観的事実と相異する点も存在する。）は、単に若干の警戒を要するというものに過ぎないのであるから、それ自体未だY_2の信用不安を客観的合理的に根拠づける資料としては不十分なものといわざるを得ない。もつとも、右調査報告書に接してY_2との取引に慎重を期そうとしたY_1の態度は、全く理解し得ないというわけではないが、右のごとき調査は、本来、契約締結前になすべきであるし、また、それによつて信用不安を抱いたのであるなら、Y_2に対し、その旨を告げて説明を求め、あるいは担保の提供を求めるなどの折衝をすべきであり、これに対しY_2の側から納得のいく説明も適当な担保の提供もないという事態に立ち至つた場合には、代金不払いのおそれがかなり客観性を帯びてきたものと評価することができ、Y_1による供給停止は前記約定の要件を具備した正当な所為として肯認すべきである。しかるに、Y_1は、かかる措置を全く講ずることなく、現金取引でなければ供給しないとして、前記条項にもとづく供給停止であることすら告げずに、第3次発注にかかる100台の売渡を拒否したのであるから、右所為をもつて正当なものということはできない。したがつて、右Y_1の所為は、本件契約に基づくサイラックス供給義務に違反するものといわざるを得ず、Y_1は債務不履行による損害賠償義務を免れない。」

　ここでは、①取引開始後に信用調査をしたことを捉えて、かかる調査は取引開始に先立ってなされるべきであること、②信用不安を抱いたならばその旨を通知し、説明を求め、あるいは担保提供を求めるべきであった、と具体的な指摘がなされている。

　本件は特約のあった事例であるが、契約条項において約定がない場合であっても、一定の事情が生じた場合には、不安の抗弁権を認められるか。次の判決例はこれを認めるが、同様に「信用不安」の事情が客観的であることが必要である。

【97】　東京地判昭56・1・30判時1007・67

　[事実]　Xは宝石、貴金属、装身具等の販売を主たる業務とし、都内ならびに全国に数十の自己またはフランチャイズ店舗を有する株式会社であり、Yは時計、装身具等の卸販売を主たる業務とする株式会社である。Xは、昭和52年5月頃、長野県内に新規開店するのに伴い、新たに商品として時計を扱うことを企図し、Yとの間で同年8月以降、毎月Xの注文にもとづき、Yがその取扱商品であるセイコー・ウォッチ等の時計を左記条件でXに対し売渡すとの合意に達した。㈠毎月20日締切りで末日起算とし、期間120日の約束手形を、翌月17日にYに振出し交付する。㈡セイコー商品は上代（小売定価）

の0・65掛で、かつ、2パーセント歩引し、外国時計商品は上代の0・667掛で、かつ、15パーセント歩引する。㈢Yに対する担保の提供はしなくてよい。㈣商品の配送はYの方で直接行なう。ところで、Yは、Xと本件取引をする前にXの信用調査をしたが、前記のとおり昭和52年8月分の取引は期間120日の手形による信用販売を行なった。昭和52年11月中旬頃、YはXに対し昭和52年9月以降の取引については、現金決済にするか、信用販売の場合は、担保の提供がなければ取引はできない旨通告し、Xの再三にわたる時計購入の注文に全く応ぜず、その理由はYからX宛の昭和52年12月22日付内容証明郵便によれば、「債権確保の点で不安がある」ということであった。これに対し、Xはいかなる事情の発生により債権確保に不安が生じたのか具体的に明らかにしてほしい旨Yに求めたが、Yはこの点についてなんらの回答もしなかった。XはYが本件継続的取引を理由もなく一方的に破棄した債務不履行による損害賠償を訴求。これに対してYは継続的供給契約の存在を否認した。

[判旨]「継続的供給契約において、契約締結後、当事者の一方に資力不足等の信用不安が発生する等、著しい事情の変更があった場合には、契約の存続により不利益を受ける相手方は、契約を解除し得るものと解するのが、信義則上相当であるし、また、解除しないまでも、かかる事情の変更ないし相当の事由がある場合は、新たに、担保の提供を求める等有利な取引条件への改定を求め、これに応じないときは、以後の取引を拒絶しても、債務不履行の責任は負わないものと解すべく、これに対し、前記の事情の変更ないし相当の事由がないのに、右条件の改定に応じないとして、取引を拒絶した場合には、債務不履行の責任を負うものと解するのが、信義則上相当であるというべきである。

これを本件についてみるのに、昭和52年8月の本件取引開始後、Xに資力不足等の信用不安が発生する等、信義則上、継続的契約関係の存続を認め難い程の著しい事情の変更があったとか、取引条件の改定に応ずべき相当の事由が生じたとのことを認めるに足る証拠は全くないし、もちろん、Xに債務不履行の事実があったとの主張、立証もない。却って、前記二4で認定した事実に、《証拠略》を総合すれば、Xは、本件契約締結の前後を通じ、年々その業績を伸ばし、売上高、従業員数、店舗数等も順調かつ大幅に増加させていること、Yは、Xの信用調査をした上で、本件継続的取引を開始しているものであるところ、その後、Xに信用不安が生じたことを示す資料は見当らないことが認められ、右認定を左右するに足りる証拠はない。

そうとすれば、Yが、Xに対し、取引条件の改定を求め、それに応じないとして時計の納品をしなかったことは、継続的契約締結後、特段の事情の変更ないし相当の事由がないのになされたものというべく、右は、Yの債務不履行に該当するものといわざるを得ない。」

この事案では、取引条件の改定について再度の申し出があったがXがこれに応じなかったことが、YのXに対する不信感の原因のようであるが、①事前に行われた信用調査の結果として取引が開始されたのであるから、少なくともその時点での相手方の信用状態についてはリスクを負うべきであること、②Xが十分な販売成績を上げていることから、「不安」が客観的か疑わしく、そのうえ、③Yの側の不安の理由も明確に示していないことが顧慮されたものと思われる。

第2章　同時履行の抗弁権の成立要件

【98】 神戸地判昭60・8・8判時1168・127

［事実］　Xは船舶の建造等を、Yは船舶用原動機の製造販売等をそれぞれ目的とする株式会社である。Xは昭和52年訴外Bより造船の注文を受け、代金22億2,000万円で建造し、昭和53年3月31日に引渡す旨の契約を結んだ。そしてXはこれに装備すべきエンジンをYから購入することにし、Yとの間で昭和52年11月10日、代金2億6,500万円、手形による分割払の約でディーゼル機関（以下「本件機関」という。）を目的物とする売買契約（以下「本件契約」という。）を締結した。Xは、これに基づき昭和52年11月15日、金額5,300万円、満期同53年2月28日の約束手形1通をYに振り出した。そのころYは、Xの経営内容に不安がある旨の情報を得て、本件機関の代金および別途債権合計3億5,980万円を即時現金で支払うか、またはそれに見合う確実な担保を提供することを一方的に要求し、右要求がいれられない限り本件機関の引渡を拒否する旨言明した。XY双方代表者が直接Yの右要求について協議したが結論が出ず、Yは前記要求を強く維持して譲らなかった。Xとしては本件機関が納入されないと、その後の建造工程を進行させることができず、取引先の信用不安が広がるばかりか、Xの造船所には船台が1台しかないため、同船のみならず後続建造予定の全ての船舶建造作業も不可能となり倒産せざるをえなくなるため、苦慮した末、X所有の土地（時価約3億円）に2億円を限度として根抵当権を設定することに同意した。しかし、Yが抵当権者になると、他の取引業者も一斉に担保提供を要求してきて収拾がつかなくなるおそれがあったので、Xは抵当権者を第三者名義にすることを要望した。その結果Yもこれを承諾し、当時Xに211番船の建造を注文していた訴外AがYとも関係が深かったため、XY間において、同会社を根抵当権者とし、極度額を2億円とすること、Yの債権をAに譲渡すること等が決定され、その後同会社もこれを承諾し、同月23日に債権譲渡及び根抵当権設定の各契約書が作成された。ところが、同月26日夜Aが、突然根抵当権者になることおよびYからの債権の譲受けについて拒絶の意思を表明してきたため、Yは翌27日午前Xに対し、前記根抵当権設定の合意に反し、改めて本件機関の代金および別途債権合計金3億5,980万円を即時現金で支払うか、またはそれに見合う確実な担保を提供しないかぎり、本件機関を引渡さない旨通告した。XはBとの船造船契約により、進水予定日である同53年2月19日に内払金を受領する予定であったところ、結局、Yの本件機関の納入拒絶のため同日の進水が不能となって、内払金の支払を受けることができなくなるのと同時に、Bからすでに受領していた前渡金を同会社に返還しなければならないことになって、資金予定が狂い、さらに本件機関の納入遅延のため同船だけでなく後続の造船計画が全て行き詰まって信用不安が広がり、結局倒産した。Xはこうした事態を生じさせたのはYの納入拒絶によるものとして損害賠償を請求した。

［判旨］　「前項の認定事実によれば、本件機関の納期については、同53年1月中旬に延期することに一旦合意されたのち、Xから預り書に基づき改めて同52年12月27日とする旨の指定がされたが、Yの担保提供要求等により翌53年1月10日以降に再協議することとなり、同月26日に至って根抵当権設定登記手続完了後とする旨の合意（抗弁1の合意）が成立したものと解するのが相当である。

　ところが、同日夜A会社が債権の譲受け及び根抵当権者の地位に立つことを拒絶する意思を表明したものであるから、ここにおいてXYは

同会社に翻意を促すか，又は従前の合意（第三者を根抵当権者としてX所有土地に極度額2億円の根抵当権を設定すること）に基づいて根抵当権者となるべき新たな第三者の指定を協議すべきところ，Yは一方的に同月27日直ちにXに対し，右の合意に反して，新たに合計金3億5,980万円の現金支払か，又はこれに見合う担保の提供をしなければ本件機関を引渡さない旨を明確に表明し，右合意の存在を無視するに至ったものというべきである。

したがって，仮にXが右合意に基づき根抵当権者となるべき新たな第三者の指定をYと協議しようとしても，もはやその効果を期待することができないことは明らかであり，このように従前の合意の存在を否認するYに対しては，信義則上Xは口頭の提供を要せず，またYは右合意を盾にして根抵当権設定登記の完了するまでは本件機関の引渡義務の履行期が到来しない旨（同時履行の抗弁権）の主張をすることが許されない。

よって，Yは同月27日以後は本件機関の引渡義務について履行遅滞におちいったものと解するのが相当であ［る］。

（Yの抗弁2について）

Yは，Xが同52年12月ころ経営に不安を生じていた旨主張するが，本件全証拠によってもこれを認めるに足りない。」

この事案では，①Xの信用調査が契約締結後になされていること，②その結果としてのX側に信用不安の事情があることが十分に説明されていないこと，そして，③②にもとづきYの側より強引な担保提供の要求がなされていること，が考慮されて不安の抗弁権が認められなかったものと思われる。

これらの裁判例から，第1に，信用不安の客観的存在，第2に，相手方に対する通知・説明および担保提供を求めること，第3に相手方が誠実な交渉等の対応をしなかったこと等が不安の抗弁権の成否にとり重要なポイントになるといえよう。

では，信用不安を示す具体的な徴表としてどのようなものが考えられるであろうか。【94】は①流通性・換金性の乏しい手形の振出したことがその徴表とされたが，さらに次のような裁判例がある。

②代表者の表示を名義上の者とした手形の振出

【99】 東京地判昭58・3・3 判時1087・101

［事実］ Xはメリヤスの製造販売会社であるが，Y_1との間で継続的売買契約を結んでいたが，Y_1からの商品製造販売の発注書が送付されると，Xはその発注書記載の商品の製造を全部直ちに行うか否かは別として，全部の受注を承諾するのが通例であり，それが慣行化していた。昭和55年ニット製品につき，X Y_1間で，代金支払は毎月納品期日が20日までの分については手形（満期日を納品期日より60日から90日とする）による旨の条件で継続的供給契約が締結され，Y_2（Y_1代表）がその連帯保証人となった。Xは右契約に基づきY_1に対して昭和55年10月から昭和56年1月まで継続して商品を売り渡したが，昭和56年以降，発注書受領後も商品の製造に着手しなかった。Y_1は，昭和55年の前半ころから財務内容を悪化させ，債務を免れるための別会社の活用，代表者の表示を何ら経営に関与していない名義上の者とした手形の振出し，手形の書換など信用不安を惹起する事由を生じさせており，また，Y_2はXに対してY_1につい

第2章　同時履行の抗弁権の成立要件

て合併の話を2，3件紹介してY₁の信用が回復する旨告げたが，いずれも実現していなかった。さらに，Y₁の転売先である訴外Aの発注に関する交渉があった時期には，XはY₁社に対して約1,700万円余の売掛代金債権を有していた。Aの発注に際しては，Y₁はその代金支払には自社振出しの手形をもって充てようとしたのに対してXは難色を示し，またY₁の支払能力について不安を感じ，再三にわたりY₁の財務内容の開示（財務諸表の提出）を要求したが，Yらはこれに応じなかった。こうした事情の下，Xは売掛残代金の支払をY₁およびその連帯保証人Y₂に請求した。これに対してYらは，Yが契約にもとづき他に転売の予定でXに商品を発注したところ，Xが履行期に納入しなかったので，転売不能となり，転売利益喪失の損害を被ったとしてその損害賠償請求権を自働債権として相殺を主張した。

[判旨]「右の事実によれば，すでにAの発注のあった昭和56年1月ごろには，Y₁につき相当な信用不安を感取させる事由が存在していたものと認められる。ところで，継続的売買契約の成立後，買主の代金支払能力が著しく低下し，売主においてその契約に従って目的物を供給していては，その代金回収を実現できない事由があり，かつ，後履行の買主の代金支払を確保するため，売主が担保の提供を求めるなど売主側の不安を払拭するための処置をとるべきことを求めたにもかかわらず，それが買主により拒否されている場合には，右代金回収の不安が解消すべき事由のない限り，先履行たる目的物の供給について約定の履行期を徒過したとしても，右売主の履行遅滞には違法性はないものと解するのが公平の原則に照らし相当である。

これを本件についてみるに，前記認定のとおり，Y₁からXに対してAの製造の発注を受けた際，Y₁は約1,700万円の売掛代金債務を負担し

ており，昭和54年ごろからのXとY₂との間の取引の状況からみて，XはYの代金支払能力に非常なる不安を感じており，Xは，Y₂に対してY₁の財務内容の開示（財務諸表の提出）を再三要求したが，右要求はY₁の容れるところとはならず，Aの代金支払方法についても，YらはXが難色を示していたY₁振出しの手形による決済を求めるなど，Xにとって代金回収の不安が解消すべき事由が存しなかったというべきである。してみると，前述したところに照らして，Xは，AのY₁への納品の遅滞につき，債務不履行の責任を負わないものと解するのが相当である。」

③債務超過

【100】　東京地判昭58・12・19判時1128・64

[事実]　XY間で，XはYが輸入した木材を継続的に買い受け，取引数量・代金額・品種・受渡方法・時期等は別途協議して定める旨の合意が成立した。Yが先履行として木材を引き渡し，その数日後に交付される請求書にしたがってXが約束手形を振出して代金決済することとされた。昭和51年1月同年中の木材の取引数量につき合意が成立したが，同年2月Xから支払手形の延期，木材の早期引渡等の要請があり，同年3月YがXの資産状態を調査したところ，多額の債務超過の状態にあることが判明した。そこで，YはXに対して再建計画案を提案しないかぎり新規に木材を供給することはしない旨明言した。Xはこれに対して再建計画案を提示して木材の供給を求めたが，Yはこれでは不十分であり抜本的な再建案を提示するようさらに要求した。Yはその間にもXが訴外Aに対する手形金支払の支払延期を求め，またAに対して負担している債務を担保するため第三者振出の手形を担保として提供したことを聞き，ますま

す不安をつのらせた。Xは同年3月以降Yから供給が停止されていたため，けっきょく支払手形の決済ができず，4月営業廃止をせざるをえなくなった。そこでXはYに対して，Yが木材の供給をしていたならばXは倒産しなかったとして木材引渡債務の不履行を理由に損害賠償を求めた。

［判旨］「事実を総合すれば，昭和51年2月16日以降，Xの資産，経営状態悪化という事態が次々とYに判明していった状況の下において，Xとの間でソ連材の個別的売買契約を締結してソ連材を引き渡してもその売買代金の支払が確実に実行されることを期待できないとYが考えるに至ったことは，無理からぬことであり，XとYとの従来からの密接な関係を考慮しても，YがXと個別的売買契約を締結しなかったことは，信義則上やむをえない措置であったと認めることができる。

以上のように，Yは，信義則上Xに対し，個別的売買契約の締結を拒絶する地位を取得したと解すべきであるから，YがXと個別的売買契約を締結しなかったことをもって違法とまで認めることはできない。」

④振り出した手形の返却依頼

【101】 名古屋地判昭59・2・21判時1132・152

［事実］ Xは入浴剤の製造・販売を業とする商人であり，昭和53年4月以来，Yとの間で入浴剤の継続的供給契約に基づき商品を供給してきたが，同年10月Y振出の手形2通につき決済できないおそれが生じた。そこでYはXにその返却を依頼してきた。Xはこれに応じたが，その際240万円はYは別途手形を振り出し，残金306万円余は手持ち現金ですぐ払うこととした。しかしそのうちの100万円余が支払われないまであった。けっきょく昭和53年12月26日の時点で1,000万円余の未払金が生じた。そこで昭和54年1月からXは商品の出荷停止をした。ところがさらに昭和54年3月27日になりY振出の345万円の手形が不渡りになり，Xは売掛代金として右金額を請求した。これに対して，Yは自己に何の落度もないのにXが出荷停止をしたことは債務不履行に当たるとして，これによって生じた損害賠償請求権を自働債権として相殺する旨の抗弁を提出した。

［判旨］「本件のX・Y間の如く継続的な商品供給契約関係が存在する場合，通常販売店は当該商品の供給を全面的にメーカーないし上位販売者に依存しているものであり，従ってメーカー・上位販売者側の商品出荷停止は下位の販売店側に致命的な打撃を与え得るものであるから，買主・販売店側の如何なる債務不履行も直ちに売主・供給者側に同時履行の抗弁権の行使としての出荷停止を正当化するというわけのものではなく，供給者の出荷停止が正当とされるためには少なくとも買主側に契約の本質的部分に関する債務不履行が存することが必要であろう。しかしながら同様に販売済の代金の回収等を顧慮せねばならぬ売主側の立場も無視されてはならないから，その一事のみをもって継続的契約関係の破綻を招く程の重大な背信行為があるのでなければ売主側は絶対に出荷停止をしてはならないとすることには疑問が存する。

3 ここで先程のYの100万円余の代金不払の件に戻れば，およそ既に購入済の商品の代金不払は継続的商品売買契約の債務不履行の最たるものであり，かつ通常は買主の信用不安を推認させるものであるから，この場合には売主は対抗上以後の出荷を停止することができるものと解される。ここで出荷停止は実質上売主にとって引渡済商品の代金請求権の担保たる性質を有するものであるから，売主は単に不払分の価格

に相当する商品のみの出荷を停止することができるとすべきものではなく，買主の不払金額が債務の本旨に従った履行であるというを妨げない程の僅少なものである場合を除いて，その金額の如何に拘らず，代金支払債務の不履行のある限り，全面的な出荷停止も是認されると解する。代金の支払がない限りそれ以上の商品の出荷には応じられないとするのは商人としてもっともなことであり，これを不当であるとすることは売主側に右不払分だけの金額については最終的な回収不能の危険を負わせることであって，これに反するYらの主張は採用できない。

Yは昭和54年1月1日以降もXに1,196万円を支払ったと主張するが，それだけの商品を買い入れていたのであればこれに対応する代金を遅滞なく支払うべきことは当然である。またYらは全面的な出荷停止は販売店の死命を制するものであるから相当の事前警告が必要であるとも主張するが，弁済期の到来している全債務を買主が完済することによって取引が再開される余地が残されている限り，出荷停止自体が買主に対する警告に他ならず，これに先立って別途の警告をなす義務が売主にあろうとは思われない。更に後述する通り，Yは昭和53年6月の販売地域割に関する合意，それも，これに反した場合にはXからする出荷停止があり得るという警告付の合意にも拘らず，Yはこれを無視してヤングビーナス等を佐賀県外へ販売し，また，同年10月29日にXに対して支払手形の依頼返却を求め，1回限りとの条件付でこれを了解して貰いながら翌11月27日には再び手形を決済できないとしてその依頼返却を求めていたのであって，これらの事実からすればXがYの代金不払という債務不履行に対して改めて警告を発していたところで，その効果の程は疑わしいと言えよう。

以上の通り，買主たるYに代金不払という買主側の債務の根幹的部分の不履行がある限り，これを理由としてなす売主たるXの出荷停止は正当と推認すべきであり，これを不当とする格別の事実がある場合にはそれは買主側で主張立証せねばならないと考えられる。しかるに後述の通り，本件でYのいう事情はいずれも当裁判所を納得させるに足りないものである。」

⑤支払時期の延長

【102】 東京高判昭62・3・30 判時1236・75

［事実］ Xは荒物，雑貨の卸小売業などを目的とする会社であるが，昭和57年5月からYに対し，家庭用洗剤，シャンプー等を継続的に販売してきた。Xはライオン株式会社，資生堂等のメーカーから商品を仕入れ，これをY等に卸売りしていたものであるが，Xの右メーカーに対する代金支払条件は，毎月即金に近いかなり厳しいものであった。XとYとの取引は昭和57年5月ころから，毎月20日締め翌月10日から20日までに現金払いの約束で開始されたが，Yの代表者あるいは取締役が元Xの従業員であったこともあって，X側で便宜を計らい，締め後60日払いを認めていた。ところが，右支払時期はその後90日，120日と遅れていく一方であり，昭和59年に入ってからは全く支払がなされない月も生じ，同年9月20日には請求額が2,300万円近くに上った。その後Xからの強い要求によってYはようやく約束手形を振り出して1,800万円を支払い，同年10月20日の請求額は800万円台に減少したが，支払期間は依然として当初の約束にはほど遠く90日ないし60日になったにすぎなかった。Xは，更に支払期間を短縮することを要求し，交渉の結果，同年12月8日ころ，一旦は代金支払条件を請求書締切日毎月20日，支払日毎月28日，支払内容ライ

オン・花王・P＆G・ユニチャームの製品につき現金・小切手，資生堂並びに一般品につき手形（締起算60日）とする継続的商品売買基本契約書を取り交わし，未払代金全額に見合う約束手形を振り出すことで話がつきかけたものの，同月10日，Y方でX代表者を交えて話し合っていた際，Y側から前示のように単価訂正，値引きを持ち出したため，これまで散々Yの便宜を計ってきたX代表者としても，ついに我慢の限度を超え，右話を帳消しにし，Yとの取引を停止するのやむなきに至った。Xからの売買残代金支払を求めて本訴を提起した。

[判旨]「以上認定の事実によると，XがYとの本件取引を打ち切ったことには正当な事由があるというべきであるから，これによって仮にYが損害を被ったとしてもXには何ら責任がないというべきである。」

⑥取引規模の急激な拡大

【103】 東京地判平2・12・20 判時1389・79

[事実] 医療品・ベビー用品の卸売等を目的とする株式会社であるXは，ベビー用衛材商品の宅配販売等を目的とする有限会社であるYとの間で昭和62年4月頃から取引を開始し，昭和63年7月頃以降においては，毎月末日締め切り・翌月末日付小切手による代金支払いという決済方法によって，月平均百数十万円程度の取引を行ってきたが，平成元年2月以降においては一挙にXとの取引を拡大した。Yは，急成長を遂げ，昭和63年7月期においては概ね6億円程度の売上を上げていた企業であるが，社有の不動産は全くないなど，資産的裏付けに欠いていた。Xは，平成元年3月当時において信用調査機関によってYの信用調査等を行って，内部的にはYに対する与信限度額を百数十万円程度

と定め，Yとの取引高の急拡大に伴って，右の頃，Yに対して物的担保の供与または個人保証を求めたが，Yは，これに応じず，かえって同年4月28日頃には同年3月分の売掛代金について支払いの延期を申し入れて，その支払いのために交付した同年4月末日付小切手を同年5月末日付小切手に書き替え，さらに，同年4月分の売掛代金についても同年6月30日付小切手を交付するなどし，次第に当初の約束どおりの代金決済ができなくなって，資金繰りの困難なことを窺わせ，同年5月30日現在においては，売掛代金の累積債務額も9,137万円余に達して，与信限度額をはるかに超過するに至った。Yは，右のような与信状況の下で，本件個別契約締結後の平成元年5月30日，Xに対して，先に同年3月分の売掛代金の支払いのために交付した前記小切手による支払いの再度の延期を申し入れるに至った。ところが，Xは，Yの売掛代金の累積債務額が与信限度額をはるかに超過しているうえ，前記のような経緯からYの信用状態に不安を抱き，右申し入れに応じなかったため，Yは，同年5月31日，やむなく右小切手を決済する一方，Xに対して，本件個別契約にかかる本件ベビー用品を約定どおり同年6月1日および同月2日に出荷，納入することを強く懇請した。しかし，Xは，それでもなおYの売掛代金の累積債務額5,177万円余が残存しているうえ，右交渉過程におけるY代表取締役の態度等に一層の不信を募らせ，結局，Yとの取引を中止することとして，その旨を告げた。Yは，平成2年3月，約7億円の負債を負って，倒産するに至った。Xから売掛残代金の支払を求めて本訴を提起，これに対してYはXの供給停止を債務不履行として損害賠償請求権との相殺を主張する他，右請求権のため反訴も提起した。

[判旨]「本件において，XがYに対して本件ベビー用品を約定どおりの期日に出荷，納入せ

ず，また，Yとの以後の新たな取引も停止することとしたのは，先に認定したとおり，Yとの継続的な商品供給取引の過程において，取引高が急激に拡大し，累積債務額が与信限度を著しく超過するに至るなど取引事情に著しい変化があって，Xがこれに応じた物的担保の供与又は個人保証を求めたにもかかわらず，Yは，これに応じなかったばかりか，かえって，約定どおりの期日に既往の取引の代金決済ができなくなって，支払いの延期を申し入れるなどし，Xにおいて，既に成約した本件個別契約の約旨に従って更に商品を供給したのではその代金の回収を実現できないことを懸念するに足りる合理的な理由があり，かつ，後履行のYの代金支払いを確保するために担保の供与を求めるなど信用の不安を払拭するための措置をとるべきことを求めたにもかかわらず，Yにおいてこれに応じなかったことによるものであることが明らかであって，このような場合においては，取引上の信義則と公平の原則に照らして，Xは，その代金の回収の不安が解消すべき事由のない限り，先履行すべき商品の供給を拒絶することができるものと解するのが相当である。

したがって，Xが右のとおりYに対して本件個別契約にかかる本件ベビー用品をその納入期日に出荷，納入せず，また，Yとの以後の新たな取引も停止することとして継続的供給を停止したことには，なんら違法性がないものというべきである。

いわゆる不安の抗弁権をいうXの本訴請求についての再抗弁及び反訴請求に対する抗弁は，以上のような意味において理由がある。」

⑦詐欺的な取引方法

【104】 浦和地判昭60・2・28判時1159・154，判タ553・239

[事実] Yは，外国通貨および金の交換取引に関する事業を目的とする株式会社であり，Xは，Yとの間で昭和54年10月5日を金181億5,436万円（1グラム当り金3,220円）の約定で買付委託契約（以下本件契約という。）を締結した。右契約締結の際，XはYに対し，右取引予約金として金6,400万円を預託した。契約によれば，金塊の受渡しは，予約の約定限月の納会日から4営業日以内に行なわれることになっているのに対し，代金決済は約定限月の納会日当日に行なわれる旨定められており，代金支払先履行の特約があった。しかるにその後，Xは，YがXY間の金地金取引に関する重要事項を告知せず，XはYの巧みな口車にのせられ多少の利益が出るのに応じてそれ迄の利益分を次々と買注文の保証金にあてさせられ，途中清算を求めたことは何度もあったが，その都度反対売買によって清算することはできないと言われ，やむをえずずるずると出捐が増加し，本件取引に応ぜざるをえなかったと主張して，本件契約の無効を理由に預託した金6,400万円を不当利得としてその返還を請求し，それとともに予備的請求として債務不履行による解除にもとづく原状回復および損害賠償を請求した。裁判所はXの無効の主張は退けたが，予備的請求については次のように判示して請求を認容した。

[判旨] 「ところで，双務契約において特約により当事者の一方が先履行の義務を有する場合にあっても，契約締結後相手方の財産状態の悪化などの事情の変化により反対給付の履行が期待しえなくなったような場合には，信義衡平の理念に照らし，相手方が担保を提供するか，履

行が確実に行なわれることについて，何らかの保証を与えない限り履行を拒絶しうるものと解されるところ，前記認定事実によれば，特約によりXがYに対し，代金の先払いの義務を負うとされた昭和59年9月26日の時点では，Yにおいて本件約定量の金塊をXに対し引渡す意思も能力もなく，履行が期待しえない状況にあったものと推認するのが相当である。したがって，Xは，右時点においては右特約に従った先履行の義務から解放されていたといえる。

そうすると，Xの代金支払義務の履行は，双務契約の基本原則に立ち戻って，反対給付と同時履行の関係に立つことになるものと考える。したがって，本件契約の解除が認められるためには，これに先立ちXによる履行の提供が必要となると解されるが，前記認定の状況の下では，その提供の程度は信義則上大幅に軽減されて然るべきである。ところで，Xが本件契約の解除の意思表示をする以前になした代金支払いの準備の状況については前記認定のとおりであって，これによればXは相当程度の履行準備をしていたと認められる。したがって，Xによる本件契約の解除の意思表示はその効力を生じたとみるのが相当である。」

少数の，しかも継続的取引関係にかぎられた裁判例から判例の一般的趨勢を読みとることは容易いことではないが，以上から少なくとも次の点を確認できるのではないかと思われる。第1に，信用不安は常態的な支払・取引の形態から逸脱することからもたらされるが，これらの事情は「信用不安」の1つのメルクマールにすぎず，それらに対する事後の対応，通知，説明を求めること，担保提供，取引条件改定交渉等と相まって抗弁権の帰趨が決定されるのである。要するに，取引関係において，各当事者は自己の信用状態に対する相手方の不安を解消すべき，あるいは，それに対して誠実な対応をすべき義務が求められており，抗弁権はそうした義務の「不履行」に対するサンクションといえるのである。その意味では，不安の抗弁権は単に財産状態悪化に対するディフェンスというよりは，契約に付随する信義則上の債務の不履行が問題とされているといえよう。

第2に，取引開始時点における信用状態を問題とした裁判例は見あたらない。そうした場合は原則として顧慮すべきでないと考えられる。ことに信用調査の結果，取引関係に入ることを決断した以上は，その時点での信用状態をリスクとして負ったはずであり，後になってかかる経済状態を理由に履行を拒絶することは信義則上容認しがたいからである。その意味で不安の抗弁権は契約締結以後の財産悪化を問題とするものである。

もっとも，これに対して取引開始時点ないし開始前における財産悪化状態が不安の抗弁権をつねに排除しうるか，は問題である。たとえば，自らの財産状態を秘匿し，あるいは相手方を欺罔させて取引を開始したような場合には，詐欺取消ないし錯誤無効にもとづき契約関係を解消させることはできるであろうが，その場合に不安の抗弁権を認めることも許されるとの解釈も可能であろう。ただ，相手方にそうした積極的な欺瞞行為がない場合にも信用状態についての錯誤が「要素錯誤」であるといえるかは困難な問題であり，留保しておきたい。

第3に，裁判例はもっぱら継続的商品供給契約を対象としたものであるが，それ以外の契約類型にはどこまで妥当するかも問題であ

る。継続的取引関係は期間が長期にわたるときは、当事者の予測を越えた経済的社会的変動が生じる可能性があり、そうした変化を当事者の一方のみのリスク負担とすることは合理性がない。近時議論のある契約再交渉義務もこうした背景から理解されよう。これに反して、たとえば、1回的給付で取引が完結する売買契約においては、契約締結以後の相手方の財産状態の変化は、リスク配分の問題であるということもできる。相手方の信用状態に不安があれば、契約締結の断念、あるいは反対給付の先履行ないし同時履行特約、担保の要求等の対応が可能だからである。交換給付が可能な取引タイプにおいて当事者があえて、異時履行関係の定めをしたということは、相手方の資力についてリスクを負っていると見ることも可能であろう。商品売買にかぎっていえば、売買代金債権は特別の先取特権の保護があり、破産法上別除権として処遇されること（92条）等を考慮するならば、不安の抗弁権を認めないことが不合理とも言い切れず、けっきょく各契約類型にそくした検討がなお必要ではないかと思われる[115]。

第4節　相手方の履行または提供のないこと

民法533条は、「相手方カ其債務ノ履行ヲ提供スルマデハ」自己の債務の履行を拒絶しうると規定しているから、相手方が履行をしたとき、または履行の提供をしているときは、抗弁権を主張しえないことは当然である。

問題となるのは、第1に、一度債務の本旨に従った履行の提供をすれば、他方はもはや同時履行の抗弁権を行使することができなくなるか否かであるが、否定説、肯定説に分かれている。

否定説の論拠は、①「提供スルマデハ」という」文言からしてその継続を法は要求していないこと、②提供を受領しなかった相手方に同時履行の抗弁権を認めないことが公平に合すること、③履行提供後の財産状態の悪化に対しては、不安の抗弁権を主張することができること、を理由とする。これに対して、肯定説は、①一度提供した以上は、その後財産状態が悪化しても相手方が必ずその債務の履行をしなければならないとするのは不当であること、②一方当事者が履行の提供をしても債務を免れるわけではないから、両債務の

---

[115]　請負代金債権（後払いが原則である、633条）についても不動産保存および不動産工事の先取特権（325条以下）の保障が与えられ、さらに建築建物請負人所有権帰属説（通説）によって、不安の抗弁権の必要性はかなり減じられている。

履行上の牽連性はなお存続し，他方の当事者も同時履行の抗弁権を取得しうると解するのが公平である，との理由をあげる。

この問題に関して判例は肯定説を採り，履行提供をした場合であっても，後にこれを中止した場合には，相手方には同時履行の抗弁権ありと判示する[116]。

【105】 大判明44・12・11民録17・772

[判旨] 一部破棄差戻 「双務契約ニ於テ当事者ノ一方ハ相手方カ其債務ノ履行ヲ提供スルマテ自己ノ債務ノ履行ヲ拒ムコトヲ得ルハ民法第533条ノ規定スル所ニシテ此同時履行ノ抗弁ハ当事者ノ一方カ曾テ一タヒ履行ノ提供ヲ為シタルコトアルモ其提供ニシテ継続セサル以上ハ相手方ニ於テ主張スルコトヲ得ルモノトス蓋シ民法第413条及ヒ第492条ニ依レハ双務契約ニ於テ当事者ノ一方カ履行ノ提供ヲ為シ相手方之ヲ受領セサルトキハ相手方ハ之ニ因リ遅滞ノ責ニ任シ提供者ハ不履行ノ責ヲ免カルルモノナリト雖モ是レ皆提供者ノ債務ニ関シ生スル効果ニシテ相手方ノ債務ハ之カ為メ何等ノ影響ヲ受クルモノニ非ス相手方カ有スル同時履行ノ抗弁ハ其債務ノ履行ニ付キ与ヘラレタルーノ担保ニシテ其履行ヲ求メラルルニ当リ常ニ提供スルコトヲ得ルモノナルカ故ニ他ノ一方ノ履行ノ提供カ継続スル場合ハ格別然ラサルトキハ之ニ依リ其履行ヲ拒ムコトヲ得ルモノト為ササルヘカラス然ラサレハ他ノ一方カ一タヒ履行ノ提供ヲ為シタル後無資力ノ状態ニ陥ルコトアルモ相手方ハ

第4節 相手方の履行または提供のないこと

必ラス其債務ノ履行ヲ為ササルヘカラスシテ甚シキ不公平ノ結果ヲ観ルニ至ルヘシ」

【106】 大判昭6・9・8新聞3313・15

[事実] 詳細は明らかではないが，XがYの設立にかかる無尽講に加入し，落札した結果講金の支払を受ける権利を取得したが，講則によると，落札者は担保の差し入れかまたは保証人を立てて借用証書と引換にのみ落札金を受領しうるものとされていた。ところが，Xがこれにもとづき落札金を受領するため借用証書を差し入れようとしたところ，Yはその受領を拒絶し，支払をしない旨言明した。また，Xがその所有不動産につきYのため抵当権の設定登記手続をしようとしたが，Yは登記所に出頭しないため登記手続ができなかった。Xからの講金支払請求に対して，原判決はYは引換の抗弁権を喪失したと判示して請求を認容した。Y上告。

[判旨] 破棄差戻 「然レトモ本件ニ於ケル如ク契約当事者カ相互交換的ニ或ル給付ヲ為スヘキ関係ニ在ルトキハ其ノ一方ハ他ノ一方ノ履行請求ニ対シ所謂同時履行ノ抗弁権ヲ有スルモノニシテ縦令其ノ者ニ於テ曾テ相手方ノ履行提供ニ対シ受領ヲ拒絶シタル事実アリトスルモ相手方ヨリ現実義務ノ履行ナキ間ハ裁判所ハ尚相手方ノ為スヘキ履行ト引換ニ給付スヘキ旨ノ判決ヲ為スヘキモノトス（当院大正6年（オ）第594号同年11月10日判決参照）蓋右ノ場合ニ於テ当事者ノ一方カ故ナク受領ヲ拒絶スルモ之カ為ニ同時履行ノ抗弁権ハ抛棄其他何等カ特別ノ事情ナキ限リ終局的ニ消滅スルノ理由之レナキ

---

[116] ただし，債権者が履行の催告をした際に自己の債務の履行を提供し債務者を遅滞に付した以上，解除権を行使するに当り提供を継続することを要しない。大判昭3・5・31民集7・393。もっとも，解除権の行使までは相手方は追履行のチャンスを与えられているべきだから，提供の継続の必要性が消滅するのは相当期間の経過（541条）以後というべきであろう。

第2章　同時履行の抗弁権の成立要件

カ故ナリ」

　こうした肯定説の判例の立場は，傍論ながら次の最高裁判決にも引き継がれている117)118)。

【107】　最判昭34・5・14民集13・5・609

　[事実]　Xはパチンコ遊技機械製造販売業を営む会社であり，Yは遊技場等の経営者である。Xは昭和29年6月，Yの乾児であり女婿である訴外Aの父であるBに対して，パチンコ機械200台を，代金120万円で売却する契約を結んだ。契約によれば，本件機械の売買代金の履行期は引渡後少なくとも1カ月後であり，その後の期限については定めはなかった。XはBに対して3回にわたってパチンコ機械の全部を引き渡したが，Bは代金のうち10万円を支払ったのみであった。そこで，YはXとの間で，代金を60万円に減額して債務を引き受ける趣旨の債務引受契約を結び，内金10万円を支払った。しかし，Yが残債務の支払をしないので，XはB方から，使用中の機械の「あひる」を取り外して持ち帰った。Xから本訴により残代金の支払を請求。Yはこれに対して同時履行の抗弁権を提出した。すなわち，Bはいったん本件機械の引渡を受けたが，その後Xがその機械の重要部分たる「あひる」を取り外して持ち帰って機械の使用を不能にしたのであるから，事実上機械の引き上げがなされ引渡がなかったことになる。それゆえXが代金支払を請求するためにはあらためて完全な機械の引渡をすべきである，と。原審はYの抗弁を容れず請求を認容した。Y上告。

　[判旨]　棄却　「双務契約の当事者の一方は相手方の履行の提供があつても，その提供が継続されない限り同時履行の抗弁権を失うものでないことは所論のとおりである。しかし，原判決によれば売主たるXは本件機械全部を買主たるBに昭和29年6月28日までに約束通り引渡したというのであるから，Bは右引渡を受けたことによつて所論同時履行の抗弁権を失つたものというべきであり，従つてその後において，Xの代理人C某が右機械の「あひる」を取外して持ち帰つたからといつて，同人に別個の責任の生ずる可能性のあることは別論として既になされたXの債務の履行に消長を来し，一旦消滅した同時履行の抗弁権が復活する謂れはない。」

　ところで，裁判例はかならずしも履行提供と受領遅滞の効果を明確に区別することなく，同時履行の抗弁権の喪失の問題を扱っている。しかし，前者はもっぱら債務者側の態様のみが問題であるのに対して，後者は相手方（債権者）の態様を問題とする点で異なる。すなわち，受領遅滞においては，履行提供の結果にくわえて相手方に受領拒絶または受領不能

---

117) 本件では，売主が売買目的物であるパチンコ機械の一部（「あひる」）を，残代金不払を理由に取り外して持ち帰ったケースであり，その点ですでに商品の引渡がなされているから，履行提供と同時履行の抗弁権の消滅の問題を取り扱っているわけではない。また，本件機械の重要部分「あひる」の取り外しは売主の側の「契約不履行」ということも困難である（太田知行「判例批評」法協77巻2号117頁以下は，Xの行為はむしろ違法な自力救済とみるべきだとする）。
118) このほか，融資契約を締結した当事者の一方が，融資の条件である担保供与義務の履行の提供をしたにもかかわらず，他方がこれを受領しなかったときは，担保の現実の供与がないことを理由とし，融資としての金員交付を拒むことはできないとした裁判例がある（東京高判昭47・5・30金法661・32）。

の状態が生じるかぎりで債権者の「責任」が問題となり（413条），その「責任」内容として同時履行の抗弁権の喪失が含まれるかどうかが，問われなければならないのである。したがって，選択肢としては，①提供であれ受領遅滞であれ，同時履行の抗弁権は喪失しない，②提供であれ受領遅滞であれ，それによって同時履行の抗弁権が喪失する，③提供と受領遅滞を区別した上で，同時履行の抗弁権を喪失させるためには，提供では足りず，相手方が受領遅滞に陥らなければならない，という3つが考えられる。判例が①の立場であることはいうまでもない。これに対して学説は②と③の区分が十分意識されていないようである。

　周知のように，受領遅滞の法的性質については法定責任説と債務不履行責任説が対立している。前者は信義則上認められた法律上の責任であり，自己の責に帰すべき事由に基づくことを要しない。その結果，受領遅滞の効果は履行提供の効果（492条）と重なり，損害賠償請求権および契約解除権は生じない。これに対して，後者は債権者が提供がなされた場合には債権者に後者は債権者に一般に受領義務があると解するものであり，受領遅滞をその不履行と捉える。したがって，債権者の側の帰責事由が必要であり，その結果として損害賠償請求権および契約解除権が肯定されることになる。

第4節　相手方の履行または提供のないこと

同時履行の抗弁権の喪失の問題をこれと結びつけるならば，次のように考えることが許されよう。すなわち，法定責任説の下でも，単なる履行提供ではなく，さらに受領拒絶ないし受領不能の要件が加重されなければならないから，受領遅滞の効果として同時履行の抗弁権を否定することは可能である。しかし，債務不履行責任説の立場に立つ場合には，債務者側の提供によって遅滞が生じているのみならず，積極的にその受領を拒み，または受領できない状況を作り出した責任はより重いものと考えられる。したがって，同時履行の抗弁権はより強い理由で否定されなければならないであろう。

　第2に，事前の受領拒絶の問題がある。一般に事前の受領拒絶があっても，弁済期においてその意思を翻す可能性が存在するから，同時履行の抗弁権を失わせるべきではなく，履行提供が必要であろう（ただし口頭の提供で足りる―493条）。これに対して，相手方の受領拒絶の意思が明確である場合には，債務者は弁済提供がなくても債務不履行責任を負わないとするのが判例である[119]が，抗弁権も喪失すると解すべきであろうか。これについての裁判例は存しないようである。思うに，売買契約のような1回的給付で履行が完了するような取引ではなく，継続的契約関係においては，契約の相手方が契約関係の存在そのものを否定する等の言動によって受領拒絶

---

119)　特に賃貸借契約において，賃貸人が賃料支払の受領を拒絶しつつ，後になって賃料不払を理由に契約解除による建物明渡を主張するという形で先鋭化することが多い。賃料債務の弁済期は回帰的に発生するので，一度受領拒絶すると以後口頭の提供を要求することも酷な場合が多いからである。最判昭23・12・14民集2・13・438，同昭和32・6・5民集11・6・915，同昭34・6・2民集13・6・631。

第2章　同時履行の抗弁権の成立要件

意思が強固かつ明確である場合に限っては，履行提供することなく反対給付を請求することができ，相手方が意思を翻して同時履行の抗弁権を主張することは信義則に反するというべきであろう。

第3に，相手方に反対給付の履行拒絶がある場合，それによって同時履行の抗弁権が失われるか問題になる。一般には，事前の履行拒絶があっても，翻意可能性が残っているかぎり，同時履行の抗弁権は失われないのが原則であろう。これに対して，履行拒絶の意思が明確ないし強固であるような場合にも，履行提供が必要と解すべきか。判例は，相手方の履行拒絶の意思が明確である場合には，履行提供がなくても不履行責任を免れると判示した[120]が，さらに，そのような当事者は相手方の履行提供のないことを理由として同時履行の抗弁権を行使して，不履行責任を免れることはできない，とするに至った[121]。

【108】　大判大10・11・9民録27・1907

［判旨］棄却「然レトモ双務契約当事者ノ一方ナル乙カ其債務ヲ履行セサルノ意思明確ナル場合ニ於テハ縦令其相手方タル甲ニ於テ自己ノ債務ノ履行ヲ提供スルモ乙ノ債務履行ヲ期待スルコト能ハサルハ明カナルニヨリ斯ノ如キ場合ニ甲ニ其債務ノ履行ノ提供ヲ強ユルハ全ク条理ニ反シ何等ノ実益ヲモ有スルモノニアラサルカ故ニ甲ニ於テ自己ノ債務履行ニ付キ現実ノ提供ハ勿論所謂言語上ノ提供ヲモ為ササルモ乙ハ自己ノ債務ノ不履行ニ付キ同時履行ノ抗弁ヲ行使シテ不履行ノ責任ヲ免ルコトヲ得サルハ当院判例ノ示ス所ナリ（大正3年（オ）第413号同年12月1日大正6年（オ）第536号同年11月8日大正9年（オ）第464号同年11月11日各判決参照）然ラハ本件ニ付キ原院カ上告人ニ於テ未タ引渡ヲ了ヘサル売買物品ニ付キ其履行期日ニ履行スルノ意思ナキコトヲ表明シタル事実ヲ認メ斯ル場合ニ於テハ縦令被上告人カ代金支払義務ノ提供ヲナササリシトスルモ上告人ニ於テ自己ノ債務不履行ニ付キ其責ヲ免ルコトヲ得スト判断シタルハ相当ナリ依テ本論旨ハ理由ナシ」

確かに，双務契約の当事者の一方が自己の給付を履行する意思がないことが明白な場合は，同時履行の抗弁権の基礎である履行上の牽連性を破壊するものであるから，履行を求められたとたんに，一転して相手方の履行の提供のないことを理由に同時履行の抗弁権を行使することは，かえって信義則に反し，禁反言として許されないものというべきであろう。判例の立場は正当である。

---

120) 大判大3・12・1民録20・999。
121) 同趣旨の判例として，大判大9・11・11民録26・1819，大判昭2・1・21新聞2668・14，評論16民法278，大判昭6・10・30法学1上385，大判昭9・4・19法学3・1195，大判昭13・12・9新聞4357・17，判決全集5・24・28。ただし，抵当権付土地の売買契約で，買主が売主より売買残代金の支払を求められたが，金員を所持せず，また調達の見込みもない状況の下，売主が抵当権登記の抹消手続等売買の実行に必要な自己の債務の履行を提供していなくとも，それだけでは履行拒絶の意思が明確であるとはいえない，として契約解除の効力を否定したものもある。大判大6・11・8民録23・1753。

第3章　同時履行の抗弁権の効果

第1節　訴訟上の行使

同時履行の抗弁権は，訴訟外で主張されたとしても，訴訟において援用しないときは，裁判所は同時履行の抗弁権の存在または行使がないものとして裁判しなければならないことは当然である。同時履行の抗弁権の行使もまた私権の行使であり，公益に関するものではないから，弁論主義の原則の下，職権で裁判所がこれに基づいて裁判することはできないからである。判例も，相手方（被告）が同時履行の抗弁権を提出しなければ，単純給付判決がなされるべきであるとする。

【109】　大判大7・5・2民録24・949

[判旨]　棄却　「被上告人ハ既ニ売買物件ノ一部ヲ受取リタル以上ハ仮令売買契約ヲ解除シタリトスルモ其受取リタル物件ヲ返還シテ原状ニ回復シタル上ニ非サレハ自己ノ債権ヲ主張シテ請求シ得サルコトハ民法ニ規定セラルル所ナリ然ルニ事茲ニ出テスシテ手附金100円返還請求ヲ為シタルニ原審ハ之ヲ許容セラレタリ《中略》ト云フニ在リ

然レトモ仮令被上告人ニ原状回復ノ義務アルニモセヨ上告人ニ於テ同時履行ノ抗弁ヲ提出セサル限リ裁判所ハ民法第546条ニ従ヒ同第533条ヲ準用スヘキニ非サルコト多言ヲ要セス而シテ上告人カ同時履行ノ抗弁ヲ為シタルコト記録中更ニ之ヲ徴スヘキ点ナキカ故ニ原審カ被上告人ノ手附金返還ノ請求ヲ認容シタレハトテ論旨ニ謂フ如キ不法アルモノト為スヲ得ス」

【110】　大判昭10・2・19新聞3816・7，評論24民事訴訟法116

[判旨]　棄却　「双務契約ニ因ル債務カ相互ニ同時履行ノ関係ニ立ツトキト雖モ原告ヨリ引換給付ノ判決ヲ求ムルカ若ハ被告ヨリ同時履行ノ抗弁ヲ提出スルニ非ラサレハ裁判所カ被告ニ対シ原告ノ為ス給付ト引換ニノミ履行ヲ為スヘキ旨命スヘキモノニ非ス而シテ本件ニ於テ当事者ノ何レヨリモ叙上ノ如キ陳述ヲ為シタル形迹アルコトナケレハ原審カ其判決主文ニ於テ引換給付ヲ命セサリシハ洵ニ相当ナリトス而シテ原判決理由中ニ上告人ハ本件土地ノ引渡ヲ受クルト同時ニ代金ノ支払ヲ為スヘキ義務アリ云々トアルハ文意稍明瞭ヲ欠ク嫌アルモ双方ノ債務ノ履

行期ハ元来同時ニシテ先後ナキ旨説示セルニ止マルモノト解スヘキカ故ニ之ヲ以テ所論ノ如クニ主文ト理由ト相齟齬スルモノト為スハ当ラス」

【111】 大判昭12・10・29判決全集4・20・15

［判旨］ 破棄差戻 「現行法上民事訴訟ノ審理ハ原則トシテ所謂弁論主義ニ従フヘク裁判ノ基本タル資料ハ職権調査事項ニ属スルモノ及些少ノ例外ヲ除キ当事者ノ提出シタル攻撃又ハ防禦ノ方法ノ範囲ニ限局セラルヘキモノトス（民事訴訟法第186条参照）従テ裁判所カアル給付ノ請求ヲ認容スルニ当リ相手方ニ対スルアル給付ト引換ニノミ請求シ得ヘキ旨ノ判決ヲナスニハソノ請求権カ相手方ニ対スルアル給付ト引換ニノミ行ヒ得ヘキモノナル旨ノ特約アルカ又ハ相手方カ特約ニヨリ若クハ法律ニヨリアル給付ト同時履行ノ抗弁権ヲ有シ且之ヲ行フ旨ノ主張アルヲ必要トス然ルニ上告人ノ本件請求ト金鵄勲章年金証書返還トニ関シ何等カ前示ノ如キ事情アル旨ノ主張アリタルコトハ記録ニ徴スルモ認メ難キヲ以テ原審カ金鵄勲章年金証書ト引換ニ金員ヲ支払フヘキ旨判決シタルハ失当ニシテ原判決ハ審理ヲ尽サス若クハ理由ヲ備ヘサル違法アリテ全部破毀ヲ免レス」

古い判例は被告側の欠席もまた, 抗弁権不行使が推定されるとする。

【112】 大判明29・6・19民録2・6・62（【81】と同一判例）

［判旨］ 破棄差戻 「抗弁ナルモノハ之ヲ提出スルト否トハ被告ノ随意ニシテ被告ヨリ之ヲ提出セサル以上ハ縦ヒ原告ニ於テ其事実上ノ基本ヲ自陳シタルトキト雖モ尚ホ裁判所ハ職権ヲ以テ右ノ抗弁ニ属スルコトヲ理由ト為シ之ヲ裁判ノ資料ニ供スルコトヲ得ス且本件ニ於テ其被告タル被上告人Yハ口頭弁論席ニ出頭セス欠席シタルカ故ニ其結果トシテ総テノ抗弁ヲ抛棄シタリトノ推定ヲ受ク可キモノナルニ付キ旁原裁判所カ上告人ノ義務ニ属スル反対給付ノ提供ナキコトヲ理由トシテ上告人ノ請求ヲ排斥シタルハ双務契約ノ法理ニ背クノミナラス尚ホ民事訴訟法上欠席裁判ノ規定ニモ亦戻ル不法ノ裁判ナリトス」

抗弁権の存在についての要件事実を主張することを以て抗弁権の主張と認めてよいかは問題である。留置権に関するものであるが, 借地借家法上の建物買取請求権について最高裁は, かつて, 次のように述べて消極説を採った。

【113】 最判昭27・11・27民集6・10・1062

［事実］ Xは訴外Aにその所有する土地を賃貸し, Aがその上に本件建物を建築していたが, YがAより建物を譲り受けた。しかしXはYに賃借権の譲渡に対して承諾を与えず, Yに対して不法占拠を理由として, 建物収去土地明渡を求めて本訴を提起した。第1審ではXが勝訴。そこでYは控訴して予備的に建物買取請求権の行使を主張したところ, 原審は買取請求権を認め, その結果家屋の所有権はXに移転したとしてこれを取消し, Xの予備的主張である家屋明渡請求を認容した。Yは上告して, 借地法10条による建物買取請求の意思表示によって売買と同一の効果を生じ, Yは建物をXに引渡す義務を負い, Xはその時価に相当する金員を支払う債務を負うのであり, その代金支払債務は建物

引渡債務とともに物に関して生じた債務であるから，Yが代金の支払を受けるまで建物を留置する権利があるが，この留置権は法律上当然に発生する権利であるから，買取請求の意思表示を適法に認めていながら，釈明権を行使することなく，家屋明渡の請求を認容したのは違法である，と主張した。

[判旨] 棄却 「原審でYはXに対し所論のように借地法10条による建物買収請求の意思表示をしたことは認め得るけれども，その代金の支払あるまで当該建物を留置する旨の抗弁を主張したことを認むべき証跡は存在しない。さればたとい右建物の買収請求によりYとXとの間に当該建物につき売買契約をしたのと同様の法律上の効果を生じ，建物の所有権はXに移転し，YはXに対しこれが引渡義務を，またXはYに対しこれが代金支払義務をそれぞれ負担することとなり，従つて当然にYにおいてXがその代金の支払をなすまで右建物の上に留置権を取得するに至つたとしても，前説示のようにYにおいて該権利を行使した形跡のない以上，原審がこれを斟酌しなかつたのはむしろ当然であり原判決には所論第1点のような違法があるとはいえない，けだし，権利は権利者の意思によつて行使されその権利行使によつて権利者はその権利の内容たる利益を享受するのである。それ故留置権のような権利抗弁にあつては，弁済免除等の事実抗弁が苟くもその抗弁を構成する事実関係の主張せられた以上，それが抗弁により利益を受ける者により主張せられたると，その相手方により主張せられたるとを問わず，常に裁判所においてこれを斟酌しなければならないのと異なり，たとい抗弁権取得の事実関係が訴訟上主張せられたとしても権利者において権利を行使する意思を表明しない限り裁判所においてこれを斟酌することはできないのである（民訴186条参照）。そしてまた当事者の一方が或る権利を取得したことを窺わしめるような事実が訴訟上あらわれたに拘わらず，その当事者がこれを行使しない場合にあつても，裁判所はその者に対しその権利行使の意思の有無をたしかめ，或はその権利行使を促すべき責務あるものではない。されば論旨第2点も理由なきものである。」

しかし，その後，判例は明確な理由を示すことなく積極説に転じた。

【114】 最判昭36・2・28民集15・2・324

[事実] AはBから本件宅地を賃借して，地上に本件建物を所有していたが，XはBから右宅地を買い受けた。Aは本件建物につき長男C名義で保存登記をしていたが，その後五男であるY₁に贈与し，Y₁はCからの贈与を原因とする本件建物の所有権移転登記を経由し，その後Y₂に賃貸した。XはAおよびY₁に対して敷地賃借権の譲渡または転貸につき承諾がないことを理由に賃貸借契約解除の意思表示をし，建物収去土地明渡を請求するとともに，Y₂に対して建物退去を求めた。第1審X勝訴。控訴審においてY₁は予備的に建物買取請求権を行使したところ，裁判所はこれを容れて本件建物の所有権はXに移転したものとしたが，Xが請求の趣旨を変更しまたは予備的主張として本件建物の明渡を求めなかつたし，Y₁もまた明渡と建物代金との同時履行関係を主張しないので，Xの請求を棄却した。X上告。

[判旨] 一部棄却一部破棄差戻 「論旨は，Y₁は，原審において予備的にXに対し，本件建物の買取請求権を行使すると主張しただけで，建物の買取代金にもとづき留置権を行使する旨の抗弁を提出していないので無条件でXの引渡請求を認容すべきであると主張するが，右Y₁の

第3章　同時履行の抗弁権の効果

主張は，建物買取代金の支払があるまでは土地の明渡を拒絶する趣旨であると解すべきこと弁論の全趣旨に徴し明らかである」

同時履行の抗弁権に関する最高裁の立場はまだ示されていないが，建物買取請求権に関するかぎり積極説の立場に立ったとみてよいであろう。

第2節　訴訟上の効果

同時履行の抗弁権が訴訟上行使された場合，ドイツ民法には引換給付判決をなすべき旨の規定がある（322条1項）が，わが民法には明文の規定がない。しかし，学説の圧倒的多数は引換給付判決をすべきであると主張する[122]。その理由は，第1に同時履行の抗弁権は相手方の履行または履行提供があるまで，その請求を拒絶することができるにすぎないものであるから，原告の請求を敗訴させる必要性がないこと，第2に，引換給付判決によって被告の利益を害するものでないこと，第3に，請求棄却は双務契約の本質である対価的牽連性に反すること，があげられる。さらに，棄却判決が出ると，原告が再度履行ないし履行提供をして請求しても既判力によって遮断されるおそれがあることも指摘されるべきであろう。

判例は，かつては当初原告が引換給付判決を求めた場合には引換給付判決をすべきである（【115】）が，単に単純給付判決を求めたときは請求棄却をすべきものとしていた（【116】）。

【115】大判明41・6・17民録14・733

［判旨］　棄却　「法律カ民法第533条ニ於テ双務契約ノ当事者ノ一方ニ相手方カ其債務ノ履行ヲ提供スルマテハ自己ノ債務ノ履行ヲ拒ムコトヲ得ル権利ヲ与ヘタルハ双務契約ノ当事者ノ相手方ハ自己ノ債務ヲ履行スルコトナクシテ其一方ニ対シテノミ債務ノ履行ヲ請求スルコトヲ得ルトスルハ不公平ナルカ故ニ当事者双方ノ利益ヲ公平ニ保護センカ為メニ外ナラサルナリ依テ本件カ被上告人ヨリ自己ノ債務ニ属スル代金ヲ提供スルコトナクシテ単ニ上告人ニ対シテ其債務ニ属スル酒精ノ引渡ヲ請求スルニアランニハ上告人ハ同条ノ規定ニ依リ其履行ヲ拒ムコトヲ得可シト雖モ本件被上告人ノ請求ハ然ルニアラスシテ代金ト引換ニ酒精ノ引渡ヲ請求スルニ在レハ酒精ヲ引渡ス可キ上告人ハ単ニ之ヲ引渡スノミニテ其代金ヲ受領スルコトヲ得サルモノニ非ス酒精ヲ引渡スト同時ニ其代金ヲ受領スルコトヲ得ル又被上告人カ代金ヲ支払ハサルニ於テハ酒精ヲ引渡ササルコトヲ得ルモノナレハ被上告人ノ本件ノ請求ハ洵ニ同時履行ノコトヲ規定シタル右第533条ノ規定ニ適応シタルモノニシテ此趣旨ニ基キタル原判決ハ違法ナルコトナシ」

---

122) 反対説として，神戸寅次郎「同時履行論」著作集（下）373頁以下。

【116】 大判明41・11・21 民録14・1214

[判旨] 棄却 「双務契約ノ当事者ノ一方カ裁判上相手方ノ債務履行ヲ求ムル場合ニハ必シモ予メ自己ノ債務履行ノ提供ヲ為スコトヲ要セス其請求ノ趣旨ニシテ同時履行ノ目的ヲ達スルニ適スルトキ例セハ買主カ代金引換ニ買受物件ノ引渡ヲ求ムル場合ノ如キハ其請求及ヒ之ヲ是認シタル判決ノ趣旨ニ依リ執行ノ際同時履行ノ目的ヲ達シ得ヘキヲ以テ予メ代金ノ提供ナキヲ理由トシテ其請求ヲ却下スルコトヲ得サルハ既ニ本院判例ノ説示シタル所ノ如シ（明治41年オ第114号同年6月17日判決）然レトモ本件ニ於ケルカ如キ買主タル原告カ既ニ自己ノ債務ハ之ヲ履行シ了リタリト主張シ単ニ相手方ノ債務履行ノミヲ求ムル場合ニ於テ相手方カ之ヲ争ヒ而シテ裁判所カ未タ原告ノ債務ノ履行ナキヲ認メタルトキハ原告ニシテ其債務履行ノ提供ヲ為スカ又ハ其請求ヲ更メ自己ノ債務ノ履行ト同時ニ相手方ノ債務履行ヲ求ムル趣旨ト為ササル限リハ之ヲ不当ナリトシテ却下スルノ外ナシ何トナレハ此場合ニ単ニ相手方ノ債務履行ノミヲ命スル判決ヲ為スニ於テハ其確定ノ結果相手方ハ単独ニ其債務ノ履行ヲ強要セラレ法律上付与セラレタル同時履行ヲ求ムル権利ヲ行フノ途ナキニ至レハナリ」

しかし，その後判例の立場は次第に，原告の申立を厳密に解することなく，比較的緩やかに引換給付判決を認めるものに変わってきたといえる。すなわち，原告が双務契約上の債務の履行を請求している場合には，引換給付判決を求める趣旨が請求に含まれるとし（【117】【118】），また，【119】は原告の無条件の請求に対して引換給付判決をすることは，当事者の申し立てない事項につき判決をすることになるとして上告したのを退けて引換給付判決を明言した。

【117】 大判明44・12・11 民録17・772（【105】と同一判例）

[判旨] 棄却 「同時履行ノ抗弁提出セラレタルトキハ起訴者ハ自己ノ債務ノ履行ト引換ニ非サレハ相手方ノ債務ノ履行ヲ求ムルコトヲ得サル筋合ナルカ故ニ単純ニ相手方ノ債務ノ履行ヲ目的トスル其請求ノ全部ハ之ヲ認容スルコトヲ得スト雖モ自己ノ債務ノ履行ト引換ニ相手方ヲシテ其債務ノ履行ヲ為サシムルコトハ其請求中ニ包含セラルルモノト認メ得ヘキヲ以テ裁判所ハ此ノ如キ場合ニ於テハ起訴者ノ請求ヲ全部排斥スルコトナク双方債務ノ履行ヲ引換ニテ相手方ニ其履行ヲ命スル所ノ裁判ヲ為スヲ至当トス」

【118】 大判大7・4・15 民録24・687

[判旨] 棄却 「双務契約当事者ノ一方カ自己ノ債務ノ履行ヲ提供スルコトナク単ニ相手方ニ対シ其債務ノ履行ヲ請求シタル場合ニ若シ相手方ニ於テ同時履行ノ抗弁ヲ提出シタルトキハ裁判所ハ原告ノ請求全部ヲ排斥スルコトナク被告ニ対シ原告ノ債務履行ヲ条件トシテ交換的ニ債務ノ履行ヲ為スヘキ旨ノ判決ヲ与フヘキモノナルコトハ従来当院判例（明治44年(オ)第326号同年12月11日判決）ノ説示スルカ如シ而シテ原告ノ請求ハ仮令斯クノ如キ交換的給付ヲ求ムルコトヲ明言セストスルモ相手方ニ対スル双務契約履行ノ請求中ニハ上記条件附請求モ当然之ニ包含セラルルモノト解スルヲ至当トスヘク毫モ所論ノ如ク原告ノ請求以外ニ亘リテ判決ヲ為スモノト謂フヲ得ス論旨ハ上告ノ理由ト為スニ

第 3 章　同時履行の抗弁権の効果

足ラス」

【119】　大判大 5・2・9 民録 22・221

[判旨]　棄却　「双務契約ノ当事者ノ一方カ訴ヲ以テ単純ニ相手方ノ債務ノ履行ヲ請求シタル場合ニ於テ相手方カ同時履行ノ抗弁ヲ提出シタルトキハ裁判所ハ其請求ノ全部ヲ排斥スルコトナク双方ノ債務ノ履行ヲ引換ニテ相手方ニ其履行ヲ命スヘキコトハ当院判例（明治 44 年（オ）第 326 号同年 12 月 11 日言渡判決参照）ノ示ス所ニシテ如上ノ法理ハ本件ノ如ク契約当事者ノ一方カ其解除権ヲ行使シ相手方ニ交付シタルモノノ返還ヲ訴求シタルニ相手方カ同時履行ノ抗弁ヲ提出シタル場合ニモ亦相当スヘキモノナレハ原院カ所論ノ如ク控訴人ハ被控訴人ヨリ金 334 円 20 銭ヲ受取ルト同時ニ云云ト判決シタルハ相当」

以後，原告の訴訟上の請求いかんを問わず引換給付判決をすべしとする判決が繰り返され[123]，確定した判例となっている。さらに，次の判決は売買契約で残代金と引換に登記手続を請求したところ，売主の同時履行の抗弁権によって残代金に増額を来した場合であっても，増額された代金と引換に登記手続を命じても当事者の申立を超えて裁判したことにならないと判示する。

【120】　大判大 10・12・3 民録 27・2093

[判旨]　棄却　「上告論旨ハ裁判所ハ申立サル事物ヲ原告若クハ被告ニ帰セシムルノ権ナキハ民事訴訟法第 231 条ノ規定スル所ナリ上告人（控訴人）ノ申立ハ原判決主文掲記ノ山林ニ付金 1,172 円引換ニ売買ニ因ル所有権移転登記手続ヲ求ムルニ在リテ金 1,700 円ト引換ニテハ所有権移転登記手続ヲ求ムルノ訴旨ニ非サルコトハ原判決事実説明自体ニ徴シ洵ニ明白 1 点ノ疑ナキ所ナリ然ルニ原判決ハ本件売買代金残額ハ金 1,172 円ニ非スシテ金 1,700 円ナリト認定シシテ金 1,700 円ト引換ニ所有権移転登記手続ヲナス可キ旨ノ裁判ヲナセリ金 1,700 円ト引換ナラハ何時ニテモ被控訴人ハ控訴人ノ請求ニ応シ登記手続ヲ履行スルハ当初ヨリ争ナキ事実ニシテ敢テ控訴人ヨリ本訴提起ノ要ナキ所ナリ前陳ノ如ク上告人ノ申立ハ金 1,172 円ト引換ニ登記手続ヲ求ムルニアルヲ以テ即チ原判決ハ申立ノ範囲ヲ超越シタル裁判ニシテ結局申立テサル事物ヲ当事者ニ帰セシメタル不法アルヲ免レス然ラハ即チ原判決ハコノ点ニ於テ破毀セラル可キモノト思料スト云フニ在リ

仍テ按スルニ本訴ハ上告人ニ於テ当事者間ノ売買契約ニ基キ自己ノ履行スヘキ残代金ト引換ニ被上告人ニ対シ土地ノ所有権移転登記手続ノ履行ヲ請求スルモノニ係リ畢竟登記手続ノ履行ヲ請求スルコトヲ以テ主眼トスルモノナレハ審理ノ結果其残代金ノ数額ニ変更ヲ来タスコトアルモ依然其請求ヲ維持スルノ意思ナリト認ムルヲ相当トスルニヨリ原院カ被上告人ノ抗弁ニヨリ残代金ハ上告人主張ノ如ク 1,172 円ニアラスシテ 1,700 円ナルコトヲ認メ依テ以テ上告人ノ請求ノ一部ヲ排斥シ被上告人ニ対シ上告人カ金 1,700 円ヲ支払フト同時ニ之ト引換ニ本件土地ノ所有権移転ノ登記手続ヲ為スヘキコトヲ命シタレハトテ之ヲ以テ上告人ノ申立ヲ超越シテ

[123)　大判昭 2・12・15 評論 17 民法 45，大判昭 2・12・13 新聞 2802・14，大判昭 4・7・6 評論 19 民法 174，大判昭 10・4・15 裁判例(9)民 101。

裁判ヲ為シタル不法アリト謂フヘカラス」

さらに，土地所有者の建物収去土地明渡請求に対して，建物買取請求権が行使された場合には，引換給付の請求を含むことになるとした次の下級審判決が参照されるべきであろうある。

【121】　大阪高判昭 35・2・29 訟月 6・6・1135

［判旨］「訴訟引受人3名が昭和33年7月9日した本件家屋の買取請求により，甲家屋につき訴訟引受人Z_1と被控訴人との間に，乙家屋につき同Z_2と被控訴人との間に，丙家屋につき同Z_3と被控訴人との間にそれぞれ時価による売買契約が成立したものというべきである。［……］

そうすると，本件甲，乙，丙家屋の所有権は，昭和33年7月9日Xに移転し，訴訟引受人Z_1は甲家屋の，同Z_2は乙家屋の，同Z_3は丙家屋の所有者ではなくなったものというべきであるから，訴訟引受人3名がそれぞれ右家屋の所有者であることを前提として右家屋の収去を求めるXの請求は失当である。しかし，本件宅地の所有権に基き右各家屋の収去を求める請求中には訴訟引受人らの買取請求の結果同地上家屋の所有権がXに移転した場合においては代金と引換に家屋の引渡を求める請求を含むものと解するのを相当とする。そして，訴訟引受人Z_1が甲家屋に，同Z_2が乙家屋に，同Z_3が丙家屋にそれぞれ居住してこれを占有していることは，いずれも訴訟引受人らの認めるところであるから，訴訟引受人Z_1はXから22万2,680円の支払を受けるのと引換に甲家屋を，同Z_2はXから24万7,665円の支払を受けるのと引換に乙家屋を，同Z_3はXから15万2,105円の支払を受けるのと引換に丙家屋を被控訴人に引き渡すべき義務

があることは明らかである。」

なお，引換給付判決においては反対給付を確定しておかなければならない。次の判例も借地法上の建物買取請求権を行使して，これに基づいて同時履行の抗弁権が主張された場合に関して，買取代金を確定した上でしなければならないとする。

【122】　大判昭 9・6・15 民集 13・1000

［事実］　Xはその所有する本件土地を訴外Aに賃貸し，Aはその地上に建物を建築所有していたが，Yが建物を買い受けた。ところが借地権の承継についてXY間の協議が調わず，XはYに対して建物収去土地明渡等を求めた。Yはこれに対して時価2,000円をもってする建物買取を求めた。原審はYの請求が認められて，買取代金支払と同時に土地建物の引渡を命じた。Xは上告して，原判決には買取価格を確定しない違法がある，本件ではYは時価2,000円と主張しているがXはこれを争っているのだから，これを確定した上で目的物の引渡と代金支払との同時履行の関係を認めるべきであったと主張した。

［判旨］　一部破棄差戻「第三者カ賃貸借ノ目的タル土地ノ上ニ存スル建物ヲ取得シ賃貸人ニ対シ賃借権ノ譲渡又ハ転貸ヲ求ムルモ賃貸人ニ於テ之ヲ承諾セス第三者ニ対シ家屋収去土地明渡ノ訴ヲ提起シタル場合ニ第三者カ借地法第10条ニ依リ所謂買取請求権ヲ主張シ且其ノ代金ノ提供アル迄家屋ノ引渡ヲ拒ム旨ノ抗弁ヲ提出シタルトキハ其ノ抗弁ハ理由アルカ故ニ（昭和6年（オ）第1462号同7年1月26日当院判決参照）裁判所ハ所謂同時履行ノ判決ヲ為スヘキハ勿論ナルカ其際裁判所ハ建物ノ時価ヲ確定シ

（自白アレハ別問題ナリ）第三者（被告）ハ賃貸人カ右代金ヲ支払フト引換ニ建物並土地ノ明渡ヲ為スヘキ旨ノ判決ヲ為スヲ要シ漫然代金ト引換ニ云々ト云フカ如キ判決ヲ為スヘキモノニ非スト解スルヲ相当トス蓋若シ買取代金額ヲ確定スルコトナク単ニ抽象的ニ相当代金ノ提供ヲ条件トシテ明渡ヲ命スル裁判ヲ為スニ止マルトキハ代金額ニ付協議調ハサル限リ当事者ハ更ニ別訴ヲ提起シ其ノ確定ヲ求ムルノ已ムヲ得サルニ立至リ訴訟経済ノ原則ニ背馳スルコト尠カラサルモノアルヘケレハナリ」

第3節　存在上の効果

前述のように，同時履行の抗弁権は行使しなければ，その本体的効力である履行拒絶権能は生じないが，通説的見解によれば，抗弁権の存在自体に効果を与えられている。

1　相殺禁止の問題

第1に同時履行の抗弁権の附着した債権を自働債権として相殺に供することはできないとされる。なぜならば，抗弁権を有する債務者は自己の履行を拒絶することによって反対給付の履行を強制する利益をもつが，相殺によって債務（自働債権）が消滅することになれば，こうした利益を意思に反して奪う結果になるからである。戦前の下級審においても相殺しえないとする裁判例が存在していた[124]。ただし，債権者が自己の債務の履行を提供して債務者の同時履行の抗弁権を消滅させるならば相殺は可能となる。判例も造作代金債権に関してこれを認めていた（大判昭13・3・1民集17・4・318）。

しかし，近時請負契約における報酬請求権と瑕疵修補に代わる損害賠償請求権との関係（634条2項による533条の準用）に関して，判例上相殺を肯定する立場が有力になりつつある。

これが初めて問題となったのは次のケースである。

【123】　東京地判昭43・9・6判時557・246，判タ232・190

[事実]　請負人Xは，昭和35年2月20日Yとの間で鉄筋コンクリート造，5階建店舗兼住宅1棟（以下本件建物）の建築を代金150万円で請け負った。しかし建物の完成引渡が遅滞したうえ，引渡があった直後に，防水工事の不良やペンキ剝落等の瑕疵が発見され，その修補のための130万円余の損害が生じた。Xの工事残代金163万円余の支払を請求に対して，Yは遅延損害金および瑕疵修補による損害金の合計額をもって相殺すると主張した。

[判旨]　「右に判断したとおりYの反対債権のうち，瑕疵の修補に代る損害賠償債権はXの主張する請負残代金債権と同時履行の関係に立つものであるけれども，自働債権，受働債権に附

---

124) 大阪地判大7・4・29評論7民法515，札幌地小樽支判大8・11・15評論8民法1510，札幌地判大9・3・6評論9商法59，東京地判大9・10・1評論9民法1059。

着する同時履行の抗弁権が，このように同一原因に基づき相互に発生している場合でも，抗弁権の発生によって実質的に利益を受ける一方当事者すなわち自働債権の数額が受働債権の数額を下廻る場合の当該自働債権者からなす相殺は，抗弁権の利益を放棄したものと同視し，これを有効と解すべく受働債権にも同じ抗弁権が附着していることによって相殺の効力の発生を妨げられるものではないと解するのが妥当である。けだし，このような場合は，民法509条所定の場合のように相互に現実の履行をなさしめなければならないような事由は存在せず，同時履行の関係に立つことによって現実に利益を享受する者の意思に抗弁権行使の要否を委ねることで，民法634条2項の目的としたところは達せられ，かつ法律関係を簡明ならしめる途だからである。」

この下級審は当時はさして学説の関心を惹かなかった。しかし，次の最高裁判決が出るにおよんで，判決の動向は明確な輪郭を描くことになっていく。

【124】 最判昭51・3・4民集30・2・48

[事実] Xは昭和43年5月以来9月編物教科書等の出版に関してA学院の院長であるY₁との間で学院用の教科書等の印刷製本を請け負っていたが，昭和44年9月にXY₁間で編物教科書上巻7,500冊，同下巻4,800冊の印刷を代金53万円余で請け負う契約が成立し，Xは昭和45年2月までにはそのほとんどを納入した。そこでXが右代金をY₁およびその共同経営者であるY₂に対して請求したところ，YらはXが納品した昭和44年度分につき瑕疵があり，また昭和43年度分の納品分についても瑕疵があるとして，その損害賠償請求権と相殺すると主張し，さらに残余分の支払を求める反訴を提起した。これに対して，Xは右の損害賠償請求権は民法637条1項により教科書の引渡から1年の経過によって消滅したから相殺の抗弁は無効であると争った。原審はYらの抗弁を一部認めてY₁Y₂に連帯して27万円余の支払を命じた。X上告。

[判旨] 棄却 「注文者が請負人に対して有する仕事の目的物の瑕疵の修補に代わる損害賠償請求権は，注文者が目的物の引渡を受けた時から1年内にこれを行使するを要することは，民法637条1項の規定するところであり，この期間がいわゆる除斥期間であることは所論の通りであるが，右期間経過前に請負人の注文者に対する請負代金請求権と右損害賠償請求権とが相殺適状に達していたときには，同法508条の類推適用により，右期間経過後であつても，注文者は，右損害賠償請求権を自働債権とし請負代金請求権を受働債権として相殺をなしうるものと解すべきである。けだし，請負契約における注文者の請負代金支払義務と請負人の仕事の目的物引渡義務とは対価的牽連関係に立つものであり，目的物に瑕疵がある場合における注文者の瑕疵修補に代わる損害賠償請求権は，実質的，経済的には，請負代金を減額し，請負契約の当事者が相互に負う義務につきその間に等価関係をもたらす機能をも有するものであるから，瑕疵ある目的物の引渡を受けた注文者が請負人に対し取得する右損害賠償請求権と請負人の注文者に対する請負代金請求権とが同法637条1項所定の期間経過前に相殺適状に達したときには，注文者において右請負代金請求権と右損害賠償請求権とが対当額で消滅したものと信じ，損害賠償請求権を行使しないまま右期間が経過したとしても，そのために注文者に不利益を与えることは酷であり，公平の見地からかかる注文者の信頼は保護されるべきものであつて，このこ

とは右期間が時効期間であると除斥期間であるとによりその結論を異にすべき合理的理由はないからである。」

　この事例は瑕疵修補請求権の消滅時効ないし除斥期間を問題とするもので，直接には同時履行の抗弁権の消滅を問題とするものではない。しかし，請負代金債権と損害賠償請求権とが対価関係にあることを指摘し，相殺を認めたことは同時履行の抗弁権の消滅を承認したに等しい結果をもたらした点では，【123】の立場を基本的に承継するものであった。このことは，次に判決によってより自覚的に示されることになる。

【125】　最判昭53・9・21判時907・54，判タ371・68

　[事実]　XはYに対して，代金1,600万円で店舗兼住宅の設計と建築工事を注文し，Yはこれを請け負って工事を完成させ引渡した。ところがXは建築工事に瑕疵があるとして瑕疵修補に代わる損害賠償395万円余を請求した。Yはこれに対してXに対する未払請負代金248万円余の請求をした。そこで，Xは右損害賠償請求権を自働債権とする相殺を主張。原審はこれを容れた。Y上告。

　[判旨]　棄却　「請負契約における注文者の工事代金支払義務と請負人の目的物引渡義務とは対価的牽連関係に立つものであり，瑕疵ある目的物の引渡を受けた注文者が請負人に対し取得する瑕疵修補に代る損害賠償請求権は，右法律関係を前提とするもので，実質的・経済的には，請負代金を減額し，請負契約の当事者が相互に負う義務につきその間に等価関係をもたらす機能を有するのであって（最高裁昭和50年（オ）第485号同51年3月4日第1小法廷判決・民集30巻2号48頁参照），しかも，請負人の注文者に対する工事代金債権と注文者の請負人に対する瑕疵修補に代る損害賠償債権は，ともに同一の原因関係に基づく金銭債権である。以上のような実質関係に着目すると，右両債権は同時履行の関係にある（民法634条2項）とはいえ，相互に現実の履行をさせなければならない特別の利益があるものとは認められず，両債権のあいだで相殺を認めても，相手方に対し抗弁権の喪失による不利益を与えることにはならないものと解される。むしろ，このような場合には，相殺により清算的調整を図ることが当事者双方の便宜と公平にかない，法律関係を簡明ならしめるゆえんでもある。この理は，相殺に供される自働債権と受働債権の金額に差異があることにより異なるものではない。したがつて，本件工事代金債権と瑕疵修補に代る損害賠償債権とは，その対当額による相殺を認めるのが相当であり，右と同旨の原判決は正当として是認することができる。」

　本判決以後，これに追随する下級審判決が続いた[125]。もっとも当初は，相殺が許されるのは自働債権の数額が受働債権の数額を下回る場合にかぎられるようにも見えた。その根拠として，相殺の意思表示は抗弁権放棄と同視できるという点のほか，法律関係を簡明にすること，損害賠償は実質的・経済的に代金の減額請求であるから相殺は当事者の合理的な意思であること，があげられている。し

---

[125]　札幌高判昭51・8・23判タ349・232，東京高判昭52・5・9東高民判時28・5・111，判時858・62，判タ362・245，東京高判昭52・9・5東高民判時28・9・215，判タ366・253。

かし，こうした限定はしだいに弱まり，相殺によって清算的調整を行うことが当事者双方の便宜と公平に適うことが強調されて，自働債権と受働債権の数額の大小により結論を異にせず，損害賠償請求権の数額が大きい場合であっても相殺を許容する下級審判決が出現する。

【126】 大阪高判昭58・10・27判時1112・67

[事実]　YはX₁に対して店舗兼住宅の建築工事を請け負わせ，代金支払のため合計数額310万円の手形2通を振りだした。X₁はこれを完成し引渡したが，Yは工事未完成ないし瑕疵の存在を主張して支払を拒絶したので，X₁は手形金の支払を求めて本訴を提起した。これに対してYは建物の構造部分に重大な欠陥があり，右瑕疵により建て替え費用相当額，営業不能による逸失利益等総額1億1,363万円の損害を被ったとしてその賠償請求権との相殺を主張した。それとともに，X₁の代表者であるX₂に対して不法行為による右損害金の賠償を求める反訴を提起した。裁判所はYの主張を容れて反訴請求を認容。相殺については次のように判示した。

[判旨]　一部取消一部変更　「本件請負工事に前叙のような瑕疵があり，控訴人は，瑕疵の修補に代る損害賠償債権に基づき，被控訴会社に対する本件請負代金の支払について同時履行の抗弁権を有するが，もともと，請負人は請負の目的物の引渡しと請負代金の支払について同時履行の抗弁権を有するにすぎないものであるから，控訴人が前記抗弁権の附着した本件請負代金を受働債権として前記損害賠償債権と相殺することは，控訴人において前記抗弁権を自ら放棄しているだけで，その意味では相手方である被控訴会社には不利益とならないものである」

【127】 山形地新庄支判昭60・2・28判時1169・133

[事実]　XはYとの間で昭和53年以来，医院兼居宅の建築工事請負契約を締結した。昭和54年3月には工事残代金は一連の補修工事完成引渡後に支払われるべき旨合意された。しかし，Xの工事は補修すべき部分を残しつつも予定された最後の工程まで一応終了したが，Yの細かい注文に怒ったXは途中本件工事を切り上げてしまった。そこでYは残された欠陥につき他の業者に依頼して一部欠陥の補修を得，Xに対して残代金の支払をしなかった。そこでXは本訴において残代金2,683万円余の支払を求めた。これに対してYは工事未完成を理由とする同時履行の抗弁権を主張するとともに，瑕疵修補ないし補修工事の履行に代わる損害賠償を請求し，これを自働債権として相殺すると主張した。裁判所はYの被った損害額を約2,709万円と認定したうえ，相殺の抗弁を容れてXの請求を棄却した。

[判旨]　「右自働債権のうち，瑕疵修補に代わる損害賠償債権については，かかる填補賠償が認められることは，前記のところから明らかであるうえ，これが民法634条2項により，原告主張の請負工事残代金債権と同時履行の関係にあることは明らかである。

これに対し，右自働債権のうち，履行に代わる損害賠償債権については，前記のとおり本件工事が，全体として，一応完成し，その引渡しも済んだものと認定されたのであるから，その履行は済んでしまっているのであり，これが損害賠償債権に転化するはずがないと考えるのにも一理あるが，前記事情から考えると，部分的

第3章　同時履行の抗弁権の効果

未履行の概念を取入れることも不可能ではなく，その未履行分についてはなお損害賠償債権に転化し得ることになるが，この場合にも，原告主張の請負工事残代金債権と同時履行の関係にあるものと見るべきであろうし，そもそもが，被告主張の損害金をその主張の各債権に振分けることができないうえ，全体として，本件工事が一応完成し，その引渡しも終わっている以上，全体として，相殺における同時履行の問題も瑕疵担保の分野で解決するのが最も合理的と考えられる。

さて，自働債権に同時履行の抗弁権が付着している場合には，相殺は許されないとされている。相殺者の一方的意思表示で相手方の抗弁権行使の機会を失わしめる結果となるからである。

しかし，原告は，被告の右相殺の主張に対し，右同時履行の抗弁を主張していない。

だが，相殺の場合には，相殺の相手方がこの抗弁権を行使しなくても，相殺者の一方的意思表示で相手方の抗弁権行使の機会が喪失するという弊害は同じであるから，この抗弁権の行使つまり主張がなくても，この抗弁権の存在自体の効果として，相殺は許されないものと解すべきである。

相殺と同時履行の関係は，一般論としては右に述べたとおりであるが，そこで相殺が許されないとされている理由は，要するに「債務ノ性質カ之ヲ許ササルトキ」（民法505条1項但書）に該当するからと解されるので，為す債務や不作為債務などのように，両債権について個別に実現に履行をしなければ，その債権を成立させた目的が達せられない場合に当たるかどうかによつてその許否が決せられることになる。

ところで，注文者の瑕疵修補に代わる損害賠償請求権は，請負人の債務不履行のない場合にも無過失責任の形で，瑕疵という価値の減少に対する損害賠償として生じるものであるから，本来の債務と同一性をもつものではないので，民法533条が正面から妥当するものではないが，衡平の見地から考え，履行上の牽連関係を認めて同時履行の関係におくこととし，これを同法634条2項に規定したものと考えられる。そうすると，瑕疵修補に代わる損害賠償請求権の本旨は，実質的・経済的には，請負代金を減額し，請負契約の当事者が相互に負担している債務間に等価関係をもたらすところにあり，互いに同一の原因関係に基づく金銭債権であるところからすれば，瑕疵という価値の減少を金銭に見積ったうえで，これと工事代金債権とを等価的に清算することつまり両債権の間で相殺を認めることにより衡平と便宜が実現されるのであって，相殺による相手方が抗弁権喪失の不利益は存在しないことになり，要するに，両債権ともに，現実に履行をしなければ，その目的が達せられないものではないから，両債権間に同時履行の関係を認めつつも，相殺を認めてよく，相殺が対当額につきその効力を生じる点から考えれば，両債権額に差異があっても相殺を認めるのが相当である。」

こうした傾向は次の最高裁判決によっても事実上承認されたといってよい。なぜならば，この事例は直接には同時履行の抗弁権の消滅を扱っているわけではないが，相殺が当然に許されることを前提に，相殺の意思表示がなされないか，相殺の効力が生じなかった場合には同時履行の抗弁権をなお主張できる旨判示しているからであり，さらにその後，最判平9・7・15民集51・6・2581も相殺が有効であることを前提として，相殺後の報酬残債務についての履行遅滞責任を問題としているからである。

【128】 最判平9・2・14民集51・2・337

[事実]　XはYからその所有建物の納屋の解体と住居の増改築工事を，代金1,650万円，その支払遅滞については1日につき未払額の1,000分の1とする条件で請け負った。Xはこれに従い工事を進め完成させてYに引き渡したが，数カ所の瑕疵が発見された。そこでXYは協議の結果，残りの工事は他の業者に依頼し，その代金は本件工事代金から差し引くという処理をすることにしたものの，瑕疵修補費用額について合意ができないまま交渉は決裂した。Xは残代金（1,184万円余）の支払および遅延損害金の支払を求めて本訴におよんだ。第1審2審とも瑕疵修補費用（132万円余）と請負残代金の引換給付を命じた（控訴審でXは相殺の主張を追加しているが認められていない）。X上告。

[判旨]　棄却　「請負契約において，仕事の目的物に瑕疵があり，注文者が請負人に対して瑕疵の修補に代わる損害の賠償を求めたが，契約当事者のいずれからも右損害賠償債権と報酬債権とを相殺する旨の意思表示が行われなかった場合又はその意思表示の効果が生じないとされた場合には，民法634条2項により右両債権は同時履行の関係に立ち，契約当事者の一方は，相手方から債務の履行を受けるまでは，自己の債務の履行を拒むことができ，履行遅滞による責任も負わないものと解するのが相当である。しかしながら，瑕疵の程度や各契約当事者の交渉態度等に鑑み，右瑕疵の修補に代わる損害賠償債権をもって報酬残債権全額の支払を拒むことが信義則に反すると認められるときは，この限りではない。そして，同条1項但書は「瑕疵カ重要ナラサル場合ニ於テ其修補カ過分ノ費用ヲ要スルトキ」は瑕疵の修補請求はできず損害賠償請求のみをなし得ると規定しているところ，右のように瑕疵の内容が契約の目的や仕事の目的物の性質等に照らして重要でなく，かつ，その修補に要する費用が修補によって生ずる利益と比較して過分であると認められる場合においても，必ずしも前記同時履行の抗弁が肯定されるとは限らず，他の事情をも併せ考慮して，瑕疵の修補に代わる損害賠償債権をもって報酬残債権全額との同時履行を主張することが信義則に反するとして否定されることもあり得るものというべきである。けだし，右のように解さなければ，注文者が同条1項に基づいて瑕疵の修補の請求を行った場合と均衡を失し，瑕疵ある目的物しか得られなかった注文者の保護に欠ける一方，瑕疵が軽微な場合においても報酬残債権全額について支払が受けられないとすると請負人に不公平な結果となるからである（なお，契約が幾つかの目的の異なる仕事を含み，瑕疵がそのうちの一部の仕事の目的物についてのみ存在する場合には，信義則上，同時履行関係は，瑕疵の存在する仕事部分に相当する報酬額についてのみ認められ，その瑕疵の内容の重要性等につき，当該仕事部分に関して，同様の検討が必要となる）。」

　さらに，同一の双務契約内で生じた損害賠償請求権の処理に関しては，請負契約に限らず，それ以外の契約においても同様の法的処理が可能であることを示した点で，次の判決が参照されるべきであろう。

【129】 東京地判平2・5・17判時1374・63

[事実]　XはAからその所有する本件建物を賃借し，その際保証金5,664万円余，敷金1,461万円を預託していた。他方YはAに対して140億円を貸し付け，その担保として本件建物を賃

第3章　同時履行の抗弁権の効果

借権付で譲渡担保の設定を受けていたが，Aが債務を弁済できないため譲渡担保権の実行通知をした。右通知前にAX間で本件賃貸借契約終了の合意がなされ，Xの原状回復につきAが工事の見積もりを取りXがこれをAに支払うこととされていた。Xは本件建物内の自己所有物件を撤去したうえ，Yに対して前記見積額約533万円を敷金返還請求権と相殺するとの意思表示をし，敷金残額および保証金の返還を求めて本訴を提起した。これに対してYはAX間の賃貸借契約終了の合意により敷金返還請求権と明渡は同時履行の関係にあるが，抗弁権が附着した債権であるから，相殺は許されないとしてこれを争った。

[判旨]「右相殺の効力については，自働債権である敷金返還請求権は，本件賃貸借契約上，明渡しと同時履行の関係にあり（第7条第2項），抗弁権が付着しているので，相殺が許されないのではないかという問題がある。

しかし，前示のとおり，当時の状況において，明渡債務の履行としては原状回復工事を残すのみであり，しかも，その工事に替えてその費用相当額を弁済することでたりるとされていたので，結局，右抗弁権の内容は，現実には，右費用の支払債務の履行に変容しているのである。そうすると，相殺を認めることにより，抗弁権の行使が阻害されるという関係にはなく，これを禁止する理由はないというべきである。したがって，右相殺は許されることになる。」

このようにして，判例では，同一の双務契約において生じる損害賠償請求権の処理として相殺を許容することは，ほぼ確定したもの

といってよいであろう。

これに対して，学説上は従来さほど明確な議論がなされてきたとは言い難い。注意すべきは，学説上の議論は自働債権と受働債権が別個の法律関係から生じた場面を中心としてなされてきており，相殺が許されないのは，それによって対価的牽連性が破壊されて双務契約における履行内容の均衡が阻害されるためなのである。これに対して一連の判例によって問題とされてきたのはこれと異なる。そこでは，自働債権自体と受働債権自体とが相互に1個の双務契約ないし双務関係にある場合であり，別個の考察が必要である[126]。

その場合には次のような論点が検討される必要があろう。第1は民法634条2項の規定のあり方である。すなわち，同条項は瑕疵修補請求権ないしそれに代わる損害賠償請求権について533条を準用している。しかし後者の場合は請負報酬請求権と等しく金銭債権であるから，本来的には相殺が可能なはずである。にもかかわらず，両者を同時履行の関係に立たせることは，相殺を許さないとする趣旨ではないかとの点である。このことは，両債権が価値的な均衡を必ずしもとるものでないことから，より少額の債権の給付拒絶によってより多額の債権の給付を強制するということを認めた趣旨であると，理解できるかとの問題に関わってくる[127]。もっともこの点については，立法者の立場はそのようなものではなかったようで，同時履行関係は瑕疵

---

126) 石外克喜「判例批評」判例タイムズ390・10，下村正明「判例批評」法律時報58巻10号119頁。
127) 田中実「判例批評」判例評論129号17頁。教授は同時履行の抗弁権は両給付の価値的バランスのみならず時間的バランスも保つもので，同時に債務の履行を受けることが必要であると指摘されている。

修補と請負代金との関係が想定されており，損害賠償については相殺による代金減額の趣旨であると説明されている[128]。

第2に，抗弁権放棄という判例の当初の理由付けは限界のあることが指摘されなければならないであろう。すなわち，自働債権＞受働債権のときは，相殺後自働債権が抗弁権を失って残されるが，それは相殺によって抗弁権を放棄したとの理論が妥当するかもしれない。しかし，これに対して，自働債権＜受働債権のときは，相殺がなされると，相手方はその意思に反して同時履行の抗弁権による担保力を失なわせた状態で受働債権のみが残されることになり，抗弁権放棄だけでは論拠は不十分である。判例が当事者の合理的意思や公平，法律関係の簡明性をもちださなければならなかった理由はそこにあるように思われる。

第3に，瑕疵修補請求権ないしそれに代わる損害賠償請求権は実質的・経済的に報酬減額を意味するという理論は現実の裁判例を十分に説明するものではないという点がある。すなわち，現実の裁判例では取引損害や慰謝料等，対価的均衡の外部で生じる損害が民法634条2項で処理されており，そのことは注文主を原告とする訴訟において相殺を認めつつもなお請求を認容する裁判例に端的に現れている。ここでは，そうした損害賠償請求権の法的性質を吟味する余裕はないが，少なくとも，相殺を安易に許すことは不法行為債権を受働債権とする相殺を禁止した民法509条とのバランスを欠くものではないかとの疑問を拭えない。少なくとも損害賠償の内容いかんでは，独立して請負人に損害を賠償させるという価値判断が重要なのではあるまいか。

このように考えるならば，私見としては次のように理解しておきたい。

第1に，自働債権と受働債権が同一の双務契約ないし双務関係から生じる本来の対価関係に立つものであるならば，相殺禁止の原則は働かない。第2に，民法533条は現実には厳格な対価的均衡をもった給付相互の間にのみ適用されているのでなく，むしろ契約相手方の不履行に対するディフェンスとして捉えられるべきこと，そして，民法634条2項が533条を準用している趣旨からすると，同条項は請負契約における「契約不履行の抗弁権」の具体化として理解されるべきであることからして，請負契約に関するかぎり引換給付の要請が働いていると考えるべきである。瑕疵修補に代わる損害賠償が実質的に対価としての報酬減額であるかぎり相殺はそれなりの合理性をもつ。しかし，損害概念が広く捉えられ，純然たる報酬減額に限定することが困難であるかぎり，独立して請負人に請求することを認めるべきではないだろうか。相殺の主張を当事者のいずれ（注文主か請負人か）がしたかは重要であり，少なくとも請負人の側からの（損害賠償請求権を受働債権とした）相殺主張には慎重であるべきであろう。しかし，第3に，同条項が両給付の対価的不均衡を前提とした制度であるとすれば，すで

---

[128] 民法議事筆記録［第100回・明治28年7月5日］・日本近代法叢書4547頁（梅発言），梅謙二郎・民法要義Ⅲ［大正元年，訂正増補33版］709頁。

に前述したとおり，当然信義則等一般条項による制約を受けるのは当然である。近時も信義則上抗弁権の行使は許されないとする次のような裁判例がある。

【130】 福岡高判平 9・11・28 判時 1638・95，判タ 985・197

［事実］XはYから自宅の建築工事を3,741万円で請け負い，これを完成して引渡した。しかしYが工事代金のうち1,325万円を支払わなかったので，XはYに対して右残代金および遅延損害金の支払を求めて本訴におよんだ。原審はXの工事には46万円の瑕疵があると認定したうえ，Yの相殺の主張を認めてこれを控除した1,278万円の支払をYに命じた。Y控訴。

［判旨］「控訴人は，瑕疵修補との同時履行の抗弁権を主張する。しかしながら，右瑕疵は主として柱と建具との間の僅かな隙間であって，その修補費用に照らしても軽微なものということができる。そのうえ，本件訴訟の経過をみると，控訴人は，民法634条1項に従い，相当の期限を定めて瑕疵の修補を求めたことはなく，当初から一貫して，瑕疵修補に代わる損害賠償債権の金額を本件請負代金から減額するよう求めていたにすぎず，右のような同時履行の抗弁を確定的に主張したのは，当審における審理の終結間際であった。以上の事情にかんがみると，控訴人が，瑕疵修補を求めて本件請負代金の支払いを拒むことは信義則に反して許されないというべきである。」

2 履行遅滞との関係

同時履行の抗弁権を行使した場合には，債務不履行責任を免れるが，通説は抗弁権の存在それ自体によって履行遅滞効果が発生しないとする[129]。すなわち，履行遅滞によって債務者が不履行責任を負うためには，債務者の帰責事由と違法性が具備されていなければならないが，同時履行の抗弁権が認められるときは，その不履行が正当化されるからである。これに対して，抗弁権としての性質を強調して同時履行の抗弁権が行使されることによってはじめて履行遅滞の効果が除去されるとする少数説が存在する[130]。行使効果説と呼ばれるが，実質的な結論において通説との差異は小さい。なぜならば，行使効果説の立場にあっても，同時履行の抗弁権の行使による遅滞効果の除去は抗弁権行使時点以降ではなく，過去に遡って遅滞責任を排除すると主張されているからである[131]。判例も当初は抗弁権を行使しないかぎり遅滞責任は免れないと解しており（前出【4】），行使効果説に立つように見えたが，大勢は存在効果説の立

---

[129] これに対して，履行遅滞制度と同時履行の抗弁権は別個の目的をもつものであるとして，抗弁権行使によっても遅滞責任は免れないとする異説がある。神戸「同時履行抗弁ト履行遅滞トノ関係」著作集（下）419頁以下。

[130] 石坂音四郎・日本民法債権法1［1914年］491頁，同・民法研究3［1914年］490頁，勝本正晃・債権総論（中）［1936年］264頁，末川博・契約法（上）［1958年］76頁，柚木馨「双務契約における履行の牽連性」国民経済雑誌60巻2号704頁以下［1936年］。小池隆一「同時履行の抗弁権と履行遅滞との関係」法学研究38巻1号48頁［1965年］。

[131] 小池・同論文49頁以下。なお，両説の詳細な検討は，注民(13)530頁参照。

場ではないかと考えられる。

【131】 大判大 2・12・4 民録 19・993

[事実] 不動産の売買契約において売主Xは不動産上の抵当権登記の抹消および所有権移転登記を，買主Yは代金支払を同時にすべきことを約したが，期日にいずれも登記所に出頭しなかったので，Xが翌日に履行期日を変更する旨相手方の代理人に求めたが，同意を得られなかった。Xは予定どおり翌日登記所に出向いて履行提供をしたが，Yが出頭しないため履行遅滞を理由に売買契約を解除して，仮登記の抹消を求めた。原審は本件売買契約は無期限延期になったと判示。X上告。大審院は次のように判示して，Yの同意がなく登記所に出頭しないのは遅滞とはいえないとした。

[判旨] 棄却「売買ノ当事者双方カ履行期日ニ提供ヲ為ササシテ其期日ヲ徒過シタルトキト雖モ各当事者ハ同時履行ノ抗弁権ヲ有シ一方ハ相手方カ其債務ノ履行ヲ提供スルマテハ自己ノ債務ノ履行ヲ拒ムコトヲ得ルヲ以テ当然遅滞ノ責ニ任スルモノニアラス然レトモ既ニ其履行期日経過シタル以上ハ各当事者ハ何時ニテモ一方ヨリ自己ノ債務ノ履行ヲ提供シテ相手方ニ対シ其債務ノ履行ヲ請求スルコトヲ得ルモノナレハ其一方カ相手方ニ対シ履行ヲ請求シ且自己ノ為スヘキ履行ノ提供ヲ為シタルトキハ其請求ハ相手方ニ於テ之ヲ拒ムコトヲ得サルモノトス従テ相手方カ之ヲ拒ミ履行ヲ為ササリシ場合ニ於テハ其相手方ニ遅滞ノ責アルモノト謂ハサルヲ得ス然ルニ本件ニ於テハ原院ハXカ履行期日ニ於テYノ代理人ニ対シ其期日ヲ翌日ニ変更センコ

トノ同意ヲ求メタルモ得サリシ事実ヲ認定シタルニ止マリXカ其権利ノ行使トシテYニ対シ履行ノ請求ヲ為シタルコトヲ認メタルニアラサルヤ判文上自ラ明ナリ従テYハ未タXヨリ履行ノ請求ヲ受ケサルモノニ外ナラサレハ翌日履行ノ為メニ登記所ニ出頭セサリシトテ遅滞ノ責ニ任スヘキ理由ナシ」

本事例での原審判決の内容は十分に明らかではないが，履行期限が延期になったという判示からすると，履行期限が確定せず，したがって，原告は改めて履行請求をすることによって相手方を遅滞に陥らせなければならない（412条3項）が，本件では履行提供はあっても請求がなされていないから，解除権は発生していない，との趣旨ではないかと思われる。これに対して，本判決は，債務が確定期限の場合であっても同時履行関係が存在する場合には期限到来によって直ちに債務不履行に陥るのではないことを明らかにしたもので，そこにリーディング・ケースとしての本判決の意義を認めることができるであろう[132]。

この理論は違約金特約がある場合にも認められる。

【132】 大判大 6・4・19 民録 23・649

[事実] 不動産の売買契約において，代金支払と所有権移転登記とを同時に履行すべき旨約した。期限に買主Xが代金支払の準備をして登記所に赴いたが売主Yが忌日であることを理由

---

132) 同趣旨の判決として，大判大 4・5・24 民録 21・797。大判大 9・1・29 民録 26・25，大判大 13・5・7 新聞 2274・17，評論 13 民法 794，大判大 13・7・18 民集 3・399。

第3章　同時履行の抗弁権の効果

に出頭せず，翌日も感冒を理由に不参であった。そのうえ，その後のYの言動からして買主は売主がもはや「履行ノ意思ナク遂ニ約ニ反キテ其義務続行セサリシコト明」であるとして契約に従って違約金の支払を請求した。原審はYの遅滞責任を認めた。Y上告。

［判旨］破棄差戻「双務契約ニヨリテ生シタル債務カ同時ニ履行ヲ為スヘキ場合ニ於テハ仮令其履行ニ付キ期限ノ定メアルモ其到来ト同時ニ債務者カ遅滞ノ責ニ任スヘキモノニアラス当事者ノ一方カ相手方ニ於テ履行ノ提供ヲ為シタルニ拘ハラス自己ノ債務ヲ履行セサル場合ニ於テ始メテ遅滞ノ責ニ任スヘキモノトス」

【133】　大判大6・10・27民録23・1941

［事実］不動産売買契約において期日に買主Yが代金を支払わない場合には違約金を支払う旨の定めがあったが，履行期日は当事者双方とも履行提供がないまま経過した。その後売主Xが再びYに対して，履行を為すべきことを催告し，所有権移転登記手続の準備をして履行提供をしたが，Yは履行提供をしなかった。原審が遅滞責任を認めたのでY上告。

［判旨］棄却「双務契約ノ当事者双方カ履行期日ニ履行ノ提供ヲ為サスシテ其期日ヲ経過シタル時ト雖モ其一方ハ相手方カ其債務ノ履行ヲ提供スル迄ハ自己ノ債務ノ履行ヲ拒ムコトヲ得ルヲ以テ当然遅滞ノ責ニ任スルモノニアラス相手方カ自己ノ債務ノ履行ヲ提供シテ他ノ一方ニ対シ其債務ノ履行ヲ請求シタルニ拘ハラス他ノ一方カ之ニ応セサリシ場合ニ於テ始メテ遅滞ノ責ニ任スヘキモノナルコトハ当院ノ判例トスル所ナリ（大正2年オ第143号大正2年12月4日当院判決参照）故ニ当事者カ一定ノ履行期日ニ債務ヲ履行セサルトキハ違約金ヲ支払フヘキコトヲ約シタル場合ニ於テモ其履行期日ニ双方共履行ノ提供ヲ為サスシテ其期日ヲ経過シタルトキハ反証ナキ限リハ其後ニ至リ当事者ノ一方カ相手方ヨリ債務ノ履行ノ請求ヲ受ケ相手方カ自己ノ債務ノ履行ヲ提供シタルニ拘ラス其債務ヲ履行セサル為メ遅滞ノ責ニ任シタル場合ニ在リテモ右ノ違約金ヲ支払フヘキコトヲ約シタルモノト推測スヘキモノトス何トナレハ違約金支払ノ契約ハ当事者カ不履行ノ為メ遅滞ノ責ニ任スヘキ場合ニ付キ之ヲ為スヲ通常トスルモノニシテ履行期日ニ当事者双方カ履行ノ提供ヲ為ササルトキハ未タ当事者ニ遅滞ノ責任ヲ生セサレハナリ」

　ところで，履行提供によって相手方の同時履行の抗弁権を喪失させることができるが，同時に契約解除権も発生するのであろうか。

　形式的には，抗弁権が喪失すれば遅滞効果が発生し，したがって提供とともに履行請求がなされれば，契約解除の前提たる催告とみることもできなくもない。これに反して，判例は遅滞によって解除権が発生するから，解除権行使の前提たる催告をなす以前に遅滞が生じていなければならないと解していたようである[133]。しかしそうだとすると，期限の定めのない債務の場合には，催告によって相手方を遅滞に陥らせ，次いで541条の催告をしなければ解除は許されないことになる。そこで，後に催告と同時に契約解除の要件を具備したものとした。

133）大判大5・3・23民録22・568。

【134】 大判大 10・3・19 民録 27・563

［事実］ 商品（軟鋼板）売買契約において、代金支払時期につき当事者間で紛争が生じ、売主Yは引渡と同時を、買主Xは引渡完了後を主張した。Xは右主張にもとづき2度にわたりYに対して目的物の引渡を請求したが、Yがこれに応じなかったとして契約を解除して支払った代金分の返還を求めた。これに対して原審は商品は現金引換と認定したうえ、Yに債務不履行はないとして解除を認めなかった。そこでXより上告。

［判旨］ 棄却「凡ソ双務契約ニヨリ生シタル債務カ同時ニ履行ヲ為スヘキ場合ニ於テハ相手方ニ於テ其債務ノ履行ヲ提供セサル限リハ唯ニ一方カ約定ノ期限ニ其債務ノ履行ヲ為ササレハトテ直ニ遅滞若クハ不履行ノ責アルモノト為スヘキモノニアラサルコトハ其契約ノ性質上然ラシムル所ナルノミナラス当院判例ノ夙ニ認ムル所ナリ」

【135】 大判大 10・6・30 民録 27・1287

［事実］ Yは、「引渡場所明石港、引渡期日は同年5月中、代金支払は目的物の引渡と引換」との条件で、Xに大豆粕を売った。5月30日に至りYは明石港の店舗において品物引渡の準備をして、Xに対し翌6月7日までに代金を支払わねば契約を解除するとの通知を発した。しかし期限を徒過したので、Yは解除を理由として損害賠償を請求した。原審は解除を有効として請求を認容。Xより上告。

［判旨］ 破棄差戻 「双務契約ノ債務者ハ契約ニ定メタル弁済期ヲ経過シテ債務ヲ履行セサルモ当然遅滞ニ附セラルルモノニアラスシテ相手方ヨリ其負担スル債務ノ履行ヲ提供シタルニ拘ラス自己ノ債務ヲ履行セサル場合ニ於テ始メテ遅滞ノ責ニ任スヘキモノニシテ履行ノ提供ハ債務ノ本旨ニ従ヒテ現実ニ之ヲ為スコトヲ要シ其履行ノ準備ヲ為シテ之カ通知ヲ為シ受領ノ催告ヲ為スヲ以テ足レリトスルハ債務者カ予メ其受領ヲ拒ミ又ハ履行ニ付キ相手方ノ行為ヲ要スル場合タラサルヘカラサルハ民法第493条ニ依リテ明カナリ而シテ民法第541条ニ依リ契約ノ解除ヲ為スニハ当事者ノ一方タル債務者カ既ニ其債務ノ履行ニ付キ遅滞ニ在ルコトヲ要シ解除ノ前提タル履行ノ催告ヲ為スニモ其債務者カ既ニ遅滞ニ在ルカ若クハ遅クモ其催告ト同時ニ遅滞ニ附セラルルコトヲ要スルヲ以テ（大正6年（オ）第283号同年6月27日当院判決参照）未タ其遅滞ニ至ラサル間ニ為シタル解除ノ前提タル履行ノ催告及ヒ解除ノ意思表示ハ無効ナリトス」

上の理論は戦後の最高裁の時代になってもそのまま受け継がれている[134]。

【136】 最判昭 29・7・27 民集 8・7・1455

［事実］ Xを買主、Yを売主とする建物売買契約が締結された（目的物件中にはY所有の動産も含まれていた）。売買代金は30万円で、当初の約束ではXは即日内金8万円を支払い、その後本件建物を担保とするYの訴外Aに対する債務をYに代わって弁済し、その抵当権設定登記の抹消を済ませX名義に所有権移転登記を受けたうえ、金策して残代金を支払うと同時に建

---

[134] 同趣旨の判決として、最判昭 37・1・16 裁判集民 58・23、最判昭 51・12・2 判時 852・64、金法 829・31。

第3章　同時履行の抗弁権の効果

物の明渡および動産の引渡を受けることになっていた。履行期限の定めはなかったが，Xの方では前記内金を支払ったのみで残余の融通ができなかったため，話はそれ以上進まなかったが，種々交渉の結果，XはAに対する債務を支払って抵当権の抹消を済ませたが，残代金16万円余の支払を残していた。そこで，Yは右金額の支払の催告をなし，支払なきときは本件売買契約は当然解除される旨の通知をした。しかしXはこれに応じることなく本訴においてYに対し所有権移転登記，建物明渡および動産引渡を請求した。原審はYにおいて履行提供がないとして解除の効力を認めず，残代金の支払との引換給付を命じた。Y上告。

［判旨］　棄却　「本件においては，売買の残代金支払と所有権移転登記，建物明渡並に動産引渡とは同時履行の関係にあるものと言うべきであり，反対給付の提供なき上告人の右残代金支払の催告は被上告人を遅滞に陥らしめるに足らず，従つてこの催告に基く解除は効力を生じ得ないものである。」

しかし，本来の対価的意味を有しない債務相互間の同時履行関係においては，履行期到来後は弁済提供のないかぎり遅滞責任は免れないというべきである。

【137】　最判昭40・8・24民集19・6・1435

［事実］　昭和34年 Y_1 はXより立木を250万円で買い受けたが，その後代金債務について準消費貸借に改め，Y_2，Y_3 が連帯保証人になった。そして債務支払の確保のために，Yらが共同して約束手形6通を振り出した。そのうち1通はAに裏書譲渡とされ，AのXおよびYらに対する手形金請求訴訟が提起されてAの勝訴と

なっている。Yらが準消費貸借上の貸金債務を弁済しないのでXはこれを求めて本訴におよんだ。原審ではYらに対する約束手形の返還と引換に貸金債務を支払うべき旨の引換給付判決がなされた。

［判旨］　棄却　「原判決が，本件準消費貸借に基づく金員の支払請求については，特別の事情のないかぎり，債務者は右支払確保のため振り出された本件各手形の返還と引換えに支払うべき旨の抗弁をなしうる旨を判示し，本件各手形と引換えに右金員および遅延損害金の支払を命じていることは，所論のとおりであるが，右金員の支払請求権と本件各手形の返還請求権との関係は，民法533条に定める対価的関係に立つ双務契約上の対立した債権関係またはこれに類似する関係にあるものということはできず，ただ単に，債務者に対し，無条件に原因関係である債務の履行をさせるときには，債務者をして，二重払の危険に陥らしめる可能性があるから，これを避けるために，とくに，本件各手形と引換えに右金員の支払を命じたにすぎないものと解される。したがつて，このような関係があるにすぎない場合には，債務者において原因関係の債務についてその履行期を徒過している以上，債権者から本件各手形の交付を受けなくても，債務者において履行遅滞の責に任じなければならないことはいうまでもないところである。」

【138】　大阪高判昭44・3・28判タ241・88，金法547・29

［判旨］　棄却　「控訴人は被控訴人の本件残代金の支払請求に対し，その支払のために振出された手形の返還あるまでその支払を拒絶するとの同時履行的抗弁権の行使によつて，本件残代金債務の弁済期以後右6月3日まではその弁済

を拒否しうる関係にあるとはいえ，その弁済期を徒過している以上，被控訴人から右手形の返還を受けなくても履行遅滞の責に任じなければならない。けだし本件残代金の支払請求権と右手形の返還請求権との関係は，民法533条に定める対価的関係に立つ双務契約上の対立した債権関係またはこれに類似する関係にあるものとはいえず，単に控訴人に対し，無条件に原因関係である債務の履行をさせるときは控訴人をして二重払の危険に陥らしめる可能性があるため，これを避けるためにとくに右手形の返還あるまでその支払を拒否しうるにすぎないと解されるからである。被控訴人は手形紛失によつて権利行使上の支障を受けるとはいえ，その支障は右の同時履行的抗弁権で対抗されるにとどまり，本件残代金債権の権利の内容ないし態様に影響を受ける筋合いではない。」

第4章　同時履行の抗弁権と留置権との関係

第1節　両制度の差異

　同時履行の抗弁権と留置権は，両者とも債務の弁済を確保するため，自己の債務の履行を拒絶する権利である点で共通する。しかし，前者は双務契約上の抗弁権として，後者は担保物権として構成されていることから，従来，この概念的異同に重心が置かれてきた。すなわち，同時履行の抗弁権は物との牽連ではなく，債権相互の牽連が問題であるから，物の引渡拒絶権能に限定されず，給付一般の拒絶をなしうるが，債権的な抗弁権として原則として契約当事者に対してしか主張しえない。これに対して，留置権は物の引渡拒絶に限定される反面，物権として万人に対抗しうる。そして，要件面では，同時履行の抗弁権は双務契約の存在を必要とし，かつ，相互の債務が対価的な依存関係になければならない。これに対して，留置権は契約の存在を必要とせず，また，多くの場合，目的物の価額は被担保債権を上回っている（だからこそ，債務者に対する弁済の心理的強制ないし他債権者に対する事実上の優先力が実効性をもつことになる）。また，同時履行の抗弁権の成否は，当該契約の性質や当事者の意思，取引慣行，信義則によって決まるが，留置権は法律上当然に生じる。効果面では，同時履行の抗弁権，留置権ともに訴訟上は引換判決が認められるが，留置権は代担保の供与によって消滅させられる（301条）が，同時履行の抗弁権にはかかる処理は認められない。また，留置権においては，目的物は所有者の許可がなければ利用できず，無断使用は消滅請求を受ける（298条）が，同時履行の抗弁権を主張する者が目的物を利用できるかは契約の内容による。

　しかしながら，これまでの分析からも明らかなように，同時履行の抗弁権の適用は現実の裁判例においては，双務契約関係に限定されるわけでも，また厳密な対価的相互性を媒介する機能だけを有しているわけでもない。のみならず，抗弁権も留置権もその存在によって履行遅滞の効果を免れる点で共通し，また，訴訟上の効果としても，ともに引換給付判決が承認されており[135]，両制度の区別は不明瞭なものとなっている。そのため，両制度の差異が，少なくとも効果面において問題として意識されることは限られたものとい

える。

　次の判例は，そうした点で例外的に両者の差異が意識されたものといえる。すなわち，事案は立替依頼に基づき他人の抵当債務を弁済した売渡担保権者に対して，債務者がこの者に対する（売渡担保契約上の）債務だけを弁済して所有権移転登記手続を求めたところ，立替分の求償を求めてこれを拒絶したものである。

【139】　大判昭2・6・29新聞2730・6，評論16民法922

　［事実］　XはAのためにその所有する3筆の不動産に抵当権を設定した後，さらにYに対して売渡担保に供した。その後YはXの依頼によりAに対する債務を弁済して抵当権を消滅させた。Xは当該不動産をYより買い戻すため，売渡額を供託した上で本件不動産の所有権移転登記手続を求めたが，Yの立て替えた抵当債務の弁済はしなかった。そこで，Yは上記抵当債務の弁済が保存費に当るとしてその支払まで請求を拒絶すると主張。原審はYの支出金のため本件不動産を担保に供する旨の約定は認められず，また物の引渡を求めるものでないから留置権を主張しえないと判示した。Yから上告。

　［判旨］　一部破棄差戻一部棄却　「人を責むるに重く己を待つに軽きは公正の観念に反す故に古の羅馬法に於ては所有権に基く返還請求に対し占有者は其の物の為に出捐したる必要費の償還を受くるまでは請求に応ぜざるを得たり此の抗弁権より漸次発達したるもの即今日の所謂留置権なり又同法に於ては売主が物を提供することなくして代金の支払を請求したるときは買主は之に応ぜざるを得たり今日の所謂同時履行の抗弁は源を之に発するものなり要するに公正の観念を夫れ夫れ当該の場合に適用したるに過ぎず夫の留置権を物権とするや否や占有者の債権は所謂牽連を要するや否やと云ふが如きは寧ろ技術的の問題に止まる而して留置権を以て1の物権とせず単なる抗弁権とする法制の下に在りては此の抗弁権は夫の同時履行のそれと同一性質のものに属すと云はむよりも却て後者は前者の1の場合に外ならずと解するを以て当れりとす故に留置権と云ひ又同時履行の抗弁権と云ひも其の法制の根底を成す観念に至りては則ち一のみ執法の任に当る者必ずしも23法条の字句に拘ること無く善く其の精神を発揮し其の適用を全ふするは其の当に努むべきの事に属すと為す夫れ爾ち今留置権なるものは有体物返還の請求に対するものなること明文上多言を要せずと雖其の基本観念を体するときは或物に付或給付を為すべき者が其の物に関して生じたる債権を有する場合に於ては此の者は其の弁済を受くるまで其の給付を拒絶する権利あること猶留置権の場合の如しと解するを以て最も法規の精神に合すと云はざるべからず蓋し公正の観念より云はば此と彼と其の選を異にすべき何等の理由も之を発見するを得ざればなり但し留置権の場合に於ける所謂不可分権なるものは（民法第296条）物果にして始めて可なるもの前叙の拒絶権は留置権の精神に出づとは云へ明文無き限り（同法第175条参照）濫りに之を物権視するを得ざる以上此の点に付ては寧ろ同時履行の抗弁を類推し債権者に於て其の債務を履行せざる割合に比例して債務者は自己の債務の履行を性質上の許す限り可分的に拒むを得と解すべきこと是亦殆んど疑を容れざるところなり何者物権なる

135）　留置権については，清水・総合判例161頁以下参照。

の結果所謂不可分権の生ぜる場合は格別爾らざる限り前叙の如く解するに非ざれば公正の観念は却りて倒行逆施せらるゝに至るべければなり」

本事案において，立替費用の支払は委任契約によって負担した債務の履行であるが，当該の契約は双務契約でもなければ，登記手続債務はその償還債務の対価でもないから，本来は同時履行の抗弁権の適用領域外である。また，抵当債務の弁済を不動産の保存行為と考えるならば，その費用の償還請求権のためにはむしろ留置権の付与が相応しいといえる。しかし，制度上登記手続の「留置」は許されていない。判例は同時履行の抗弁権に準じた取扱いをしているが，すでに明らかにしたように，これは民法533条の拡大適用を認める判例理論の一端を示すものであるが，それよりも，本判決が可分的給付についての一部履行拒絶という処理を引き出していることがより重要である。留置権の（類推）適用がなされなかった理由は留置権の不可分性（296条）がネックになったと考えられるからであり，そのかぎりで，両制度の相違による緊張関係が意識されたものといえるのである。

しかし，判例は概して個々の同時履行の抗弁権の具体的適用場面において，単に交換履行関係という現象面だけを見ていたにすぎない。その結果，両者の要件が具備すれば無条件に競合を認める。このことは，売買代金債権や売買契約の無効・取消，敷金返還請求権，造作買取請求権等が問題となる場面において著しい。反面，両制度相互の機能的関連は等閑にされている。そのため，両制度が効果面において衝突する場合であっても十分な対応は考えられていない。たとえば，売買契約が無効となった場合において，買主の留置権が留置物の無断使用によって消滅請求を受けた場合でも，同時履行の抗弁権は認められるとされた次のような判決がある。

【140】 東京高判昭24・7・14高民集2・2・124
（【16】の原判決）

[事実] 本件建物はもとXの所有であったが，未成年者であったので，昭和20年3月1日その親権者たる母Aが法定代理人としてY会社に対し，建物内の機械器具その他の付属物件と併せて売り渡し，代金の支払を受けたが，親族会の同意を得ていなかった。そこで昭和21年売買契約が取り消されたが，Yは本件建物の所有権がXに属することを争い，かつ，同年1月これをZに賃貸した。Xは所有権確認および建物の明渡を求めて本訴を提起した。原審裁判所は取消の結果生じる不当利得返還請求権のためYは本件建物につき留置権を有するが，Xの承諾を得ずして賃貸し，しかも右賃貸は建物の保存に必要なる措置としてされたものとは認められないとしたが，次のように判示して引換給付を命じた。

[判旨] 「Xが昭和23年5月18日の原審口頭弁論期日において為した留置権消滅の請求により，右留置権は消滅に帰したものと認むべきことは，当裁判所も原審と認定を同くするので，この部分につき原判決の理由をここに引用する。Yはなお留置権の抗弁理由なしとしても，本件売買契約が取消された以上，YはXが売買代金として利得した金員の償還をなすまでは本件家屋の返還を拒絶すると主張し，Xは右は同時履行の関係に立つべき筋合ではないと主張するの

第4章　同時履行の抗弁権と留置権との関係

で，更にこの点につき判断する。民法第533条の規定は，双務契約にあつては当事者双方の負担する債務は互に対価的牽連関係を有するが故に，各当事者は相手方が反対給付の提供をするまで自己の債務の履行を拒みうるものとすることが，契約当事者の公平を図る所以であるとの趣旨に出たものに外ならず，同条が第546条により契約解除の場合に生ずる各当事者の原状回復義務の履行につき準用されていることから推考すれば，双務契約が取消の結果初より無効なものと看做され各当事者が互に取得した物の返還を為すべき場合にも，同じく公平の見地より双方の義務は同時履行の関係に立ち，一方の当事者だけが先ずその返還義務の履行を強いらるべきではないと解するのを相当とする。それ故Yが買受け占有して来た本件建物が，売買契約の取消により初に遡つてXの所有に復帰した以上，YはこれをXに返還すべきことは前段説示のとおりであるが，Xにおいて現に利益を受ける限度において，売買代金として利得した金員を償還するまで，自己の義務の履行を拒み得ることは当然であつて，この点に関するXの主張は全く採るに足りない。」

この事例では両制度の効果上の差異がもたらす不整合について上告審で争われなかったためか，留置権との競合問題は判例上意識されないままに終わった[136]。しかし，こうした競合から生じる矛盾緊張は，目的物の利用権限のみならず破産における処理の違い[137]や，果実収取権等においても生じえよう。ただ現在まで判例上これが問題されたものはないようである。

第2節　第三者に対する関係

これとは逆に，判例は契約当事者以外の第三者に対しては抗弁権の主張を退ける。

【141】　最判昭50・7・25民集29・6・1147

［事実］　YはTゴルフクラブの会員権を有していたが，Bより懇請を受けて，AのBに対する貸金債権の担保として，本件ゴルフ会員権を目的とする譲渡担保を設定し，会員権入会預り証，会員名義変更承認願書等を交付した。Aよりさらに本件会員権はX先代に移転した。同ゴルフクラブの規則では，会員権の譲渡にはクラブ理事会の承認を要するとされており，X先代がYに対して名義変更（譲渡承認）手続に協力するよう求めて本訴におよんだ。Yはこれに対し，弁済供託によって会員権の受戻を主張して争ったほか，AがX先代に売却して得た売得金からの清算金の支払をするまで，手続協力を拒絶すると主張した。原審は，本件会員権がTと個々の会員との間に成立する契約上の地位であるとした上で，その譲渡については同クラブ理事会の承認を要するが，Yは会員権譲渡書および会員名義変更承認願書を交付している以上，将来正当に右会員名義変更承認願書を取得するすべての者に対して本件会員名義変更承認手

---

136) 白羽祐三「判例批評」法学新報58巻6号69頁のみが唯一これを指摘する。
137) 民事留置権は破産宣告によって効力を失う（破産法93条2項）が，同時履行の抗弁権は破産手続においても行使できると解されている。

続をすることを承諾したものとみるべきであり，YはXに対して本件会員権につき名義変更承認願手続をなすべき義務があるとした。そしてYの同時履行の抗弁権については，清算はYとAとの間でなされるべき筋合であり，右清算の結果確定された債権債務は特段の事情がない本件では，これをもってXに対して主張しえないと判示した。Y上告。

[判旨] 棄却 「設定者が，譲渡担保権者の換価処分により将来右ゴルフ会員権を取得した第三者のために，その譲渡に必要なゴルフクラブ理事会の承認を得るための手続に協力することをあらかじめ承諾している場合には，……第三者のために……手続に協力する義務を有するに至るものというべく，また，設定者は，譲渡担保権者が清算金を支払うのと引換えにのみ右義務の履行に応ずるという同時履行の抗弁権を第三者に対して行使することは許されない」

【142】 東京地判昭55・9・1 判タ440・114

[事案] YはXより本件土地を賃借してその地上に建物を所有していたが，本件建物の所有権登記を訴外A名義に移転した。XはAからこれを買得して登記を経由したうえ，Yに対して所有権に基づいてその明渡を求めた。Yはこれに対し，Aに対する所有権移転は譲渡担保を原因とするものであり，AはYに対して清算義務を負うところ，Aから建物所有権を承継取得したXは右清算金支払義務を負うとして，同時履行の抗弁権を主張した。

[判旨] 棄却 「ところで，譲渡担保権者から譲渡担保の目的物を譲り受けた者が，右担保権者が担保権設定者に対して負う清算義務を承継する場合があるかどうかの問題はさておき，少くとも右譲受人が譲渡担保であることを知らなかったときは，譲受人において清算義務を承継しあるいは担保権設定者から同時履行の抗弁権をもつて対抗されることはないと解すべきである。」

【143】 大阪高判昭60・1・29 判タ550・146，金商723・11

[事案] XはAとの間で本件不動産の売買契約を締結し，Aが土地を宅地造成したうえで順次第三者に売渡し，その売却代金の中からXに売買代金を支払うこと，およびXは本件土地の所有権を代金支払まで留保し，支払を受けた時に支払を受けた分の土地の所有権をAに移転するとともに，Xから造成宅地の買手たる第三者に対して直接所有権移転登記をする旨約した。Aは契約締結当時資金がままならず，Xとしても，現実に造成宅地が買手に売渡されその代金がAに入手されうる段階ではじめてXに対して売買代金の支払が可能となることを承知していたので，買手に売り渡された時点で売渡された宅地に相当する分の所有権を移転することを約した。また，造成宅地の買手が見つかれば，原則的に，その都度AからXに連絡があり，所有権移転登記手続に必要な権利証等の書類がXからAに手渡され，右登記と引き換えに買手から入る代金の内からXに対して本件売買代金が支払われ，右手続が終われば前記の権利証がXに返還されることになっていた。そして，AはXから本件土地の登記手続の必要のため，Xの白紙委任状，印鑑登録証明書等の交付を受けた。ところが，Aはこれを奇貨としてXに無断で本件土地の一部について自己名義に所有権移転登記をなし，さらにYに対してAが負担する債務のため根抵当権設定登記をした。XよりA，Yに対して本件土地所有権に基づき登記抹消手続を求めて本訴を提起。原審は請求を認容した。

第4章　同時履行の抗弁権と留置権との関係

A，Yより控訴。

　[判旨]　裁判所は，民法94条2項および110条を類推適用してXは登記の無効を主張しえないとしつつ，Xの有する同時履行の抗弁権について次のように判示した。

　「[Xの有する同時履行の]抗弁権はAに対するものであつてAと取引行為をしたYらに対するものではなく，Yに対する関係では，Aに対する所有権移転登記は有効なものと取り扱われ，表見代理人に類する地位にあるAにおいて譲渡担保権その他の担保権を設定し現実に金融を得るなどして当該の登記に照応する利益を得ている以上，Xは右抗弁権をもつてYに対抗することができないものと解すべきものである。」

【144】　東京高判昭60・3・28 金商723・30

　[事案]　YはAの仲介で本件ゴルフ会員権を譲り受けこれを所有していたが，Aから右会員権を他に売却するため譲渡してもらいたい旨申し込まれ，600万円でこれを譲渡することを承諾し，出資金証書，印鑑登録証明書，会員資格継承承認申請書等のほか，ゴルフ会員権の譲渡および名義書換手続に関する一切の権限を委任する旨の委任状を交付した。XはAより本件会員権を代金640万円で譲り受けて即日代金全額を支払い，右関係書類の交付を受けた。YはAより売買代金の一部として200万円の支払を受けたが，その後残代金の支払がないままAは倒産するに至った。XからYに対して会員権の名義変更手続を請求し，Yは残代金の支払との同時履行を主張してこれを争った。第1審裁判所はXの請求を棄却。これに対して控訴審は次のように判示してこれを取り消した。

　[判旨]　「ゴルフ会員権の譲渡人としては正当な譲受人に対して名義書替手続に協力する義務があるというべきである。そして，ゴルフ会員権は右のとおり転々譲渡されることが予想されるのであるから，右会員権を譲渡するに際し，関係書類を交付するのが一般的であるところ，将来正当に右書類を取得するすべての者に対して名義書替手続に協力することをあらかじめ承諾していたものと認められる場合には，譲渡人は，直接の契約当事者以外の第三者に対しても右手続に協力する義務を負うものと解するのが相当である。

　……また同時履行の抗弁権は，留置権と異なり1個の双務契約に基づく相手方の権利行使を阻止しうるにとどまり，当該契約の当事者以外の者に対しては，援用することができないと解すべきところ，YとA間及びAとX間の本件会員権の各譲渡契約は全く別個のものであって，Xは前の契約における当事者ではなく，Xに対し同時履行の抗弁を援用するに由ないため，Yの主張は失当である。」

【145】　福井地判昭58・12・26 判タ521・203, 金商691・21

　[事案]　Yは昭和56年8月自動車の販売を業としている訴外Aに対して，本件自動車を代金完済まで所有権留保付で売り渡した。AはXに転売して引き渡し，Xから代金全額の支払を受けたがYに対する代金全額を支払わないまま倒産した。そこでXは，流通を予定された商品について，一般のユーザーがAのようなサブディーラーから買い受けて代金を完済し引渡も受けているような場合には，所有権留保があったとしてもそれをもってXに対抗することはできず，したがってYのAに対する同時履行の抗弁権も主張対抗できないと解すべきであると主張して，所有権移転登記手続を求めて本訴に及んだ。

[判旨]「ユーザーである原告は訴外Aの営業の通常の過程でAに代金を完済して，Aから本件自動車の引渡を受けたのであるから，他に特段の事情の認められない本件においては，原告において本件自動車の所有権を取得したものと信じたものと推認するのが相当である。したがつて被告においてAとの売買における留保所有権を行使し，若しくはAから代金の支払を受けていないことを理由として原告の本訴請求を拒否することは，原告に対して不測の損害を与えるものであつて信義則に照して許されないものと解するのが相当である。」

このように判例は，契約の相手方以外の第三者に対する同時履行の抗弁権の主張を，不特定の第三者への承諾，表見代理，譲渡担保関係の不知，信義則等を理由として否定している。肯定した例は債権者代位権の構成に限られている[138]。事案の具体的処理という特殊性を除外するならば，一般理論として抗弁権の対人的制約を語ることができるであろう。実質的にも，同時履行の抗弁権においては留置権における占有ほどは契約上の権利の存在についての強力な外観を伴わないのが通常であり，第三者がそれを認識することは期待しえない。判例の立場もこうした顧慮に基づくものと考えられる。【141】および【144】では，第三者が権利移転に関する一切の書類の引渡を受けていること，また，【145】では，第三者が目的物の引渡を受けていることに，むしろ抗弁権がないという外観を与えているとすらいえるのである。さらに，【143】は，AX間の虚偽表示というマイナス評価に引っ張られた結果，抗弁権の存在に対する第三者の注意義務が軽減されていると考えられよう。同時履行の抗弁権にかかる権利の存在については，事前の照会によって第三者は容易に認識に到達できるという価値判断もありえようが，判例上はかかる点は斟酌されることはない。むしろ，抗弁権の不存在に対する第三者の誤信を導いた外観作出への帰責が全面に出ているといえよう。

ところが，これとは逆に，（有体物の）引渡拒絶権が問題となる場合には，判例においては，一転して第三者への主張を肯定する。そこでは，留置権が成立するかぎり即第三者への対抗可能という結論に直結するからである。すなわち，（残）売買代金債権にもとづく抗弁権が目的物の転得者に主張される場合[139]，仮登記担保権実行における清算金支払請求権にもとづく抗弁権が転得者に主張される場合[140]，他人の物の売買において転得者からの（所有権にもとづく）引渡請求に対して原売主が売買代金債権にもとづいてこれを拒絶する場合[141]がそれである。そして，

---

138) 岡山地津支判昭51・9・21下民集27・9〜12・589。事案は山林の輾次売買において転得者が要素錯誤を理由として，譲渡人に代金返還を求めるとともに，原売買の錯誤無効を理由として，原売主に対する譲渡人の代金返還請求を代位行使したところ，原売主が登記抹消手続との同時履行を主張したものである。
139) 最判昭47・11・16民集26・9・1619。
140) 最判昭58・3・31民集37・2・152。
141) 仙台高判昭59・8・31判タ539・346。

第4章　同時履行の抗弁権と留置権との関係

そこでは第三者が留置権の存在によって不測の損害をこうむるおそれについての顧慮は希薄であるように見える。概括的にいうならば，留置＝占有という表象がある以上，留置権を対抗されることを第三者は覚悟すべきだということになるのであろうか。

しかし，留置権の対抗力が実質的な利益衡量をまったく不要なものとしているわけではない。留置権の対抗を認めた判例においても，かかる点における動揺があるからである。すなわち，売買残代金に代わる他の不動産譲渡請求権のため転得者に対する留置権を否定した判決例があり[142]，また，目的不動産の第三取得者に対する担保清算金支払請求権のための留置権の対抗についても，第三者が善意（もしくは善意無過失）の場合にも同様の結論を導くことができたかは疑問であるとの指摘がある[143]。このように考えてくると，第三者対抗力の有無は同時履行の抗弁権と留置権との決定的な差異であるとは言い難いように思われる。

では，抗弁権の対第三者主張はどのように理解されるべきであろうか。私見は次のように考える。すなわち，同時履行の抗弁権の抗弁権の契約当事者およびその一般承継人以外の対第三者的効力は2個の場面に分けて考えることができる。

①　第1は，これまでの判例（【141】～【145】）が示すような輾次譲渡関係である。すなわち，甲→乙→丙と権利が転々移転し，丙から甲に対して引渡等の請求がなされるのに対して，甲が乙に対する（契約上の）抗弁権をもってこれを拒絶する場合である。換言すれば，乙―丙関係が甲―乙関係を前提かつ必要的基礎として存在する場合である。この場合の甲と丙とは民法177条における対抗関係に立たないとするのが通説である。なぜならば，甲は乙―丙間の権利移転を否定したとしても，それによって有効になる法律上の権利を有するわけではなく，また丙も甲―乙間の権利移転を否定したからといって，それによって有効な権利を取得するわけでもない，と説明される。しかし，こうした説明はなお十分なものではない。なぜならば甲が代金債権担保のため所有権留保をしているような場合には，乙から買い受けた丙との間で所有権の帰属をめぐって対抗関係に立つであろうし，また，所有権が甲から乙に確定的に移転したとしても，甲の有する売買代金先取特権と転得者丙の所有権との間の対抗関係は否定できないからである。この場合に，甲の先取特権登記と丙の所有権移転登記の先後関係によって優劣が決

---

142) 盛岡地判昭44・12・24（前注139）の原審判決は，代替不動産の譲渡債務について牽連性を認めなかった理由として，かかる譲渡債務は「単なる金銭債務と異なり，どのような建物，敷地を譲渡すべきかの問題が残り，譲渡すべき建物，敷地の所在地，面積，建物の構造等を容易に一義的に確定することができず，かような物の給付義務の未履行を理由として右契約当事者以外の第三者である原告に対し，かかる物の給付あることを担保として持ち出して主張するのは問題である。」と述べている。

143) 平井一雄「判例批評」金商683号47頁，鈴木祿彌「判例批評」判タ511号31頁。前注140)判決の事案では，清算金請求権の存在に関して第三者が悪意であり，留置権を対抗させることが妥当であったと考えられる。

定されることに異論はないであろう。

甲が物的権利ではなく乙に対する抗弁権を有している場合にも同様の問題に考えることができる。

不動産については，甲が乙に対する代金債権を理由に丙からの中間省略登記請求を拒絶するという場面で問題となる。判例・通説によれば，中間省略登記請求は甲および中間者（乙）の同意があれば許されると解されている[144]。その理由は甲および乙の同時履行の利益である。しかし，なぜ同時履行の利益が契約当事者以外の第三者に対する関係でも顧慮されなければならないのかは必ずしも明らかではない。甲の下にまだ所有権が留まっているならば，丙の地位は所有者ではなく，債権譲受人にすぎないから，債務者（甲）が譲渡人（乙）に対する一切の抗弁権をもって譲受人（丙）に対抗できるのは当然であろう（468条2項）。しかし，物権変動の意思主義的構成の原則によってこうした場面は周辺に位置付けられるべきである。丙が所有権を取得している場合こそ前提にしなければならないのである。これに関して，丙は「乙に対する同時履行の抗弁権を主張する機会を失うという不利益を受ける旨の抗弁権」を主張しうると説く学説がある[145]。しかしまさにそうした抗弁権をなぜ主張しうるか，その法的基礎こそが問題である。

留置権の対抗力の実質的基礎には，留置＝占有に被担保債権の公示的機能，あるいは占有者に対して背後の被担保債権の存否を照会するという意味での権利検索機能が期待されていると考えられる。すなわち，第三者は占有者に対しその占有権原の意味を問うことによって占有そのものには十分に期待できない公示的機能を補完することができる。そうだとすると，抗弁権についてもその存在を知って取引関係に入った第三者についても同様に考えることができないだろうか。言い換えれば，同時履行の抗弁権は留置権と異なり，必ずしも外観によって前権利関係の内容を知りうる立場にない。それが抗弁権の相対性の原則の実質的基礎であろう。その意味で第三者は積極的に照会をする必要はないと考えられる。しかし，その反面，抗弁権の存在という情報を知り得た，あるいは知り得るはずであった場合にまで対抗力を否定する理由はないように思われる。輾次譲渡関係において丙の権利が甲―乙関係の存在を前提にしており，そのことを丙において知っている限り，一定の情報収集を丙に期待することは背理ではないであろう。そしてその結果として抗弁権の存在を知り得る場合には，抗弁権を対抗させてよいと考えられる。

② 第2の場面は，乙―丙間の契約関係の必要的基礎としての前契約が存在しない場合である。

たとえば，他人物の売買において，甲所有の物を乙が丙に売却したような場合に，甲の丙に対する追奪請求に対して，丙が乙に対する契約解除による代金返還請求権を理由にこれを拒絶したり，あるいは，甲―乙，甲―丙

---

144) これに対して有力説は，甲および乙に正当な利益がない場合には同意も必要でないと解している。新版注釈民法(6)［1997年］（石田喜久夫）413頁以下。
145) 広中俊雄・物権法［第2版，1982年］309頁。

の二重売買において，先に所有権移転登記を備えた丙が甲に対して引渡を請求した場合に，甲が乙に対する売買代金債権を理由にこれを拒絶するような場合である。

このような場面こそ，同時履行の抗弁権の対人的性質が貫かれる場面ではないだろうか。他人物売買において，甲は丙の抗弁権を知ったとしても，これを対抗されるいわれはないであろうし，二重売買の場合では，甲の抗弁権は乙に対してだけ主張できるにすぎない。唯一の例外はおそらく民法194条であろう。同条は盗品・遺失品の売買において回復者は代価を償還しないかぎり目的物を占有者から取り戻すことができない旨規定している。この規定は即時取得が認められない場合にあっても最低限で取引安全を守るために例外的に認められる同時履行の抗弁権の抗弁権の対第三者効力を定めたものと解されよう。

判例索引

【 】内は本書の判例通し番号，【 】右の太字は［判旨］掲載頁を示す。

大判明 29・6・19 民録 2・6・62 ……【81】80,【112】110
大判明 32・2・9 民録 5・2・28, 民抄録 2・3・24
　………………………………………【40】44
大判明 36・3・18 民録 9・283 ………………29
大判明 36・10・31 民録 9・1204 …………【74】74
東京地判明 37・3・6 新聞 269・7 ……………28
大判明 37・10・14 民録 10・1258 ……………29
東京控判明 40・2・13 最近判例集 1・25 ……56
大判明 41・4・23 民録 14・477 ……【4】12, 124
大判明 41・4・27 刑録 14・453 ……………【13】20
大判明 41・6・17 民録 14・733 …………【115】112
大判明 41・11・21 民録 14・1214 ………【116】113
大判明 44・12・11 民録 17・772
　……………………………【105】105,【117】113
大判大 2・7・10 民録 19・654 ……………【12】19
大判大 2・12・4 民録 19・993 …………【131】125
大判大 3・4・11 刑録 20・525 ……………【14】21
大判大 3・12・1 民録 20・999 ………………108
大判大 4・5・24 民録 21・797 ………………125
大判大 4・12・13 民録 21・2058 …………【50】51
大判大 5・2・9 民録 22・221 ……………【119】114
大判大 5・3・23 民録 22・568 ………………126
大判大 5・5・22 民録 22・1101 …………【55】54
大判大 5・5・30 民録 22・1074 ……………【6】15
東京地判大 5・6・29 新聞 1168・30 ……【36】42
大判大 5・11・27 民録 22・2120 …………【5】13, 71
大判大 6・3・7 民録 23・342 ……………【41】45
大判大 6・4・19 民録 23・649 …………【132】125
大阪地判大 6・9・18 新聞 1333・23 …………48
大判大 6・10・27 民録 23・1941 ………【133】126
大判大 6・11・8 民録 23・1753 ………………108
大判大 6・11・10 民録 23・1960 ……………【3】12
大判大 7・2・2 民録 24・245 ……………【83】81
大判大 7・4・15 民録 24・687 …………【118】113
大阪地判大 7・4・29 評論 7 民法 515 ………116
大判大 7・5・2 民録 24・949 ……………【109】109
大判大 7・8・14 民録 24・1650 …………【32】37

東京控判大 8・1・21 評論 8 民法 71 ………81
大判大 8・3・28 民録 25・581 …………9,【20】26
札幌地小樽支判大 8・11・15 評論 8 民法 1510 …116
大阪区判大 8・12・10 新聞 1658・16 ………58
東京地判大 8・12・27 評論 8 民法 1307 ……58
大判大 9・1・29 民録 26・25 ………………125
札幌地判大 9・3・6 評論 9 商法 59 …………116
大判大 9・3・29 民録 26・411 ……………【23】29
東京地判大 9・10・1 評論 9 民法 1059 ……116
大判大 9・11・11 民録 26・1819 ……………108
大判大 9・11・20 裁判例(8)民 275 ……………52
大判大 9・12・17 民録 26・1944 …………【88】84
大判大 10・3・19 民録 27・563 …………【134】127
大判大 10・6・2 民録 27・1048 ……………【11】19
大判大 10・6・25 民録 27・1247 …………【86】83
大判大 10・6・30 民録 27・1287 ………【135】127
大判大 10・9・26 民録 27・1627 …………【51】52
大判大 10・11・9 民録 27・1907 …………【108】108
大判大 10・12・3 民録 27・2093 …………【120】114
横浜地判大 11・9・18 新聞 2077・5 …………63
大判大 11・10・10 新聞 2059・21, 評論 11 民法
　941 …………………………………………【84】82
大判大 12・5・28 民集 2・413 ……………【42】45
大判大 12・11・20 評論 13 民事訴訟法 230 …【82】80
大判大 13・3・5 新聞 2263・22, 評論 13 民法
　628 …………………………………………【44】46
大判大 13・3・13 新聞 2246・19, 判例彙報 35
　上民 294 ………………………………………9
大判大 13・5・7 新聞 2274・17, 評論 13 民法
　794………………………………………………125
大判大 13・6・6 民集 3・265 ……………【69】70
大阪区判大 13・6・11 評論 13 民法 817 ……58
大判大 13・6・12 新聞 2288・19 ……………70
大判大 13・7・18 民集 3・399 ………………125
大判大 14・10・29 民集 4・522 …………【85】82
東京地判大 14・12・12 評論 15 民法 393 ……56
大判昭 2・1・21 新聞 2668・14, 評論 16 民法

判例索引

278 …………………………………… 108
東京地判昭 2・2・5 評論 16 民法 642 …… 27, 63
東京地判昭 2・3・22 評論 16 民法 328 ……… 56
大判昭 2・6・29 新聞 2730・6, 評論 16 民法 922
　…………………………………【139】132
大判昭 2・10・26 新聞 2775・13 ………【26】30
大判昭 2・12・13 新聞 2802・14 …………… 114
大判昭 2・12・15 評論 17 民法 45 ………… 114
大判昭 2・12・26 新聞 2806・15 ………【15】21
東京地判昭 3・4・28 新報 161・19 ………… 11
大判昭 3・5・31 民集 7・393 ……………… 105
大判昭 4・4・6 評論 18 民法 110 ……【7】15, 16
大判昭 4・7・6 評論 19 民法 174 ………… 114
東京控判昭 5・10・4 評論 19 商法 755 …【39】43
大判昭 6・1・17 民集 10・1・6 ……………… 63
東京区判昭 6・1・30 新聞 3231・12, 評論 20 民法 274 ……………………………………… 56
大判昭 6・9・8 新聞 3313・15 ……【106】105
大判昭 6・10・7 法学 1 上・373 ……………… 84
大判昭 6・10・15 法学 1 上・375 ………【24】29
大判昭 6・10・30 法学 1 上・385 ………… 108
東京地判昭 6・11・30 新聞 3350・15, 評論 21 民法 103 ……………………………………… 25
大判昭 7・1・26 民集 11・169 …… 28,【63】65,【64】66
大判昭 7・9・15 新聞 3461・9, 評論 21 諸法 702
　………………………………………………… 63
大判昭 7・9・30 民集 11・18・1859 ……【62】63
大判昭 7・11・19 法学 2・814 ……【56】54, 56
大判昭 7・11・28 民集 11・21・2204 ……… 29
東京地判昭 8・2・16 新報 342・24 ………… 58
大判昭 8・2・24 民集 12・264 …………【8】16
大判昭 8・7・8 法学 3・223 ……………【45】46
大判昭 8・9・28 法学 3・332 ……………… 63
大判昭 8・10・19 法学 3・335 ……………… 80
大判昭 8・12・13 新聞 3665・9, 評論 23 民法 165 ……………………………………… 63
大判昭 9・3・20 法学 3・1193 …………【52】52
大判昭 9・4・19 法学 3・1195 …………… 108
大判昭 9・5・7 法学 3・1207 ……………… 52
大判昭 9・6・15 民集 13・1000 ………【122】115
大判昭 9・7・7 裁判例 (8) 179 ……………… 81

大判昭 10・2・19 新聞 3816・7, 評論 24 民事訴訟法 116 ………………………【110】109
大判昭 10・3・28 新聞 3830・18 …………… 63
大判昭 10・4・15 裁判例 (9) 民 101 ……… 114
大判昭 10・5・7 裁判例 (9) 民 133 ……【59】58
大判昭 10・5・30 新聞 3853・12 …………… 63
大判昭 10・5・30 新聞 3853・12, 評論 24 諸法 498, 判決全集 (18) 32 ……………………… 63
大判昭 10・6・25 民集 14・1261 ………【87】83
大判昭 10・6・27 裁判例 (9) 民 181 ……【9】17
大判昭 11・1・22 法学 5・944 …………【33】38
大判昭 11・1・24 判決全集 3・2・18 ……… 27
大判昭 11・5・26 民集 15・998 …【65】66, 69
大判昭 11・5・26 民集 15・12・1004 ……… 28
大判昭 12・2・9 民集 16・33 …………【75】75
大判昭 12・6・11 判決全集 4・12・11 …【70】71
東京区判昭 12・9・11 新聞 4178・5, 評論 26 民法 761 …………………………【53】53, 56
大判昭 12・9・28 判決全集 4・18・24 …【54】54
東京地判昭 12・9・29 評論 27 民法 71 … 57, 58
大判昭 12・10・29 判決全集 4・20・15 …【111】110
大判昭 12・10・30 新聞 4209・13 ………… 75
大判昭 13・3・1 民集 17・4・318 ……… 63, 116
大判昭 13・5・19 新聞 4285・17 …………… 84
東京地判昭 13・9・29 評論 28 民法 182 …… 58
大判昭 13・10・29 民集 17・22・2144 …【48】49
大判昭 13・11・19 新聞 4349・10, 評論 27 商法 425 ……………………………………… 34
大判昭 13・12・9 新聞 4357・17, 判決全集 5・24・28 …………………………………… 108
大判昭 14・3・23 評論 28 民法 729 ……… 17
大判昭 14・8・24 民集 18・877 …… 28,【66】67
大判昭 14・10・11 評論 26 民法 938・判決全集 6・30・18 ………………………………… 63
千葉地判昭 15・6・19 評論 29 民法 589 …… 25
大判昭 15・10・1 判決全集 7・35・10 ……… 75
大判昭 15・11・20 法学 10・417 …………… 52
大判昭 16・3・1 民集 20・163 …………【19】25
大判昭 16・9・26 評論 31 民法 54 ……【34】38
大判昭 16・10・21 法学 11・520 …………… 37
大判昭 18・2・18 民集 22・91 …………【67】68

142　同時履行の抗弁権の判例総合解説

判例索引

大判昭 18・9・29 民集 22・983 ……………………29
最判昭 23・12・14 民集 2・13・438 ……………107
東京高判昭 24・7・14 高民集 2・2・124 ……【140】133
京都地判昭 25・5・10 下民集 1・5・710 …………56
最判昭 27・4・18 民集 6・4・424 …………………6
京都地判昭 27・10・14 下民集 3・10・1456 ………56
広島高判昭 27・10・14 高民集 5・11・536 ………34
最判昭 27・11・27 民集 6・10・1062 ……68,【113】110
岐阜地大垣支判昭 28・3・5 下民集 4・3・335 ……63
最判昭 28・6・16 民集 7・6・629 ………【16】22, 133
最判昭 29・1・14 民集 8・1・16 …………………63
福岡高判昭 29・3・3 高民集 7・1・145 ……………34
最判昭 29・6・17 民集 8・6・1121 ………………48
最判昭 29・7・22 民集 8・7・1425 ………………63
最判昭 29・7・27 民集 8・7・1455 ………39,【136】127
最判昭 29・9・24 民集 8・9・1658 ………………48
京都地判昭 29・11・6 下民集 5・11・1823 ……【46】47
仙台高判昭 29・11・26 高民集 7・12・1108 ………34
大阪地判昭 29・12・14 判タ 45・4 ………………48
東京高判昭 30・3・8 東高判時 6・3・41 ………【71】71
最判昭 30・4・5 民集 9・4・431 …………………48
福岡高判昭 30・11・26 高民集 8・8・60 …………37
東京地判昭 31・5・19 下民集 7・5・1292 …………56
大阪地判昭 31・6・29 下民集 7・6・1708 …………22
長崎地判昭 31・12・17 下民集 7・12・3678 ………68
最判昭 32・1・24 裁判集民 25・71, 判タ 68・83 …63
東京地判昭 32・2・11 下民集 8・2・252 …………88
最判昭 32・6・5 民集 11・6・915 ………………107
東京地判昭 32・7・12 下民集 8・7・1250 …………58
東京地判昭 32・9・18 法曹新聞 126・14 …………42
最判昭 33・3・13 民集 12・3・524 ……………【21】27
最判昭 33・6・3 民集 12・9・1287 ……………【29】34
最判昭 33・6・6 民集 12・9・1384 ……………【22】28
東京地判昭 33・6・13 ジュリ 163 カード 339 ……58
仙台高判昭 33・6・30 下民集 9・6・1225 ……68,【89】85
福岡高判昭 33・7・5 下民集 9・7・1238 …………63
最判昭 33・10・17 民集 12・14・3149 ……………48
東京地判昭 34・4・17 下民集 10・4・774 …………62
最判昭 34・5・14 民集 13・5・609 ……………【107】106
東京地判昭 34・5・18 法曹新聞 141・2 ……………56
最判昭 34・6・2 民集 13・6・631 ………………107
最判昭 34・6・25 判時 192・16 ………………【35】39
東京地判昭 34・11・4 判時 209・15 ………………62
東京地判昭 35・2・1 判時 228・26 ………………56
高松高判昭 35・2・12 下民集 11・2・311 ……【92】88
大阪高判昭 35・2・29 訟月 6・6・1135 ……【121】115
最判昭 35・7・8 民集 14・9・1720 ……………【30】35
最判昭 35・9・20 民集 14・11・2227 …………【68】68
最判昭 36・2・28 民集 15・2・324 ………68,【114】111
東京地判昭 36・3・31 下民集 12・3・703 ……【60】59
東京高判昭 36・9・18 東高民判時 12・9・183 ……57
東京地判昭 36・10・31 下民集 12・10・261 …【72】72
釧路地判昭 36・10・31 訟月 8・3・443 ……………22
東京高判昭 36・11・20 東高民判時 12・11・220 …58
最判昭 37・1・16 裁判集民 58・23 ………………127
東京高判昭 37・1・31 高民集 15・1・44 ………【90】85
大阪高判昭 37・2・28 高民集 15・5・309 …………11
最判昭 37・12・13 判タ 140・127 ……………【94】92
東京地判昭 38・2・22 下民集 14・2・250 …………57
最判昭 38・3・1 民集 17・2・290 …………………6
東京地判昭 38・4・18 判タ 147・141 ……………74
東京地判昭 38・10・22 判タ 156・95 ……………27
札幌高判昭 38・10・26 高民集 16・7・577 ……【91】86
最判昭 38・11・28 民集 17・11・1477 …………【57】55
最判昭 39・2・4 民集 18・2・233 …………………85
最判昭 39・11・15 民集 18・8・1671 ……………48
大阪地判昭 40・2・20 判タ 174・159 …………【38】43
最判昭 40・8・24 民集 19・6・1435 …………【137】128
横浜地判昭 41・1・22 判タ 196・172 ……………87
大阪高判昭 41・4・18 判時 463・54 ………………11
東京地判昭 41・6・21 判時 461・56 ………………34
最判昭 41・9・16 判時 460・52 ………………【25】29
東京地判昭 41・12・12 ジュリ 347 カード 288 …58
東京高判昭 42・5・25 下民集 18・5＝6・556 …【78】77
最判昭 42・6・29 判時 494・41 ………………【76】75
最判昭 43・3・28 判時 518・49 …………………48
東京地判昭 43・9・6 判時 557・246, 判タ 232・190 ……………………………【123】116, 118
最判昭 43・11・21 民集 22・12・2741 …………【58】55
最判昭 43・11・28 民集 22・12・2833 …………【49】50
東京地判昭 44・1・30 下民集 20・1＝2・39 ………34
大阪高判昭 44・3・28 判タ 241・88, 金法 547・

同時履行の抗弁権の判例総合解説　143

29···【138】128
東京高判昭 44·12·26 下民集 20·11＝12·984
　···【93】88
最判昭 45·3·26 民集 24·3·209 ···················30
東京地判昭 45·5·26 下民集 21·5＝6·711 ········26
最判昭 45·7·16 民集 24·7·1031 ··················30
最判昭 45·8·20 民集 24·9·1320 ··················30
最判昭 45·9·24 民集 24·10·1450 ·················30
最判昭 45·11·24 判時 614·49 ·····················48
最判昭 45·12·24 判時 617·56 ·····················30
最判昭 46·11·25 民集 25·8·1343 ···················6
東京高判昭 47·5·22 下民集 23·5＝8·260 ········74
東京地判昭 47·5·30 判タ 283·274 ················77
東京高判昭 47·5·30 金法 661·32 ················106
最判昭 47·9·7 民集 26·7·1327 ············【17】23
福岡高判昭 47·10·18 判タ 288·214 ··············63
最判昭 47·10·26 民集 26·8·1465 ·················30
最判昭 47·11·16 民集 26·9·1619 ················137
最判昭 47·11·30 金法 672·50 ···············【37】42
大阪地判昭 47·12·8 判時 713·104, 判タ 298·
　395 ··【79】78
最判昭 48·1·26 民集 27·1·51 ·····················30
最判昭 48·2·2 民集 27·1·80 ······················60
広島高判昭 48·3·14 判時 707·64 ·················37
最判昭 48·12·11 判時 731·32 ······················9
東京地判昭 49·2·7 判時 749·78 ··················73
東京地判昭 49·6·10 下民集 25·5＝8·534 ········46
最判昭 49·9·2 民集 28·6·1152 ············【61】60
最判昭 50·4·25 民集 29·4·556 ············【47】48
最判昭 50·7·17 判時 792·31, 金法 765·35,
　金商 480·20 ·································【1】10
最判昭 50·7·25 民集 29·6·1147 ······【141】134, 137
最判昭 50·9·25 民集 29·8·1287 ········11,【31】36
東京高判昭 50·11·27 高民集 28·4·369 ··········22
東京高判昭 50·12·18 判時 806·35 ·········【77】76
最判昭 50·12·26 裁判集民 116·959 ·········【2】11
最判昭 51·3·4 民集 30·2·48 ··············【124】117
水戸地判昭 51·3·11 判タ 42·253 ·················57
東京高判昭 51·6·29 金商 513·40 ·················74
札幌高判昭 51·8·23 判タ 349·232 ···············118
岡山地津支判昭 51·9·21 下民集 27·9〜12·
　589 ···137
東京高判昭 51·9·28 東高民判時 27·9·218 ······22
最判昭 51·12·2 判時 852·64, 金法 829·31······127
東京高判昭 52·5·9 東高民判時 28·5·111,
　判時 858·62, 判タ 362·245 ·················118
東京地判昭 52·7·22 判時 880·51 ··········【95】92
東京高判昭 52·9·5 東高民判時 28·9·215,
　判タ 366·253 ··································118
最判昭 53·3·28 判タ 363·195 ·····················11
最判昭 53·9·21 判時 907·54, 判タ 371·68
　··【125】118
東京地判昭 54·2·20 判タ 389·117 ···············56
東京地判昭 55·7·14 判タ 433·111 ·········【80】79
東京地判昭 55·9·1 判タ 440·114 ·······【142】135
東京地判昭 56·1·30 判時 1007·67 ·········【97】94
東京地判昭 56·2·26 判時 1000·87 ·········【96】93
大阪高判昭 56·3·6 判時 1015·137 ···············74
最判昭 57·1·19 判時 1032·55 ·····················29
東京地判昭 58·3·3 判時 1087·101 ·········【99】97
最判昭 58·3·31 民集 37·2·152 ··················137
大阪高判昭 58·10·27 判時 1112·67 ······【126】119
東京地判昭 58·12·19 判時 1128·64 ·······【100】98
福井地判昭 58·12·26 判タ 521·203, 金商
　691·21 ······························【145】136, 137
名古屋地判昭 59·2·21 判時 1132·152 ······【101】99
仙台高判昭 59·8·31 判タ 539·346 ···············137
最判昭 59·9·28 家月 37·5·207 ·····················6
福岡高宮崎支判昭 59·11·28 判タ 549·205
　···【18】23
大阪高判昭 60·1·29 判タ 550·146, 金商
　723·11 ······························【143】135, 137
浦和地判昭 60·2·28 判時 1159·154, 判タ
　553·239 ·································【104】102
山形地新庄支判昭 60·2·28 判時 1169·133
　··【127】119
東京高判昭 60·3·28 金商 723·30 ···【144】136, 137
横浜地判昭 60·5·8 判時 1178·147 ···············11
大阪高判昭 60·5·31 判タ 564·195 ···············22
神戸地判昭 60·8·8 判時 1168·127 ········【98】96
最判昭 61·4·11 金法 1134·42 ·············【27】31
東京地判昭 61·10·30 判時 1244·92, 判タ

648・198 ……………………………………22
大阪高判昭 61・12・9 判タ 640・176 …………【73】73
名古屋地判昭 62・1・30 判時 1252・83 ……………57
最判昭 62・2・13 判時 1228・84 ……………【10】17
東京高判昭 62・3・30 判時 1236・75 ………【102】100
仙台高判昭 62・7・15 金法 1203・36，金商 777・35……………………………………32
最判昭 63・4・8 判時 1277・119 ………………29
最判昭 63・12・22 金法 1217・34 …………【43】46
東京地判平 2・5・17 判時 1374・63 ………【129】121
東京地判平 2・12・17 判時 1398・78 ……………57
東京地判平 2・12・20 判時 1389・79 ………【103】101
最判平 3・7・6 民集 45・6・1101 ………………44
東京地判平 5・10・1 判時 1497・82 ……………57
大阪地判平 6・4・18 労働判例 657・67 ……………6

最判平 6・9・8 判タ 860・108 ……………【28】32
東京地判平 7・3・16 判タ 885・103 ………………57
東京高判平 8・11・20 判タ 965・175 …………22, 62
東京地判平 9・1・31 判タ 952・220 ………………57
最判平 9・2・14 民集 51・2・337 …………【128】121
最判平 9・7・3 民集 51・6・2500 ………………69
最判平 9・7・15 民集 51・6・2581 ………………120
福岡高判平 9・11・28 判時 1638・95，判タ 985・197 ……………………………【130】124
東京高判平 10・3・18 東高民判時 49・1 ～ 12・10 …6
東京高判平 10・6・15 判タ 1041・212 ……………22
大阪高判平 11・2・18 金商 1067・41 ………………26
大阪高判平 11・2・26 金商 1067・35 ………………26
神戸地判平 11・6・21 判時 1705・112，判タ 1035・254……………………………………87

〔著者紹介〕

清水　元（しみず　げん）

略歴　1949年　東京生まれ
　　　1979年　早稲田大学大学院博士課程満期修了
　　　東北学院大学法学部教授を経て，現在中央大学法科大学院教授，法学博士

〔主要著作〕

著書　『留置権概念の再構成』（一粒社，1998年），『民法総合判例研究留置権』（一粒社，平成7年），『取引社会と民法』（改訂版）（北樹出版，2003年），『新・民法学2物権法』（2004年，成文堂）

論文　「費用償還請求権についての基礎的考察（一）〜（二）」民商97巻6号，98巻1号（1988年）
　　　「わが国における「転用物訴権」論の現状と課題」高島平蔵先生古稀記念論文集『民法学の新たな展開』（1993年）
　　　「〈研究ノート〉不当利得法における損失者のフォートに関する覚書——フランス不当利得法の一断面——」東北学院大学論集・法律学48号（1996年）
　　　「同時履行の抗弁権」［澤井教授との共著］新版注釈民法(13)債権4（1996年）
　　　「抵当権実行手続における建物所有者の法的地位——「抵当権と利用権」の調整問題の再検討——」東北学院大学論集・法律学55＝56号（2000年）
　　　「非典型担保権実行手続における建物所有者の法的地位——対抗問題脱却の一試論——」東北学院大学論集・法律学60号（2002年）
　　　「抵当権と賃料債権への物上代位」法学新報110巻1＝2号（2003年）

同時履行の抗弁権の判例総合解説　　　判例総合解説シリーズ

2004(平成16)年9月30日　第1版第1刷発行　5656-0101

著　者　清水　元
発行者　今井　貴・稲葉文子

発行所　株式会社信山社　東京都文京区本郷6-2-9-102
電話(03)3818-1019　〔FAX〕3818-0344〔営業〕　郵便番号 113-0033
印刷／製本　松澤印刷株式会社

©2004, 清水元　Printed in Japan　落丁・乱丁本はお取替えいたします。　NDC分類 324.211
ISBN 4-7972-5656-7　　★定価はカバーに表示してあります。

Ⓡ〈日本複写権センター委託出版物・特別扱い〉　本書の無断複写は、著作権法上での例外を除き、禁じられています。本書は、日本複写権センターへの特別委託出版物ですので、包括許諾の対象となっていません。本書を複写される場合は、日本複写権センター(03-3401-2382)を通して、その都度、信山社の許諾を得てください。

債権総論講義案 II
講義案 S 3
潮見佳男 著（京都大学教授・元大阪大学法学部助教授）　教科書・授業では展開できない論点を解明/テキスト
定価1,835円（本体1,748円）⑤　A5変並カ/330頁　801-01031　/4-88261-801-X　C 3332　/199206/分類 02-324.400-c 002

債権総論講義〔第4版〕
体系書 S 1
安達三季生 著（法政大学名誉教授）　債権総論に関する諸制度・諸規定を網羅的に扱った/テキスト
定価4,200円（本体4,000円）⑤　A5変上カ/416頁　1549-01011　/4-7972-1549-6　C 3332　/200006/分類 01-324.400-c 006

債権総論・担保物権（第一分冊）
テキスト S
三藤邦彦 著（学習院大学名誉教授）　来栖・三藤先生による債権総論第1分冊/テキスト
定価2,730円（本体2,600円）⑤　A5変並カ/180頁　1645-01011　/4-7972-1645-X　C 3332　/199804/分類 01-324.400-c 007

債権総論・論文集 324.401

民事過失の帰責構造
学術選書法律129
潮見佳男 著（京都大学法学部教授）　将来の過失論を展望している/研究書
定価8,400円（本体8,000円）⑤　A5変上箱/336頁　2001-01011　/4-7972-2001-5　C 3332　/199507/分類 02-324.401-a 001

売買契約における危険負担の研究
学術選書法律218
半田吉信 著（千葉大学法経済学部教授）　古くて新しいテーマに挑んだライフワーク/研究書
定価13,125円（本体12,500円）⑤　A5変上カ/496頁　1618-01011　/4-7972-1618-2　C 3332　/199907/分類 01-324.401-a 002

危険負担と危険配分
学術選書法律219
新田孝二 著（関東学園大学法学部教授）　危険移転の時期と種類債権特定の論文を収録/論文集
定価12,600円（本体12,000円）⑤　A5変上/496頁　1664-01011　/4-7972-1664-6　C 3332　/199807/分類 01-324.401-a 003

第三者のためにする契約の法理
学術選書法律
春田一夫 著（九州国際大学大学院教授）　授権の法理を用いて理論的に体系化/研究書
定価16,800円（本体16,000円）⑤　A5変上カ/552頁　3070-01011　/4-7972-3070-3　C 3332　/200212/分類 02-324.401-a 004

外貨債権の法理
学術選書法律156
川地宏行 著（三重大学人文学部助教授）　民法学の視点から外貨債権を研究した貴重な書/研究書
定価9,450円（本体9,000円）⑤　A5変上カ/310頁　2042-01011　/4-7972-2042-2　C 3332　/199607/分類 02-324.401-a 005

信頼保護における帰責の理論
北九州大学法政叢書13
多田利隆 著（西南学院大学法学部教授）　真正面から取り上げた力作　学術選書法律147/研究書
定価9,073円（本体8,641円）⑤　A5上カ/334頁　3950-01011　/4-7972-3950-6　C 3332　/199603/分類 05-324.401-a 006

クレジット法の理論と実際
学術選書法律5
中坊公平・植木 哲・木村達也・島川 勝・藤田裕一 編　消費者法の実践の中から学ぶ/研究書
定価14,280円（本体13,600円）⑤　A5変上箱/536頁　90-01011　/4-88261-090-6　C 3332　/199003/分類 01-324.401-a 007

通貨の法律原理
学術選書法律101
牧瀬義博 著（弁護士）　通貨と法律の関係を追求した本邦最初の体系書/研究書
定価50,400円（本体48,000円）⑤　46倍上カ/456頁　167-01011　/4-88261-167-8　C 3332　/199106/分類 01-324.401-a 008

ゴルフ会員権の譲渡に関する研究　―契約上の地位と譲渡の一態様として―
学術選書法律33
須藤正彦 著（弁護士）　ゴルフ会員権の法的性質/研究書
定価9,991円（本体9,515円）⑤　A5変上箱/414頁　397-01011　/4-7972-397-2　C 3332　/199207/分類 01-324.401-a 009

信用保証協会保証法概論
テキスト S
伊藤 進 著（明治大学法学部教授）　保証業務担当者のための入門書/テキスト
定価5,250円（本体5,000円）⑤　A5変並カ/304頁　808-01011　/4-88261-808-7　C 3332　/199210/分類 01-324.401-d 001

債権総論・入門・テキスト教材 324.402

導入対話による民法講義〔債権総論〕
導入対話 S
今西康人・橋本恭宏 ほか 著　ポイントを押えた対話で疑問を先取り　不磨書房/テキスト
定価2,730円（本体2,600円）⑤　A5変並カ/280頁　9213-01011　/4-7972-9213-X　C 3332　/200204/分類 20-324.402-c 001

口述講義債権総論
講義案 S 15
赤松秀岳 著（熊本県立大学教授）　話し言葉風の読みやすい入門書/テキスト
定価2,752円（本体2,621円）⑤　A5変並カ/254頁　813-01011　/4-88261-813-3　C 3332　/199405/分類 02-324.402-c 002

講説民法（債権総論） 講説S
吉川日出男・小幡文徳 ほか 著　　　　　　　民法基本書, 講説民法シリーズ全5巻完結　不磨書房／テキスト
定価2,730円（本体2,600円）⑤　A5変並カ／256頁　9210-01011　/4-7972-9210-5　C 3332　/200104/分類 20-324.402-c 003

債権各論 324.500

契約各論Ⅰ －総論・財産権移転型契約・信用供与型契約－　　　　　　　　　　　　　　法律学の森000
潮見佳男 著（京都大学大学院法学研究科教授）　　現代契約法理論の最先端を探る体系書／体系書
定価4,410円（本体4,200円）⑤　A5変上カ／456頁　2215-01011　/4-7972-2215-8　C 3332　/200201/分類 02-324.500-b 001

債権各論・テキスト・教材 324.510

講説民法（債権各論） 講説S
山口康夫・野口昌宏・加藤輝夫・菅原靜夫・後藤泰一・吉川日出男・田口文夫 著　　民法・債権各論の教科書　不磨書房／テキスト
定価3,780円（本体3,600円）⑤　A5変並カ／392頁　9208-01011　/4-7972-9208-3　C 3332　/199904/分類 20-324.510-c 001

債権各論講義
内山尚三 著（法政大学名誉教授・札幌大学名誉教授・札幌大学院教授）　債権各論全般にわたって解説した教科書／テキスト
定価3,780円（本体3,600円）⑤　A5変上箱／272頁　1528-01011　/4-7972-1528-3　C 3332　/199812/分類 01-324.510-c 002

契約法 324.520

長期間契約の研究 学術選書法律354
橋本恭宏 著（明治大学短期大学法律科教授）　　長期間に伴う問題点を理論的分析　制作／編集工房INABA／研究書
定価6,300円（本体6,000円）⑤　A5変上カ／376頁　9025-01011　/4-7972-9025-0　C 3032　/200003/分類 18-324.520-a 001

契約法 [債権法講義案 2] 講義案S18
平野裕之 著（明治大学法学部教授）　　詳しく説く契約法スタンダード／テキスト
定価5,097円（本体4,854円）⑤　A5変並表／592頁　818-01021　/4-88261-818-4　C 3332　/199603/分類 02-324.520-c 002

借地借家法 324.521

実務注釈 定期借家法 －注釈現行法 2－
衆議院法制局・建設省住宅局 監修　福井秀夫・久米良明・阿部泰隆 編集　期限付借家によって供給をふやし住環境の多様化に対応／
定価2,625円（本体2,500円）⑤　A5変上カ／256頁　1903-01011　/4-7972-1903-3　C 3332　/200002/分類 01-324.521-d 002

定期借家のかしこい貸し方・借り方
阿部泰隆 著（神戸大学法学部教授）　　3月1日施行の定期借家法の解説／実務実用書
定価2,100円（本体2,000円）⑤　46変並カ／274頁　1897-01011　/4-7972-1897-5　C 3332　/200002/分類 01-324.521-d 003

新借地借家法の実務 実務S1
都市再開発法制研究会 編　　新法も旧法もわかる実務書／実務書
定価2,243円（本体2,136円）⑤　46判並カ／324頁　386-01011　/4-88261-386-7　C 3332　/199202/分類 01-324.521-d 004

定期借家権 新立法S1
阿部泰隆・野村好弘・福井秀夫 編　　定期借家権に関する初の解説書　学術選書法律225／一般
定価5,040円（本体4,800円）⑤　A5変並カ／464頁　1636-01011　/4-7972-1636-0　C 3332　/199803/分類 01-324.521-e 001

ケースで学ぶ借地・借家法 ケースで学ぶS1
田中実・藤井輝久 著　　ケースを中心に論述旧法適用借地借家になお有用／テキスト
定価2,940円（本体2,800円）⑤　A5変並カ／180頁　174-01011　/4-88261-174-0　C 3332　/199102/分類 01-324.521-e 912

利息制限法 324.522

事務管理・不当利得法 324.530

判例総合解説シリーズ

実務に役立つ理論の創造

緻密な判例の分析と理論根拠を探る
実務家必携のシリーズ／分野別判例解説書の新定番

石外克喜 著　　2,900 円
権利金・更新料の判例総合解説
●大審院判例から平成の最新判例までを扱う。
権利金・更新料の算定実務にも役立つ。

生熊長幸 著　　2,200 円
即時取得の判例総合解説
●民法192条から194条までの即時取得に関する判例の解説。学説と判例の対比に重点をおき、即時取得に関する主要な問題を網羅。どのような要件が備わった場合に即時取得を認めるべきか、動産の取引、紛争解決の実務に役立つ。

土田哲也 著　　2,400 円
不当利得の判例総合解説
●民法703条～707条までの不当利得に関する裁判例の解説。大審院および最高裁判例を中心にしつつも、新しい論点があるものは未だ下級審段階にあるものも取り上げている。不当利得論は、判例は公平論を維持しているが、通説となってきた学説の類型論の立場で整理されている。判例の事実関係の要旨をすべて付してあり、実務的判断に便利。

平野裕之 著　　3,200 円
保証人保護の判例総合解説
●信義則違反の保証「契約」の否定、「債務」の制限、保証人の「責任」制限を正当化。総合的な再構成を試みながら判例を分析・整理。

佐藤隆夫 著　　2,200 円
親権の判例総合解説
●子の受難時代といわれる今日、親権の行使、離婚後の親権の帰属等、子をめぐる争いは多い。親権法の改正を急務とする著者が「親権」とは、「親とは何か」を問いつつ判例を分析・整理。

河内　宏 著　　2,400 円
権利能力なき社団・財団の判例総合解説
●民法667条～688条の組合の規定が適用されている、権利能力のない団体に関する判例の解説。

松尾　弘 著　　【近刊】
詐欺・強迫の判例総合解説
●詐欺・脅迫行為を規律する関連法規の全体構造を確認しながら、各法規による要件・効果をベースに判例を整理・分析。日常生活の規範・関連するルールを明らかにし、実務的判断に重要。